ARCHIVOS DEL PRESIDENTE JOSÉ AZCONA

Notas de Prensa. Agosto—septiembre de 1987

MERENDÓN

COLECCIÓN

ARCHIVOS DEL PRESIDENTE JOSÉ AZCONA
(Notas de prensa agosto—septiembre de 1987)

©Colección MERENDÓN
Supervisión Editorial: Óscar Flores López
Diseño de portada: Andrea Rodríguez-Lilyana Gálvez
Administración: Tesla Rodas y Jéssica Cordero
Director Ejecutivo: José Azcona Bocock

Primera Edición
Tegucigalpa, Honduras—febrero de 2024

GUERRA FRÍA, ELECCIONES INTERNAS LIBERALES Y EL DESLIZ DE UN DIPUTADO "ABUSIVO"

Estos volúmenes del archivo José Azcona Hoyo de la Colección Merendón nacen de los documentos que dejó mi papá al fallecer. Hubiese sido su voluntad que la información fuese compartida con todas las personas que deseen acceder a la misma.

La colección incluye un registro de publicaciones periódicas contemporáneas con los hechos, informes de gobierno y otros documentos anexos. La edición que hoy publicamos contiene los archivos de prensa de los diarios La Tribuna, El Heraldo, La Prensa y Tiempo de agosto y septiembre de 1987.

Fueron dos meses de agitación. El Partido Liberal iba a elecciones internas para escoger al candidato para el proceso presidencial de 1989, en medio de las tensiones provocadas por la guerra fría, cuyos efectos llegaban hasta Centro América.

La edición que hoy publicamos también incluye, entre otros temas, la negociación del gobierno con el gremio magisterial para implementar el Estatuto del Docente, polémicas con diputados del Congreso Nacional (a uno de ellos lo llamará "abusivo" luego de una infidencia), la visita de congresistas estadounidenses y la promesa de que no habría más impuestos.

El cuidado y divulgación de documentos históricos tiene dos componentes importantes. El primero, y condición necesaria para el segundo, es la conservación de la información para su posterior uso. La función primaria se ha logrado durante las décadas que este archivo ha estado bajo custodia de mi madre, Miriam Bocock de Azcona, y se espera lograr darle un hogar definitivo permanente.

La segunda función se cumple con la publicación de este archivo. El mismo se ha organizado, capturado digitalmente, convertido a texto, editado y publicado de una manera sistemática.

La intención es que el mismo sea accesible, a un costo económico, para quienes deseen conocer mejor este importante periodo de la historia de Honduras.

Adicionalmente, que sirva de fuente para investigadores que se interesen en los temas cubiertos por el mismo. Un complemento importante es que se pretende tener estas obras en una edición disponible de forma permanente, para garantizar el acceso al mismo a futuro

Hemos cuidado de hacer edición para garantizar: que no haya errores y facilidad de búsqueda. La intención no es distorsionar el archivo para favorecer o perjudicar imágenes, sino conservarlo y compartirlo en forma íntegra.

JOSÉ S. AZCONA B.
Febrero de 2024

4

INSISTE AZCONA: CONGRESO ES CULPABLE DEL DÉFICIT FISCAL

El presidente José Azcona Hoyo insistió ayer en culpar al Congreso de la República por el incremento en el déficit fiscal y se quejó de la actitud asumida por algunos de los diputados de su corriente política que "se han quedado callados" ante los ataques de que está siendo objeto.

Visiblemente molesto, por la decisión del Congreso de negar que este Poder del Estado ahonda el déficit fiscal, Azcona dijo que no acusa a nadie en particular, pero que nadie le va a demostrar lo contrario porque las cifras las tiene en su escritorio.

"Lo que dije es que el Congreso había contribuido a incrementar el déficit fiscal, pero no lo dije como una forma de resentimiento o de acusación", añadió el mandatario, quien también refutó declaraciones del secretario del Parlamento, Óscar Melara.

"No es cierto lo que dice Melara que los diputados solamente han reducido los impuestos de los vehículos que, por cierto, fue un decreto mal hecho porque únicamente beneficia a dos mil familias y además contribuye al déficit porque crea nuevos rubros de gastos", agregó Azcona.

El mandatario reiteró que el Congreso ha contribuido al déficit fiscal al señalar que ese Poder del Estado ha emitido decretos que minan los ingresos del Poder Ejecutivo, y enumeró entre ellos el cuatro por ciento para las ciudades-puerto, los ocho millones para subsidios y el Estatuto Médico.

"Lo que pasa es que los diputados agarran la cosa como que uno los estuviera acusando de algo malo y entonces se avientan así", continuó el presidente para preguntarse a continuación: ¿Qué me van a demostrar a mí?

Calmando un poco su ímpetu, el mandatario aseguró que "no hay ningún enfrentamiento con el Poder Legislativo" y que no desea enfrentarse con los diputados.

"Pero, tampoco quiero cargar con todas las cosas, sino que ellos también limiten sus declaraciones", agregó.

Azcona rechazó los conceptos vertidos por el diputado liberal Edmond L. Bográn, quien sostiene que en el país "hay un déficit pavoroso".

"Eso es absolutamente falso y Bográn, debe saber que está diciendo una cosa que no es correcta", continuó.

Igualmente, rechazó las aseveraciones que, en el mismo sentido, han vertido algunos diputados nacionalistas, a los que acusó de "querer llevar agua a su molino, creyendo que este gobierno está haciendo una mala administración, cuando lo que ocurre es que estamos manejando las cosas administrativamente mejor desde hace muchos años en Honduras, con austeridad, sobriedad y honestidad.

"Las acusaciones y tonteras no van a pasar a ninguna parte porque el presidente sabe defenderse, aunque sea solo, aunque los diputados de su corriente, muchos de los cuales fueron diputados bajo las planillas de la corriente del mandatario, no quieran decir nada", se quejó Azcona.

Sostuvo que le importa poco que estos diputados de la corriente Azconista no lo defiendan porque "tengo al pueblo que me va a defender y que entiende que el gobierno está haciendo los mayores esfuerzos para salir adelante".

"Tengo mucho valor y soy una persona que no temo ni al Congreso ni a los diputados, aunque me dejen los diputados de mi corriente y de mi partido. Tienen plena libertad de hacerlo porque nunca he condicionado la actuación de un diputado a los intereses del gobernante, ni lo voy a hacer", dijo Azcona.

El gobernante recalcó que los diputados son libres para adoptar las actitudes que consideren convenientes porque "el Congreso es independiente" y no piensa pedirles una acción que no sea en beneficio del país".

"Ellos actuarán como crean que deben actuar y yo voy a actuar de acuerdo al compromiso que tengo con el pueblo", dijo Azcona, quien les recordó a los parlamentarios que antes de concluir el gobierno anterior "se oficializaron más de 50 colegios".

"No voy a decir que los pueblos no tengan derecho, pero hay que ver si los ingresos soportan ese tipo de cosas", concluyó.

El gobernante dijo ayer que los diputados no pueden demostrarle lo contrario porque las cifras las tiene en su escritorio. (Foto Sabillón).

El Heraldo/22 de agosto de 1987

PRESIDENTE JOSÉ ZCONA FUE DEJADO SOLO TRAS FIRMAR PLAN DE PAZ

El presidente José Azcona Hoyo fue dejado solo por el pueblo tras suscribir el plan de paz contenido en el "Acuerdo de Guatemala", cuando lo ideal hubiese sido apoyarlo y organizar movilizaciones a su favor, dijo el internacionalista Roberto Herrera Cáceres.

Indicó que la paz es un factor que no interesa únicamente a los gobernantes o es obligación de éstos, sino que constituye un derecho para los pueblos, de ahí la obligación de éstos de respaldarla, pues será más factible si se manifiesta la adhesión a la misma.

Herrera Cáceres, exembajador hondureño ante la Comunidad Europea y las Naciones Unidas, expuso sus puntos de vista sobre el "Acuerdo de Guatemala", la noche del jueves anterior al hablar ante el Club Rotario de Tegucigalpa sobre el tema de los acuerdos de paz gestados en el país vecino.

El expositor apuntó que no estar de acuerdo con el tratado es casi favorecer la guerra, ya que de no llegarse a cumplir los postulados del plan la posibilidad de una conflagración regional está mucho más cerca que en cualquier otro momento.

Indicó que los que están a favor de la pacificación apoyan los términos logrados en Guatemala, señalando a los pesimistas que, si algo se presenta o alguien incumple el acuerdo, debe recordarse que ello se presenta en toda sociedad.

Herrera Cáceres recomendó partir de la buena fe, debido que el futuro del hombre y la mujer centroamericanos depende del éxito del "Acuerdo de Guatemala".

Indicó que la mayor parte de los objetivos del convenio son adecuados y recordó que el mismo se encuentra en las fases de ejecución.

Interrogado sobre las posiciones encontradas de los sandinistas y los contras, el expositor consideró tal situación como un indicio de negociación, ya que cada parte presenta su oferta y recibe la respuesta a la misma.

*El Heraldo/*22 de agosto de 1987

AZCONA DARÁ LA PRÓRROGA PARA MATRICULAR CARROS

TEGUCIGALPA. El presidente José Azcona Hoyo anunció ayer que la matrícula de los vehículos se prorrogará un mes más para dar oportunidad a todos los propietarios de autos a que cumplan con esa obligación y se eviten pagar multas.

El mandatario hizo el anuncio antes de recibir la excitativa del Congreso Nacional, que está interesado en la prórroga de la matrícula en vista de que muchos propietarios de vehículos no han cumplido con ese requisito.

Azcona se quejó porque se critica mucho de que el gobierno no erradica el contrabando, y ahora que el Ministerio de Hacienda está "revisando verdaderamente los documentos de cada vehículo", algunas personas están protestando.

Indicó que el Ministerio de Hacienda ha detectado "infinidad de pólizas falsas de años anteriores, y nosotros esos carros los vamos a decomisar, a menos que paguen los impuestos con la correspondiente multa". (TDG).

*Tiempo/*22 de agosto de 1987

AZCONA: QUÉ ME VAN A DEMOSTRAR A MÍ LOS DIPUTADOS

TEGUCIGALPA.- El presidente José Azcona Hoyo ratificó ayer que los diputados del Congreso Nacional han contribuido a aumentar el déficit fiscal, al aprobar leyes que han disminuido los ingresos y aumentado el gasto corriente.

El mandatario dijo que no le preocupa la molestia que les ha causado a los diputados por responsabilizarlos del aumento en el déficit fiscal, porque "eso no es más que la demostración plena y palpable de que en Honduras estamos viviendo una democracia, de que el Poder Legislativo pueda hacer lo crea conveniente y que el Poder Ejecutivo no tiene que estar supeditado y pidiéndole favores a los diputados para que aprueben proyectos que vayan en beneficio del pueblo hondureño".

"Esas cosas, lejos de preocuparnos en Honduras, debe alegrarnos, porque en realidad estamos viviendo un verdadero republicanismo, donde hay una irrestricta independencia de los poderes del Estado; no me preocupan esas cosas que dicen de que estamos enfrentados al Poder Legislativo, todo lo contrario, cada quien sabrá como se va a conducir dentro de las atribuciones y deberes que le ha consignado el pueblo hondureño", añadió.

Señaló que el déficit fiscal actual es menor en comparación a los años 1981, 1982 y 1983, pero mayor en relación a 1984 con la puesta en vigencia del decreto 85-84, y que el año pasado fue un "éxito enorme", el que se obtuvo al reducir el déficit en 7 puntos en relación al producto interno bruto.

Al referirse a la comisión que integrará el Congreso Nacional para que elabore un documento que demuestre al Presidente de la República las razones del desbalance financiero del Estado, Azcona Hoyo manifestó que los diputados no tienen nada que demostrarle sobre el aumento del déficit fiscal.

JOSE AZCONA HOYO

"¿Qué me van a demostrar a mí los diputados si yo tengo las demostraciones en mi escritorio? Por lo tanto, yo creo que no es nada más que un acto de no sé qué, parece que están molestos por una cosa que no tiene ninguna importancia", agregó.

"Yo no quiero enfrentarme, pero tampoco quiero cargar con todas las cosas, y ellos deben limitar sus declaraciones, me refiero a las declaraciones de todos los diputados. Yo escuché al diputado de mi partido y de mi corriente, don Edmon L. Bográn, decir que había un déficit pavoroso; eso es absolutamente falso, él como un hombre de empresa debe saber que estaba diciendo una cosa que no era correcta", expresó.

Asimismo, dijo que muchos diputados del Partido Nacional quieren "llevar agua a su molino pretendiendo hacer creer que este gobierno hace una mala administración. Voy a decirlo con enorme orgullo: este gobierno es el que está manejando las cosas administrativamente mejor en Honduras que en muchos años atrás".

Las acusaciones y las tonteras no van a pasar a ninguna parte, porque el Presidente de la República sabe defenderse, aunque sea solo", recalcó.

Azcona manifestó que le "importa poco" que los diputados de su corriente política, muchos de los cuales resultaron electos porque los incluyó en su planilla, ahora no quieran defenderlo.

Sin embargo, indicó que tiene al pueblo hondureño para que lo defienda, que es "el que está haciendo los mayores esfuerzos para salir adelante en este país, y lo voy a decir con mucho valor: no soy una persona que temo al Congreso Nacional ni a los diputados".

"¿Qué me dejan los diputados de mi corriente y de mi partido? Tienen plena libertad, nunca he condicionado la actuación de un diputado a los intereses del gobierno de Honduras, ni lo voy hacer".

*Tiempo/*22 de agosto de 1987

REINA: AZCONA ESTÁ SOLO

El presidente José Azcona Hoyo no cuenta con el respaldo de su partido, ni en las buenas acciones que lleva a cabo, según el dirigente del Movimiento Liberal Democrático Revolucionario M-LIDER, Jorge Arturo Reina.

El dirigente político dijo el fin de semana en una concentración del M-LIDER en la colonia Tres de Mayo que el Partido Liberal no está respaldando lo suficiente al mandatario a pesar de haber sido elegido con los votos de los liberales.

Como ejemplo de su aseveración, Reina señaló que el Consejo Central Ejecutivo ni siquiera se ha pronunciado en apoyo al presidente Azcona por haber suscrito el Plan para la Paz Centroamericana, en compañía de los restantes presidentes de la región.

El aspirante a la presidencia del Central Ejecutivo excitó a las autoridades liberales a emitir cuanto antes un pronunciamiento de respaldo total a la gestión pacifista del presidente.

Por otra parte, informó que el M-LIDER gestiona ante el presidente Azcona y el Comandante en Jefe de las Fuerzas Armadas, general Humberto Regalado Hernández, la liberación del militante de ese movimiento político, Alex Fernando Castro Martínez, secuestrado el pasado jueves 20 en la ciudad de Comayagua.

*El Heraldo/*24 de agosto de 1987

AZCONA: UN HOMBRE SIN TEMORES

La única diferencia sustancial que existe entre el gobierno del Dr. Ramón Ernesto Cruz y el que en la actualidad preside el ingeniero José Azcona, es que no hay un ministro de Gobernación que le intrigue y un militar ambicioso que le aceche con un golpe de Estado, como en su tiempo lo hicieron Ricardo Zúniga Augustinus y Oswaldo López Arellano.

Por lo demás hay plena identidad. Monchito en sus días fue atrapado por el llamado pactito, que fue una repartición casi matemática de los cargos públicos y Azcona por un pacto sin el cual no fuera presidente de la República. Ambos tienen una conducta parecida en relación con la responsabilidad de gobernar.

Monchito decía que no le espantaba el sueño el golpe que, a plena luz del día le preparaban Zúniga y López; Azcona ha confesado públicamente, que un cuartelazo le tiene sin cuidado y sin más trámite entregaría el poder a un glorioso uniformado. En tiempos del Dr. Cruz la administración pública se vio profundamente dañada; los proveedores del Estado pusieron en punto rojo el crédito del gobierno y una agitación sin precedentes sacudió a toda la república; obreros, campesinos y maestros instrumentalizados, por los golpistas, llevaron al borde del caos a la república.

Algo parecido ocurre en el momento político que vivimos, con la diferencia que no hay la sombra de un golpe de Estado, pues la embajada no le quiere soltar cordel a los militares. Monchito tuvo pocos colaboradores de peso a su alrededor, Azcona no los tiene, pues el presidente ha dicho que está solo y que solo se defiende y se defenderá, pues cuando salen a defenderle más bien le comprometen; Monchito estuvo diecisiete meses ejerciendo la Presidencia, Azcona lleva más de dos años y posiblemente complete su mandato; aunque ubicados en distinto tiempo, cuando la historia los juzgue, definitivamente ocuparán el sitial de gobernantes grises, obstinados e indiferentes.

Pero dejando a la administración del Dr. Cruz al juicio exclusivo de la historia, pasemos ahora a referirnos a las declaraciones del presidente Azcona. Dice el primer magistrado que no teme al Congreso y que el pueblo lo defenderá. De qué lo defenderá, no dijo el presidente, pues si se tratara de un golpe de Estado, eso no va a ocurrir, por aquello del mecate corto en manos de la embajada gringa; de las críticas, al menos que mi amigo Lisandro por hoy en la cuerda floja que le mueve Montoya lo hiciere; si se refiere a los planes de trabajo que le echa por tierra el Congreso, allí no puede hacer el pueblo nada, pues la representación la delegó en los diputados, a menos que quiera encabezar la insurrección y poner las cosas de otro modo. Pero esto es imposible, sobre todo cuando no se es presidente constitucional, sino opcional, porque el mandato del presidente Azcona es producto de la Opción "B".

Que los dioses iluminen al presidente, que, aunque no le teme al Congreso, ni a los golpes de Estado, aún no se explica cómo su gobierno sobrevive.

La Tribuna/2 de septiembre de 1987

MISIÓN DE AMNISTÍA SE REÚNE CON AZCONA

Una misión de Amnistía Internacional se reunió ayer con el presidente José Azcona sin que sus miembros revelaran lo tratado, porque "lo impide nuestro reglamento de un modo rotundo, y por tanto no podemos hacer manifestaciones".

Mientras, los cuatro integrantes de la misión coincidieron en afirmar que ellos tenían que elaborar un informe confidencial al Comité Ejecutivo Internacional, con sede en Londres.

Cuando se les preguntó si con el mandatario abordaron el problema de los desaparecidos y la violación de los derechos humanos en Honduras, su respuesta fue: "No podemos comentar sobre eso".

Integran la delegación de Amnistía Internacional, Jaime Miralles, de España, Sebastián Brett y Gay Richards, de Gran Bretaña, y Rona Weitz, de los Estados Unidos.

La Tribuna/3 de septiembre de 1987

EN CINCO AÑOS: 75 MILLONES PROMETE AZCONA A MAESTROS

TEGUCIGALPA.- El presidente Azcona prometió ayer 75 millones de lempiras distribuidos en cinco años a la dirigencia del Frente de Unidad Magistral Hondureño (FUMH), para implementar el Estatuto del Docente Hondureño.

El gobernante se reunió con Normanda Martínez, presidente del Colegio de Profesores de Educación Media (COPEMH); Miguel Ayestas, del Colegio Profesional Superación Magisterial (COLPROSUMAH) y Martha Luz Ávila, representante del "Bloque Renovador de Maestros" del Primer Colegio de Maestros (PRIHMA).

Estos dirigentes que se han constituido en un grupo opositor al Movimiento Nacional de Maestros (MONAMAH), con quienes también el mandatario dialogó recientemente, informaron que el Gobierno Central está dispuesto a erogar 15 millones de lempiras anuales durante cinco años para satisfacer las demandas de los docentes.

Normanda Martínez dijo sentirse satisfecha con la actitud del presidente en recibirles, lo que significa que sigue anuente a buscar fórmulas que concluyan en acuerdos satisfactorios para ambas partes.

El presidente José Azcona Hoyo preside la reunión con los dirigentes magistrales del COLPROSUMAH opositora a la que preside Nery Perdomo. (Foto Aulberto Salinas).

Anunció que en los próximos días la propuesta del mandatario será analizada en asamblea para luego responder si la aceptan o presentan una contraoferta.

El próximo siete de septiembre el jefe del ejecutivo se entrevistará con el MONAMAH, integrado por el COLPRUSUMAH "democrático", PRIHMA y Unión Magisterial, a quienes supuestamente, les hará similar propuesta.

El Estatuto del Docente que ha sido estudiado por la Comisión de Educación del Congreso Nacional, contempla conquistas salariales para los profesores que suman los 136 millones de lempiras anuales, según se ha informado.

Martínez reveló, además, que Azcona les prometió gestionar ante las autoridades del Ministerio de Educación Pública a fin de cancelar los salarios atrasados a un grupo de profesores afiliados al COPEMH y que se agilicen los trámites para construir el nuevo edificio del instituto "Jesús Aguilar Paz".

La Prensa/3 de septiembre de 1987

A PARTICIPAR EN ELECCIONES EXCITARÁ PRESIDENTE AZCONA

TEGUCIGALPA. - La Comisión Nacional Electoral del Partido Liberal se reunió ayer con el presidente Azcona a informarle oficialmente sobre los preparativos de los comicios que se desarrollarán el domingo para seleccionar las nuevas autoridades del Central Ejecutivo.

El mandatario accedió a la petición de comparecer en cadena de radio y televisión el viernes o el sábado con el fin de hacer un llamamiento a los liberales para que acudan a ejercer sufragio y que voten por el candidato de su simpatía, informó Armando Aguilar Cruz, presidente de la Comisión Electoral.

A la cita que duró más de una hora, acudieron los representantes de las siete corrientes internas del Partido Liberal y los delegados del Consejo Central Ejecutivo y del Tribunal Nacional de Elecciones como integrantes del organismo regulador del proceso electoral interno del partido en el gobierno.

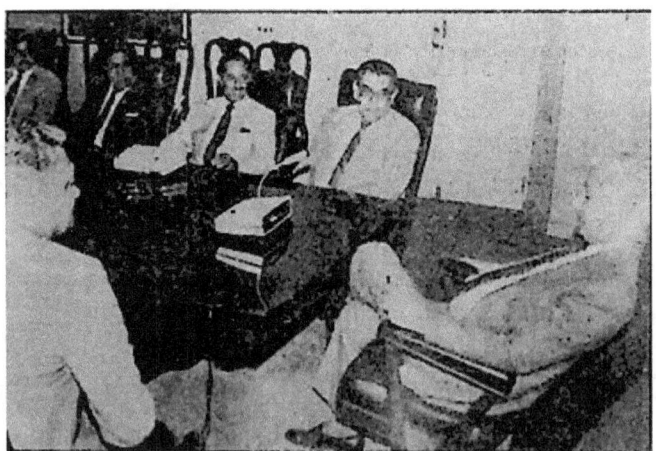

**El presidente Azcona se reunió ayer con los miembros de la
Comisión Nacional Electoral.**

Aguilar Cruz explicó que la presencia de la comisión electoral en la casa de gobierno tenía como finalidad "poner al tanto al presidente de la forma en que se han desarrollado los preparativos para las elecciones en su condición de jefe del ejecutivo y como gran líder del liberalismo".

La comparecencia pública del mandatario la hará en forma directa desde su casa de habitación, reveló el presidente de la comisión.

"Nosotros hemos sostenido que este evento es del Partido Liberal de Honduras en el cual deben participar única y exclusivamente los liberales, pues los nacionalistas, los democratacristianos y los pinuistas, no tienen absolutamente nada qué hacer en este proceso", declaró el representante del M-líder.

Agregó que la plática con el presidente de la república "fue muy general, no entramos en particularidades y tanto Azcona como nosotros deseamos que los comicios se desarrollen dentro de los cánones de la normalidad y en un ambiente de libertad y de democracia".

La comisión electoral tiene toda la confianza que después de las elecciones no se presenten recursos de nulidad o de amparo "pues nuestro deseo es que todo mundo debe aceptar los resultados".

LA PRENSA/3 DE SEPTIEMBRE DE 1987

AMNISTÍA INTERNACIONAL SE REÚNE CON AZCONA HOYO

Una delegación de Amnistía Internacional fue recibida ayer en la Casa de Gobierno por el presidente José Azcona Hoyo, sin que transcendieran los temas abordados en la entrevista.

Amnistía Internacional es un organismo defensor de los derechos humanos que tiene su sede en Londres, Inglaterra y en el pasado ha emitido informes en los que ha criticado abusos contra las libertades públicas e individuales en nuestro país.

La delegación la integran los británicos Sebastian Brett y Gay Richards, la norteamericana Rona Weitz y el español Jaime Miralles Álvarez.

Este último dijo que el reglamento de la organización les impide hablar sobre las investigaciones que llevan a cabo en los distintos países y que tales informes tienen un carácter confidencial hasta que se emiten publicaciones pormenorizadas sobre la situación de los derechos humanos en el mundo entero.

Miralles se limitó a decir que fueron "muy atentamente recibidos" por el presidente Azcona y que salieron "satisfechos" de los resultados de la entrevista.

El Heraldo/3 de septiembre de 1987

LA CRISIS DEL IHSS

La Junta Directiva en pleno del Instituto Hondureño de Seguridad Social (IHSS), se reunió con el presidente de la República, para plantearle la urgente necesidad de reformar en profundidad las estructuras y funcionamiento de la citada entidad autónoma, con vistas a evitar su descalabro económico y su eventual extinción.

Los directores del IHSS, que representan a los cuatro sectores ligados a su funcionamiento: sindicalistas, empresarios, médicos y gobierno, plantearon al ciudadano José Azcona la urgente necesidad de reformar no sólo la configuración de la junta directiva, sino la de hacer otras innovaciones que saquen al Seguro de su actual situación de asfixia financiera.

Al englobar los problemas que se viven, los ubicaron en cinco causas básicas: mora impresionante (tanto del Estado como de los patronos), costos cada vez más altos de operación, fallas administrativas y bajo nivel de aportaciones por parte de los derechohabientes.

Respecto de tales dificultades, la junta directiva elaboró un planteamiento que en la oportunidad le fue entregado al mandatario, para que éste lo analice y en el más breve plazo posible, le dé su apoyo.

Actualmente, el Gobierno de Honduras debe unos 150 millones de lempiras al Seguro Social, ya que adeuda en parte como Estado y en parte como patrono. Sólo esta cantidad astronómica (para no hablar de los intereses que la misma devengaría en el sistema bancario), da una idea de la gravedad de la crisis.

Por otra parte, alegan los directivos del IHSS, nunca ha habido un incremento de los porcentajes pagados por los trabajadores y empleados, desde que la institución se creó hace un cuarto de siglo.

Respecto de ese punto, y como los miembros de la junta administradora no desconocen la tremenda resistencia que ganaría la pretensión de aumentar las cuotas, el IHSS, se a limitado de pedir del presidente Azcona que, al menos se suprima el tipo de seiscientos lempiras como base para el cálculo de la cotización, lo cual generaría un incremento inmediato de recursos que -aunque insuficiente para resolver problemas- ayudaría a aliviarlos.

Desde que la idea de la seguridad social comenzó a ser debatida en Honduras, en la administración del presidente Villeda Morales, hasta la fecha, ha habido un largo y estéril debate acerca de la forma de tornar rentable (o al menos autosuficiente), a la institución responsable de administrarla.

Son muchas las dificultades y problemas, siendo posiblemente el primero la errónea concepción, formulada y defendida a ultranza por el Colegio Médico, de que el cargo de Director General del IHSS, tiene que recaer en manos de un profesional de la medicina.

La seguridad social es, en esencia, una síntesis de cálculos actuariales, administración de riesgos, gestión financiera y gerencia administrativa dinámica y creativa.

La Facultad de Medicina, con todo y ser bastante buena dentro de su género, no prepara a los facultativos para tales quehaceres ni es su tarea hacerlo.

El IHSS, debiera estar dirigido por alguien que ha hecho carrera en compañías de seguros y en corporaciones financieras.

De otra parte, hay un grave problema que nadie menciona: el desmembramiento del sistema. Mientras en España, Alemania Federal e incluso Costa Rica todos los nacionales del país y los miembros de todas las profesiones, están amparados en un solo programa de seguro social, en Honduras marchamos -cada día más- hacia la atomización.

Hay un sistema para los maestros, otros para los militares, uno más para los periodistas y pronto vendrán otros, emergiendo como hongos después de una tormenta.

Cada subgrupo de seguridad social que se desprende del IHSS, le resta dinero, lo debilita y lo encarece.

Y, finalmente, resulta un poco extraño -para decir lo menos -que los trabajadores y empresarios, que son quienes mantienen la institución pues son los que realmente pagan, se encuentren en franca minoría y no tengan poder de decisión a la hora asumir resoluciones importantes en el alto nivel.

"No hay paz duradera sin justicia social, y no hay justicia social sin seguridad social", reza el lema del IHSS, con toda la razón del mundo.

Para alcanzar esa paz y justicia es necesario -en efecto- reformar la institución.

Pero si los cambios han de ser reales y no meramente cosméticos, deben incrementar el papel de los grupos privados (trabajadores y empresarios), amén de propiciar la puesta en marcha de una gerencia profesional, alejada de los gremialismos estrechos y del sectarismo político.

Si se asume con esa mentalidad, la reestructuración traerá frutos positivos. De lo contrario, será el preámbulo de una nueva frustración…

La Prensa/3 de septiembre de 1987

AZCONA OFRECE PAVIMENTAR TRAMO DE SIGUATEPEQUE A LA ESPERANZA

El presidente José Azcona Hoyo prometió a los habitantes del departamento de Intibucá hacer las gestiones necesarias, para que en su período de gobierno se pavimente la carretera que va desde Siguatepeque a La Esperanza.

Este ofrecimiento fue hecho por el mandatario durante la inauguración del tramo carretero Siguatepeque-Jesús de Otoro y de los puentes sobre el Río Grande de Otoro y las quebradas Santa Cruz y Grande de Otoro, obras que en conjunto tienen un valor de 20 millones de lempiras.

Sin embargo, Azcona aclaró que no sólo en el departamento de Intibucá se están construyendo este tipo de obras, señalando al mismo tiempo que en la actualidad el gobierno de la República está invirtiendo 50 millones de lempiras en el Bajo Aguán.

"Pero hay algo que es importante que los pueblos entiendan, dijo el presidente, y es que lo que no han recibido en 60 años no lo pueden recibir en 6 u 8 años, pero hay que reconocer el esfuerzo que éste y el anterior gobierno han hecho por comunicar estos departamentos hasta ahora olvidados".

El titular del Ejecutivo indicó también que se está ejecutando por administración la carretera entre Santa Rosa de Copán y Gracias, la que unida al tramo inaugurado formará parte de la nueva Carretera Panamericana que unirá a Tegucigalpa, Siguatepeque, La Esperanza, Gracias, Santa Rosa de Copán y Ocotepeque.

"Estamos construyendo en este momento carreteras por más de 200 millones de lempiras y todavía se dice que no estamos haciendo nada, o que nuestro gobierno no ha arrancado", comentó.

Igualmente, Azcona dijo que se hacen y se harán millonarias inversiones en proyectos de electrificación rural, especialmente en los departamentos de Olancho, Yoro, Comayagua, El Paraíso, Copán, Lempira e Intibucá, anunciando la próxima inauguración del sistema eléctrico de Jesús de Otoro.

Al acto de inauguración también se hicieron presentes el presidente del Congreso Nacional, Carlos Montoya, el ministro de Gobernación, Romualdo Bueso Peñalba, el viceministro de Obras Públicas, Bayardo Pagoada y el director general de Caminos, Alex Leiva.

La Tribuna/3 de septiembre de 1987

EN REUNIÓN AZCONA Y AMNISTÍA INTERNACIONAL

TEGUCIGALPA. - Un grupo de representantes de "Amnistía Internacional" se entrevistaron ayer con el presidente de la República, José Azcona Hoyo, en el marco de una visita oficial que realizan a Honduras.

Este organismo, que vela por el respeto de los derechos humanos en el mundo, tiene jurisdicción en 70 naciones y fue fundado en el año de 1962.

Los visitantes se negaron a dar declaraciones a LA PRENSA arguyendo que los estatutos internos se los prohíben y sólo manifestaron que sus inquietudes acerca de la situación de los derechos humanos en Honduras, se la plantearon al gobernante Azcona Hoyo.

Integran la delegación de "Amnistía Internacional", que tiene su sede en Londres, Inglaterra, el español Jaime Miralles, los británicos Sebastián Brett y Gay Richards y el norteamericano Roma Wertz.

La Prensa/3 de septiembre de 1987

AZCONA OFRECE 75 MILLONES AL MAGISTERIO

Dirigentes del Frente Unido Magisterial Hondureño (FUMH) anunciaron ayer al término de la reunión con el presidente José Azcona, que éste les hizo una propuesta económica consistente en 15.000.000 de lempiras anuales durante cinco años, lo que representaría un total 75.000.000 para el magisterio nacional.

Al respecto, la presidenta del Colegio de Profesores de Enseñanza Media de Honduras (COPEMH), Normanda Martínez, declaró que el FUMH analizará esa propuesta tras consultar con el magisterio nacional para determinar si aceptan esa cantidad.

Destacó que también le plantearon al mandatario algunas preocupaciones e inquietudes del magisterio nacional a nivel de Educación Media, así como el atraso de salarios que les adeudan, hasta por siete meses, comprometiéndose al jefe del Ejecutivo a subsanar esa anómala situación.

De igual manera, dijo, le expusieron el problema del Instituto "Aguilar Paz", con respecto al terreno y la construcción del edificio, por lo que se comprometió a hablar con la Asesoría Jurídica para solucionar definitivamente el problema.

La dirigente magisterial puntualizó que el presidente Azcona se mostró muy cordial y anuente, "por lo que vemos en él una apertura y un amplio espíritu de diálogo al entender nuestra situación, quedando en convocarnos la próxima semana, también para darnos a conocer los últimos detalles de la oferta económica".

La Prensa/3 de septiembre de 1987

ADVIERTE AZCONA:

A LOS NACIONALISTAS DE NADA LES SERVIRA ARROJAR CIENO

- **Liberales saldrán unidos de las elecciones internas**

El presidente José Azcona aseguró que el Partido Liberal saldrá victorioso de su actual gestión administrativa y se mostró complacido por la forma cómo últimamente se está llevando a cabo la campaña con vista a la celebración de las elecciones internas de ese instituto político.

Azcona pronunció un discurso de corte político en los actos de inauguración de la sede del Sub-Consejo Local Liberal de la colonia Kennedy de Tegucigalpa, que lleva su nombre, en presencia de autoridades del Consejo Central Ejecutivo, locales, otros destacados miembros del partido y numerosos liberales de la citada colonia y otras circunvecinas.

Resaltó la importancia de la obra "que servirá para que celebren las reuniones de los miembros de todas las corrientes de nuestro glorioso Partido Liberal".

El mandatario expresó que el 6 de septiembre próximo todos los liberales deberán acudir a las urnas a depositar sus votos a favor del candidato que estime que más beneficios le va a traer a su partido y a la Patria.

El proceso, dijo, se está haciendo dentro del marco de una verdadera democracia; "cuando no se está atropellando a ningún aspirante, no se persigue a ningún liberal por seguir a cualquiera de los candidatos y de esa consulta interna tendrá que salir la unidad granítica de nuestro glorioso partido".

Agregó que el próximo 6 de septiembre al filo de las 8:00 a 10:00 de la noche, "todos los liberales deben abrazarse, porque no habrá vencidos ni vencedores. Cualquiera que salga triunfante, señaló, tendrá que ser magnánimo, amplio y tolerante, tal como lo manda la doctrina liberal, para abrazarse con los perdedores".

Igualmente, recomendó, los perdedores deberán estar acordes con la doctrina liberal y felicitar al ganador, ponerse a las órdenes, para edificar el cuarto triunfo consecutivo de ese partido el último domingo de noviembre de 1989.

Azcona indicó que nadie debe llamarse a equivocaciones, "nadie podrá hace campaña sobre los errores del gobierno liberal. "Lo prometí cuando ascendía a la Presidencia de la República, que andaríamos transitando por Honduras con la frente levantada, que jamás inferiríamos un daño a este querido pueblo y ustedes pueden decirles a los adversarios tradicionales: De nada servirá que arrojen cieno, porque el Partido Liberal va a salir victorioso de la Casa de Gobierno para entregarle el poder a otro liberal", aseguró.

Apuntó que al Partido Liberal no se le pueden achacar los errores del pasado en Honduras, "no se le puede culpar que el país no haya alcanzado los más altos grados de desarrollo; pero estamos seguros que con dos gobiernos liberales que llevamos y los que vienen por delante, Honduras va a cambiar mucho en su situación económica y social".

Excitó a sus correligionarios a que cesen las ofensas entre sí, "seguimos sintiendo a veces los insultos de algunos liberales. No vamos a hacer caso, afirmó, tenemos los brazos abiertos para todos y así debemos ser en general, unidos formando un bloque fuerte para el futuro porque está ligado al Partido Liberal".

Recordó que faltan apenas tres semanas para la consulta interna y dijo sentir gusto al comprobar que los ánimos están serenos, las campañas a través de la radio han bajado de tono.

"Que gane el mejor de los candidatos y comprometámonos todos a apoyar al Partido Liberal y que en 1989 volvamos a ganarle a nuestros adversarios tradicionales para bien del partido y del país", puntualizó.

Instantes en que el presidente de la República, José Azcona, junto con el secretario general del Central Ejecutivo y el ministro de la Presidencia, Pompilio Romero Martínez y Céleo Arias, corta la cinta dando por inaugurada la sede de la colonia Kennedy. (Foto Mario Fajardo).

La Tribuna/17 de agosto de 1987

Asegura el mandatario:

HONDURAS NO RECIBE PRESIONES DE "E.U."

El gobierno hondureño no recibe presiones de ninguna naturaleza de los Estados Unidos, contrario a lo que muchos afirman, aseguró el presidente José Simón Azcona.

Refirió el mandatario que, de acuerdo a la Declaración de Guatemala, suscrita recientemente por los presidentes del área, Honduras ha contraído el compromiso serio de que su territorio no se use para invadir a Nicaragua "y es lo que menos nos preocupa".

"Sin embargo, dijo, nos preocupa el problema de los 150 mil refugiados, lo que para Honduras constituye una carga muy pesada, por lo que confío en que habrán de ser repatriados y se nos ayude a resarcir el daño que estamos recibiendo".

Estimó que el viaje realizado a Cuba por el presidente de Nicaragua, Daniel Ortega, tres días después de suscrito el Acuerdo de Paz, es "demasiado obvio".

Puede ser que Ortega haya tenido problemas con los demás miembros de su gobierno y puede ser que considere importante buscar el apoyo de Cuba para aquellas acciones que requiere el documento", acotó.

Por otra parte, negó que algún nicaragüense esté interesado en comprar tierras en el país, lo que no constituye delito, cuando se trata de propiedades fuera de los impedimentos que fija la Constitución, la que establece que ningún extranjero puede adquirir predios a menos de 40 kilómetros de las fronteras o de las costas.

El mandatario negó asimismo que haya un distanciamiento entre el Poder Ejecutivo y el Legislativo.

"Lo que pasa es que estamos viviendo una auténtica democracia, donde nosotros respetamos la independencia de los poderes del Estado y no damos directrices al Congreso Nacional y cuando en éste se produce una acción que creemos no conviene, pues lo decimos libremente, sin que ello signifique enfrentamientos o choques".

CON MOSCÚ

Azcona se refirió también al viaje que mañana emprenderán a Moscú el ministro de Economía, Reginaldo Panting, los industriales Edwin Rosenthal Oliva y Emín Abufelle, con el propósito de suscribir un tratado comercial.

La misión hondureña también visitará Checoslovaquia y permanecerá cuatro días en cada país.

También se busca colocar el banano en otros mercados, ya que el país, indicó Azcona, está en capacidad de producir 100 millones de cajas al año y si la Standard Fruit Company está dispuesta a venderle a Checoslovaquia, el gobierno perfectamente puede buscar los mercados socialistas.

El ministro Panting, por su parte, cree que los rusos también comprarán tabaco, cosechado en el departamento El Paraíso.

La Tribuna/17 de agosto de 1987

SAN PEDRO SULA. - El ingeniero Roberto Larios, gerente general de Cementos de Honduras, le explica al presidente de la República, José Azcona y a los designados presidenciales Jaime Rosenthal Oliva y Alfredo Fortín, el funcionamiento de la nueva planta Expansión cinco, la cual estará instalada y operando en diciembre próximo. (Foto TIEMPO Mazariegos).

Tiempo

AZCONA ESPERA BUENOS RESULTADOS DE LAS NEGOCIACIONES CON LA URSS

SAN PEDRO SULA. - El presidente José Azcona declaró el sábado anterior aquí que "había que preguntarle a don Daniel Ortega, presidente de Nicaragua, por qué viajó rápidamente a Cuba a entrevistarse con Fidel Castro".

"Me parece -agregó sonriente- que es demasiado obvio eso de viajar tres días después de haber suscrito un compromiso" con el resto de presidentes de Centroamérica sobre la pacificación del área.

Pero de todas maneras "nosotros no tenemos por qué meternos en la política interna del gobierno de Nicaragua. Puede ser que él haya tenido algún problema con los demás miembros del gobierno de su país. Puede ser que considere que es importante buscar el apoyo de Cuba para que las acciones que hay que emprender, de acuerdo a ese documento que él se comprometió a cumplir, se conviertan en realidad".

Enseguida dijo que pueden haber muchas otras razones que originaron su viaje, pero "yo no voy a profundizar en eso, pues no es cosa que sea de nuestra competencia".

Ahondando sobre el tratado de paz suscrito recientemente por él y sus demás colegas del área centroamericana, dijo que para darle cumplimiento "nosotros no tenemos que dar ahora casi ningún paso. Nosotros tenemos un compromiso de que nuestro territorio no se use para agredir a Nicaragua. lo que más nos preocupa a nosotros de toda esta situación es el problema de los refugiados".

Destacó que "no es justo que Honduras esté sufriendo una carga tan pesada como son 150 mil refugiados, y que una vez que se resuelva el problema nos ayude totalmente (Nicaragua) para que esos refugiados se repatrien y se nos ayude también para resarcirnos del daño que estamos recibiendo con la presencia de ellos".

ELECCIONES INTERNAS DEL PARTIDO LIBERAL

El primer magistrado de la nación, al contestar una pregunta relacionada con las elecciones internas del Partido Liberal, a realizarse el 6 de septiembre próximo, manifestó que éstas serán "completamente limpias porque ya se pusieron de acuerdo todos los candidatos".

Apuntó que "si estas cosas hubieran ocurrido en el pasado, el Partido Liberal estuviera mucho más fuerte de lo que está. yo cada día estoy más convencido que vamos a ganar las próximas elecciones para autoridades supremas con una mayor diferencia que con la que las ganamos el último domingo de noviembre de 1985".

Al preguntarle si recibe presiones del gobierno de Estados Unidos para obstaculizar La Paz en la región centroamericana, contestó que "yo puedo decirle que no es cierto. Yo no recibo presiones del gobierno de los Estados Unidos".

Por otra parte, Azcona declaró que no existe ningún distanciamiento entre El Poder Ejecutivo y el Legislativo. "Lo que pasa es que estamos viviendo una auténtica democracia. Nosotros respetamos la independencia de los poderes del Estado y creo que lo mismo hacen los diputados, y no recibimos y no damos directrices al Congreso Nacional".

Explicó que cuando en el congreso se produce cualquier acción que "nosotros creemos que no es la que conviene, pues lo decimos libremente, como ellos pueden también decirlo en relación al Poder Ejecutivo".

COMPRA DE TIERRAS EN OLANCHO

El Presidente dijo que no tiene ningún fundamento el hecho que se diga que la "contra" nicaragüense está comprando tierras en Olancho. "Puede haber algún ciudadano nicaragüense que quiera comprar tierras en Honduras, pero no la "contra"; cualquier extranjero puede comprar tierras en Honduras, eso no es ningún delito".

Más adelante aclaró que los extranjeros pueden comprar tierras, pero fuera de "los impedimentos que fija la Constitución de la República, la cual establece que no pueden tener propiedades rurales a menos de 40 kilómetros de fronteras o de las costas".

El gobernante prometió ayudar en todo lo posible a los damnificados que han dejado las inundaciones en Gracias a Dios, lo mismo que a los desplazados de guerra de la frontera con Nicaragua, los cuales dijo "están regresando a Español Grande, Yamales y otras comunidades en el departamento de El Paraíso".

Dijo que parte de la ayuda a los habitantes de la zona fronteriza con Nicaragua es "crear el municipio de Trojes, que junto a Cifuentes son los poblados más grandes que están cerca del vecino país…".

BANANOS A MOSCÚ

El presidente de los hondureños se mostró optimista de que la delegación que esta semana partirá a Moscú, capital de la Unión de Repúblicas Socialistas Soviéticas, obtendrá buenos resultados en la negociación de los excedentes de "café, banano, cemento, aceite de palma africana y otros rubros".

Dijo Azcona que espera que la cosecha de café de este año, que se empieza a cortar en octubre, tenga tal vez el mismo volumen de la cosecha del año pasado. "Nosotros tenemos que asegurar los mercados para colocar los excedentes de café y otros productos de los cuales debemos incrementar su cultivo".

Dejando entrever su satisfacción, expresó que "este año vamos a volver a ganar el punto de 50 millones de cajas de bananos, y hay que buscarle mercados a toda nuestra producción".

Sobre el particular apuntó que "la Standard Fruit Company está dispuesta a vender banano a Checoslovaquia o a cualquier otro país. Esas son las metas: ver si podemos colocar nuestros productos en esos mercados".

El Heraldo/17 de agosto de 1987

22

PEDIRÁN AL PRESIDENTE NOMBRES DE DIPUTADOS QUE NO PAGAN IMPUESTOS

SAN PEDRO SULA. - El diputado liberal por el departamento de Cortés, Mario Ramón López, pedirá al presidente José Azcona Hoyo que le proporcione los nombres de los diputados que no han pagado el Impuesto Sobre la Renta.

Mario Ramón López dijo creer todos los diputados del Partido Liberal están solventes con la Hacienda Pública y que para evitar sospechas pedirá los nombres de los que aún no cumplen con sus obligaciones tributarias.

"Yo le voy a pedir al ingeniero Azcona que me proporcione los nombres de esos diputados que no han pagado sus impuestos", dijo Mario Ramón López.

El presidente Azcona ha decidido presionar a los 134 diputados al Congreso Nacional para que paguen el Impuesto Sobre la Renta, a través de una carta que le enviará al presidente del Congreso, proporcionándole los nombres de los diputados morosos con la Hacienda Pública. (DRM).

*Tiempo/*18 de agosto de 1987

ENTREVISTA EXCLUSIVA BRINDA AZCONA A "MUNDO DIPLOMATICO"

El Excmo., Señor Presidente de la República Ing. José Simón Azcona Hoyo, concedió una entrevista exclusiva a "Mundo Diplomático" en Revista, para lo cual el presidente Fundador de la Revista Lic. Julio César Bonilla Valle, Vicecónsul de Suecia, y la Srita. Vania García, colaboradora de la Revista y Asistente de la Sección Consular de la Cancillería de la República, se hicieron presentes el pasado lunes 10 de Agosto, a la Casa de Gobierno.

Dicha entrevista que contiene material muy importante e interesante se podrá leer en el primer número de "Mundo Diplomático" en Revista, que saldrá a la luz pública dentro de pocos días.

*El Heraldo/*18 de agosto de 1987

STANDARD DISPUESTA A VENDERLE BANANOS A SOVIÉTICOS: AZCONA

SAN PEDRO SULA. No es cierto que el gobierno hondureño reciba fuertes presiones del de los Estados Unidos de Norteamérica, dijo el Presidente José Simón Azcona Hoyo a los periodistas en su reciente visita a esta ciudad.

Azcona negó las afirmaciones hechas por su correligionario, Conrado Napky, hechas a través de una emisora de la capital, según las cuales el Presidente Azcona recibe fuertes presiones de la administración Reagan.

Por otro lado, anunció que, para mejorar la situación de los hondureños desplazados de guerra en la zona fronteriza con Nicaragua en el departamento de El Paraíso, creará el municipio de Trojes, "para que sea una avanzada de la hondureñidad".

Hablando sobre el viaje de una comisión hondureña que parte esta semana hacía Rusia y Checoslovaquia, a negociar un convenio comercial, Azcona dijo que abriga las mejores esperanzas en los resultados de este viaje.

Dijo el presidente Azcona que Honduras está dispuesta a incrementar sus áreas de cultivos de banano para negociar la fruta con los países socialistas, y en ese propósito la Standard Fruit Company está dispuesta a venderle banano a los soviéticos.

Hablando sobre los resultados de su visita de inspección a varias obras de San Pedro Sula, el gobernante dijo estar extraordinariamente satisfecho de lo que será el Hospital Regional del Norte, obra valorada en más de 50 millones de lempiras en la construcción del edificio y el equipo. Azcona dijo que será el hospital más moderno de Centro América.

Anunció que se cobrará una cuota de recuperación selectiva a las personas con capacidad económica y que lleguen a ese hospital hacerse tratamientos costosos, a fin de recuperar parte del dinero que el Estado invierta en el sostenimiento del hospital.

Ello será así, explicó Azcona, porque llegan al hospital Escuela de Tegucigalpa, personas acomodadas económicamente hacerse tratamientos sin costo alguno, lo cual es impropio.

También informó que, en la construcción del puente sobre el Río Blanco entre San Pedro Sula y Choloma, y otro sobre Río Piedras, que conduce al Hospital Regional del Norte, el Estado está invirtiendo más de dos millones de lempiras.

Azcona dijo que ya aprobó una partida de dos millones de lempiras para construcción del nuevo edificio del Instituto "José Trinidad Reyes" y que dijo que está esperando la respuesta de los ex alumnos del colegio, quienes se comprometieron a aportar medio millón de lempiras para ese proyecto. (DRM).

Tiempo/17 de agosto de 1987

100 MIL TONELADAS DE CEMENTO SE EXPORTARÁ ESTE AÑO: AZCONA

SAN PEDRO SULA. – El presidente José Azcona Hoyo anunció que Honduras espera exportar este año 100 mil toneladas de cemento, producto cuyos precios en el mercado internacional oscilan entre los 38 y los 40 dólares la tonelada, actualmente.

Azcona dijo que la Industria Cementera Honduras S.A. (INCESAH) y Cementos de Honduras, S.A. (CEHSA), unirán esfuerzos para llevar a cabo una política de exportación masiva de cemento, para producir divisas para el país.

El mandatario hondureño realizó una gira de inspección por proyecto Expansión Cinco de CEHSA, obra que fue iniciada en la administración de la Junta Militar de Gobierno que presidió el general Policarpo Paz García y que entregó el poder en 1982 al régimen civil de Roberto Suazo Córdova.

Se trata de una nueva planta productora de cemento tipo Portland, cuyo costo será de Lps. 180 millones de lempiras y que estará completamente instalada y operando a finales de diciembre del presente año, según informó el gerente de CEHSA, Roberto Larios Silva.

La primera fase del proyecto se inició en 1979 a 1985, a un costo de Lps. 140 millones de lempiras. La segunda fase es la que le corresponde desarrollar al gobierno de Azcona por un monto de Lps. 40 millones, 20 de los cuales se invirtieron en obras físicas y otros 20 millones en carga financiera por la inversión anterior.

El proyecto de expansión de CEHSA tendrá una capacidad de 700 mil toneladas métricas por año y para 1988 se espera poner en el mercado local unas 180 mil toneladas de cemento y exportar 520 mil toneladas, generando unos 20 millones de dólares para Honduras.

Para la instalación de expansión cinco trabajan 400 personas, entre obreros, técnicos y administradores. Para las operaciones de exportación de cemento se han hecho instalaciones combinadas con el Ferrocarril Nacional para el transporte de cemento a granel de Bijao a Puerto Cortés, así como instalaciones en la Empresa Nacional Portuaria de una terminal de graneles para el producto destinado para exportación.

Durante el recorrido que hizo Azcona, acompañado por los designados presidenciales Jaime Rosenthal Oliva y Alfredo Fortín Inestroza, entre otros funcionarios de su gobierno, se informó que la planta vieja de cemento produce 165 mil toneladas por año y se han exportado en 1987 42 mil toneladas. El presidente Azcona autorizó al gerente de CEHSA, ingeniero Roberto Larios Silva, para que venda en el mercado internacional unas 60 toneladas más de cemento.

Honduras deberá pagar sólo de intereses a la deuda de Expansión Cinco, 50 millones de lempiras Debido a que el gobierno de Roberto Suazo Córdova detuvo por cuatro años los trabajos, no obstante, si esa misma planta fuera adquirida en estos momentos costaría el doble de los 180 millones de lempiras, explicó Larios Silva.

La nueva administración de la fábrica cementera ha logrado reducir en un 15 por ciento el uso de bunker para poner a producir la planta, ya que se está empleando una nueva tecnología que consiste en combinar los desechos de arroz (la casulla) y de la palma africana (cáscaras de coquito), gracias a lo cual se ahorran divisas.

José Azcona Hoyo dijo a los periodistas que está satisfecho de los trabajos en la Expansión Cinco y que su gobierno está comprometido a apoyar que la nueva planta entre en plena producción a diciembre próximo.

Cementos de Honduras S.A., es una empresa actualmente controlada por el Estado, a partir de abril de 1984 luego de que el gobierno de Roberto Suazo Córdova decide cambiar el consejo de administración, marginando a los hermanos Faiz y Feizal Sikaffy, quienes controlaban el 51 por ciento de las acciones a través de la Sociedad Capitales de Honduras (HONDUCAP).

Pero la dramática historia de Cementos de Honduras S.A., está quedando atrás y según las perspectivas previstas la empresa tiende a convertirse en una de las fuentes productoras de divisas para Honduras.

El presidente Azcona que llegó el sábado en horas del mediodía en un helicóptero militar a la comunidad de Bijao, a unos 20 kilómetros al sur de San Pedro Sula, acompañado por el designado Alfredo Fortín Inestroza, el ministro de Salud, Rubén Villeda Bermúdez. Luego se trasladó en automóvil hasta los planteles de CEHSA, acompañado por el designado Jaime Rosenthal Oliva, y los ministros de Economía, Reginaldo Panting, el de Comunicaciones, Obras Públicas y Transporte, Juan Fernando López y el gerente de la cementera Roberto Larios Silva.

A las 12:00 meridiano Azcona y su comitiva salió de CEHSA hasta San Pedro Sula, y se detuvo en Río Blanco para inspeccionar los trabajos de construcción y de allí se dirigió hasta el nuevo edificio del Hospital Regional "Mario Catarino Rivas" en la parte noroeste de San Pedro Sula. (DRM).

Acompañado del ministro de Economía, Reginaldo Panting, el presidente Azcona pasa debajo de uno de los enormes molinos de CEHSA. (Foto TIEMPO Mazariegos).

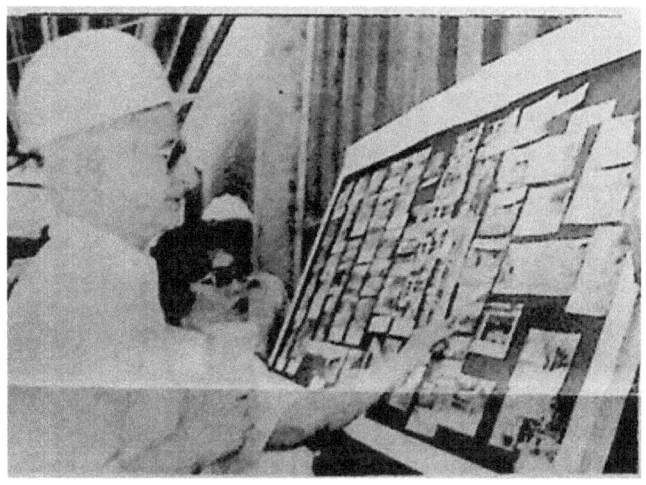

La alcaldesa de Choloma, aprovechó la visita de Azcona para hacer una exposición fotográfica de las obras que ha realizado en su primer año de gobierno municipal. (Foto TIEMPO Mazariegos).

Con camisa mangas largas el ministro de Salud Pública, Rubén Villeda Bermúdez, precedido por el presidente Azcona, Alfredo Fortín y Jaime Rosenthal, cuando hacen su ingreso al edificio del nuevo Hospital Regional. (Foto TIEMPO Mazariegos).

*Tiempo/*17 de agosto de 1987

Revela presidente Azcona:

HAY "PADRES DE LA PATRIA" QUE NO PAGAN EL IMPUESTO S/RENTA

SAN PEDRO SULA. - El presidente de la República, José Azcona Hoyo, presionará a los diputados para que paguen el Impuesto Sobre la Renta. Las presiones las ejercerá a través de una carta que le enviará al presidente del Congreso Carlos Montoya.

El anuncio lo hizo el presidente Azcona ante cuatro diputados liberales en un almuerzo el sábado último y en presencia de los designados presidenciales, Jaime Rosenthal Oliva, Alfredo Fortín Inestroza y los ministros de salud, Rubén Villeda Bermúdez y el de Comunicaciones, Obras Públicas y Transporte Juan Fernando López.

Todo se debió a una reacción del mandatario cuando el diputado por Comayagua, Ramón de Jesús Sabillón, dialogaba con el ministro Juan Fernando López, discusión en la que intervino el presidente Azcona, poniéndose a favor del titular de SECOPT.

Según se supo, la discusión tuvo lugar cuando el diputado Sabillón hizo reclamos al ministro Juan Fernando López por las decisiones que se toman en SECOPT y que afectan a los empresarios del transporte, rubro en el que el diputado tiene importantes inversiones.

"Yo le voy a mandar una nota a Carlos (Montoya) con los nombres de los diputados que no han pagado el impuesto sobre la renta", dijo el presidente Azcona, hablando en dirección donde estaban sentados los diputados Enrique Ortez Turcios, por Choluteca, Ramón Sabillón por Comayagua y Mario Ramón López por Cortés.

El diputado por Cortés, Juan Antonio Martínez, que se encontraba sentado en un extremo de la mesa conversando con dos periodistas, no hizo comentarios sobre la advertencia del presidente, para obligar a los diputados a ponerse al día con el Estado.

El presidente Azcona no dijo la fecha en que enviará su nota al presidente del Congreso, con los nombres de los "padres de la patria" que están morosos con la hacienda pública.

El Partido Liberal cuenta con 83 diputados, 64 el Partido Nacional, uno el Partido Innovación y Unidad (PINU) y dos el Partido Demócrata Cristiano de Honduras.

Azcona no dijo quiénes son los congresistas que no pagan el impuesto sobre la renta, a pesar que cada diputado gana 5,600 lempiras mensuales. (DRM).

Tiempo/17 de agosto de 1987

CASA BAYER ADQUIERE LA EYL

Una comisión alemana encabezada por Helmut Pichota, alto ejecutivo de la Casa Bayer, se entrevistó ayer con el presidente José Azcona para anunciarle que han iniciado operaciones en Honduras mediante la inversión de un millón de lempiras.

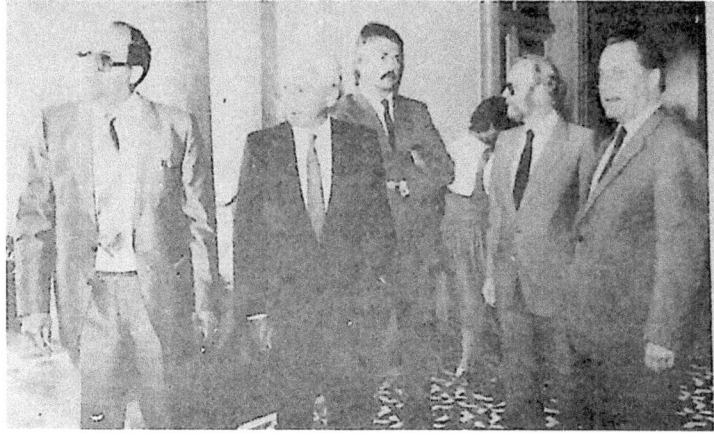

La misión alemana, encabezada por el alto ejecutivo de la Bayer, Helmut Pichota, al momento de salir de la Casa de Gobierno. (Foto de Aquiles Andino).

Al respecto, el embajador de Honduras en la República Federal de Alemania, Alex Mayer, que acompañó a la delegación, dijo que los representantes de la transnacional contemplan la posibilidad de incrementar sus inversiones en Honduras, estableciéndose definitivamente.

Como primer paso, agregó, la Casa Bayer acaba de adquirir la firma EYL, que están manejando directamente.

La Casa Bayer, dijo, produce diversidad de medicamentos e insecticidas, además de ser una empresa que cuenta con 180.00 empleados en todo el mundo.

Un miembro de la comisión aseveró que "hemos encontrado facilidades en el gobierno hondureño para incrementar nuestra inversión, ya que el presidente José Azcona se mostró interesado y nos ofreció su apoyo, existiendo de ambos lados la mejor disposición de hacer algo en conjunto", concluyó.

La Tribuna/18 de agosto de 1987

LA "BAYER" COMPRARÍA EMPRESA HONDUREÑA

TEGUCIGALPA. - Más de un millón de lempiras invertirán los ejecutivos de la compañía internacional "Bayer", quienes se entrevistaron ayer con el presidente José Azcona.

Los empresarios, que se hicieron acompañar del embajador de Honduras en Alemania, Alex Mayer, hicieron una visita de cortesía al mandatario para informarle sobre su decisión de comprar la firma hondureña "EYL" a la que piensan incrementar su capital social.

La Bayer, es una compañía mundial que da empleo a alrededor de 180 mil personas y su principal actividad es la producción de medicamentos veterinarios e insecticidas.

Janos H. Boehm, gerente general de "Bayer de Honduras", hablando a nombre del doctor Helmut Pichota, alto ejecutivo de la firma, dijo que continúan estudiando las posibilidades de aumentar sus inversiones en el país. "El presidente Azcona se mostró interesado y nos ofreció su apoyo", dijo finalmente el gerente general de esta compañía en Honduras.

El presidente Azcona dialoga con empresarios alemanes. (Foto Salinas).

La Prensa/18 de agosto de 1987

YA NO QUEREMOS NADA CON AZCONA, DICE RIVERA LÓPEZ

El Partido Nacional de Honduras ha comenzado a orillarse de la alianza que ha disfrutado desde hace un año y medio con el gobierno liberal que preside el ingeniero José Azcona Hoyo.

A inicios de la presente administración, la dirigencia nacionalista decidió firmar un pacto con los liberales para formar un cogobierno consistente en la repartición de cargos públicos y otras prebendas que da el poder.

Pero todo ello al parecer se pretende acabar de un golpe, pues asesores políticos cercanos han recomendado a Rafael Leonardo Callejas que rompa la alianza con el gobierno, pues de lo contrario su figura política se irá deteriorando cada día.

Es por ello que el jefe de la bancada nacionalista, Mario Rivera López, ha declarado públicamente que el Partido Nacional renunciará a todos los cargos públicos que no estén bajo el régimen del Servicio Civil.

Además, el político anunció que existe la posibilidad que, en el próximo año de legislatura, el Partido Nacional no integre la Junta Directiva y ello para no ser responsable de las decisiones que allí se tomen.

En forma lacónica, Rivera López dijo al EL HERALDO "ya no queremos nada con Azcona Hoyo, le deseamos buena suerte en su administración".

A lo que renunciaría el Partido Nacional sería a la Dirección del Centro de Desarrollo Industrial (CDI), y el Banco Municipal Autónomo (BANMA). En cuanto a los ministros de Trabajo y Relaciones Exteriores, Adalberto Discua y Carlos López Contreras, sería el presidente Azcona Hoyo quien tendría la potestad de quitarlos, porque fue el quien en carácter personal los escogió para su gabinete.

Lo doloroso para el gobierno liberal en el rompimiento con los callejistas, no sería el abandono de los cargos públicos, sino la oposición que le haría en el Congreso Nacional al boicotear con sus 64 votos las pretensiones del Ejecutivo.

Rivera López

*El Heraldo/*20 de agosto de 1987

JOSÉ AZCONA DEL HOYO: LIBERALES NO DEBEN SEGUIR INSULTÁNDOSE

TEGUCIGALPA. – (Por José Danilo Izaguirre).- El presidente de la república José Azcona, dijo que los nacionalistas no podrán hacer campañas a su favor con los errores de su gobierno, y que de nada les servirá que arrojen cieno y las palabras que quieran pues el Partido Liberal saldrá victorioso de la Casa Presidencial.

Así lo expresó el mandatario hondureño el fin de semana pasado en la inauguración de la sede del consejo local liberal de la Colonia Kennedy de esta capital, a la que concurrieron las autoridades del partido en el poder.

Manifestó Azcona que a pesar de los nubarrones que se ciernen sobre el partido liberal por más de dos años en la administración Suazo Córdova, el Partido Liberal salió airoso en las elecciones presidenciales pasadas.

Manifestó que el 6 de septiembre al filo de las 8 de la noche todos los liberales debemos abrazarnos porque no habrá vencidos ni vencedores, cualquiera que salga triunfante tendrá que ser amplio y tolerante como lo expresa la doctrina liberal.

Afirmó Azcona que lo que no hagamos nosotros nadie lo hará por Honduras, es cierto que las necesidades son enormes y los recursos limitados, y que somos un país que estamos viviendo los errores de gobiernos pasados, pero también es cierto que el empeño y la decisión que le ponemos los liberales cuando nos toca gobernar se traduce en obras y beneficios para todo el pueblo hondureño.

Señaló que todos los liberales deben levantar la frente en alto porque no se nos puede culpar de que Honduras, no haya alcanzado el más alto nivel de desarrollo, pero estoy seguro que con dos gobiernos liberales que llevamos y los que vienen por delante este país cambiará enormemente.

José Azcona Hoyo

"Los liberales no deben seguir insultándose pues hay antecedentes negativos de esa conducta, todos saben que en la campaña pasada desgraciadamente fuimos blanco de muchos insultos, pero los liberales me premiaron con el voto para llevarme a la presidencia, porque no insultamos a nadie" agregó.

Reconoció el gobernante que sigue recibiendo insultos de algunos liberales, pero que no les hace caso y tiene los brazos abiertos para todos los liberales, ejemplo que deben seguir todos sus correligionarios, todo unidad nada de insultos.

Dijo Azcona, que se debe aprovechar este momento en que las cosas están serenas entre los precandidatos liberales, que han llegado a entender que hay que respetar el derecho de los demás, pues es la única forma en que el partido puede consolidar el cuarto triunfo consecutivo.

Para concluir su discurso el mandatario afirmó que "no tiene preferencia por ningún precandidato, que todos son sus correligionarios y como tales dará su respaldo moral para que su sustituto sea otro liberal".

La Prensa/18 de agosto de 1987

A AZCONA YA LE DIMOS TODO EL CALOR POSIBLE: RIVERA L.

El diputado Mario Rivera López manifestó que el Pacto de Unidad Nacional (PUN) "se mantiene vivo en pro del mantenimiento de la democracia en el país y como parte del mismo se configura con algunos nombramientos en el Poder Ejecutivo, los cuales los puede dejar el Partido Nacional en cualquier momento y no esperar hasta el próximo año".

Esto significa, dijo, "que vamos a romper la estabilidad democrática en Honduras, que es lo único que une al convenio en este instante".

Transcurrido año y medio, Rivera López, confirmó al fin que como parte del PUN, originalmente al Partido Nacional le habían cedido la CONADI, el CDI, el IHSS, Banco Municipal Autónomo y otros que dijo no recordar, pero "esos cargos fueron rechazados por el Partido Nacional".

Sin embargo, señaló, el Presidente José Azcona "nombró nacionalistas en algunos de esos cargos".

Según Rivera López, aparentemente en el CDI hay un impasse en cuanto a nombramientos, "pero por eso nosotros no vamos a deshacer un convenio, pero sí les podemos pedir en cualquier momento la renuncia a los nacionalistas que no los ampara la Ley de Servicio Civil".

Manifestó que hasta el momento la oposición ha sido de carácter comprensible y "a Azcona ya le dimos todo el calor posible y Callejas le ha dado su respaldo. Así ha podido afianzarse como gobierno, y no nos necesita tanto a nosotros como le urge la unidad de su partido".

Se le consultó "que si se llegara a un rompimiento total del PUN estarían dispuestos a dejar la Corte Suprema de Justicia y los puestos directivos del Congreso, y contestó que los magistrados son electos por cuatro años y es voluntad suya renunciar o no y "yo no creo que ellos deseen hacerlo, porque hay algo importante, como es la carrera judicial que está dentro del convenio". (F.V.G.).

La Tribuna/19 de agosto de 1987

AZCONA EN CAMPAÑA

Recuerde ingeniero Azcona, que en su campaña presidencial realizó una visita a Ojojona. En aquella ocasión prometió un centro de salud para la aldea. El Aguacatal. Esta aldea tiene unos 1.200 habitantes y cuenta con 14 caseríos, 4 escuelas y 2 iglesias.

Apelamos también al ministro de Salud, doctor Rubén Villeda Bermúdez, para que nos brinde su valiosa colaboración, ya que para obtener asistencia médica tenemos que caminar 3 horas para poder llegar a Ojojona, y si desafortunadamente no se encuentran medicamentos, nos tenemos que desplazar hasta la ciudad capital.

Como usted comprenderá, somos de escasos recursos, por eso apelamos a su buen corazón que nos brinde auxilio.

Habitantes de El Aguacatal.
Ojojona, F.M.

La Tribuna/22 de agosto de 1987

ALEGRE PRESIDENTE PORQUE PRECANDIDATOS YA NO SE INSULTAN

- *Partido liberal ganará las próximas elecciones, asegura.*

TEGUCIGALPA. - El Presidente José Azcona Hoyo aludiendo a Rafael Leonardo Callejas, dijo en una reunión política en la capital que "de nada servirá que arrojen cieno sobre su administración, pues el Partido Liberal va a salir victorioso de la casa de gobierno para entregarle a otro liberal".

Azcona Hoyo inauguró el viernes en horas de la noche en la colonia John F. Kennedy la sede del Subconsejo Local Liberal en un acto al que asistieron autoridades del Consejo Central Ejecutivo del Partido Liberal (CCEPL) y centenares de seguidores del partido en el poder.

El mandatario en una clara alusión a las recientes críticas lanzadas en su contra de su administración por el presidente del Comité Central del Partido Liberal, dijo que nadie podrá hacer campaña sobre los errores del gobierno.

"Ustedes pueden decirles a los adversarios tradicionales, no señores, de nada servirá que arrojen cieno, que arrojen las palabras que quieran porque el Partido Liberal va a salir victorioso de la casa del gobierno para entregarle a otro liberal".

Azcona dijo que "nunca han tenido más validez aquellas palabras que decíamos en la campaña de 1979, 1980, 1981 y la última: lo que hacemos nosotros nadie lo hará por Honduras".

Lo que no haga el Partido Liberal, no lo hará ningún otro partido, dijo el político aludiendo a las anteriores administraciones nacionalistas-militares.

"Es cierto que las necesidades son enormes, es cierto que los recursos son limitados, es cierto que somos un país que estamos viviendo los errores de gobiernos pasados, pero también es cierto que el empeño y la decisión que ponemos los liberales cuando nos toca gobernar se traduce en obras, se traduce en beneficios para todo el pueblo hondureño" dijo.

Callejas Romero sostiene que en las últimas dos administraciones liberales se ha deteriorado enormemente el aparato productivo del país debido a una política económica errada.

"A nuestro partido no se le puede culpar de que Honduras no haya alcanzado el más alto nivel de desarrollo, pero estamos seguros que los 2 gobiernos liberales que llevamos y con 2 que vienen por delante, Honduras va a cambiar mucho su situación económica y social".

Azcona Hoyo dijo a los aspirantes presidenciales que "lo importante es que no hagamos plataforma política de cualquier error que cometa un correligionario, no hagamos plataforma política de los errores pasados y presentes".

Dijo que la campaña política se debe fundamentar "en la posibilidad para Honduras de que siga gobernando el Partido Liberal".

El mandatario dijo que coincidía con el secretario general del CCEPL, Pompilio Romero Martínez, en el sentido de que es necesario que "no haya insultos entre liberales".

"Todos ustedes saben que en la campaña pasada desgraciadamente fuimos blanco de muchos insultos, pero el pueblo liberal nos premió con sus votos, tal vez porque no insultamos absolutamente a nadie".

El Presidente en su discurso se felicitó por el cese de la fuerte campaña política entre liberales, en la que los aspirantes presidenciales se acusaban mutuamente de acciones deshonestas.

"Me gusta que los ánimos estén serenos, que no vemos que los miembros de una u otra corriente están divididos, que ya las radios han bajado de tono.

Ya se habla del Partido Liberal, ya se habla de que hay que mantener unido el Partido Liberal, ya se habla de que los liberales son la promesa para esta patria y eso es lo importante", dijo. (GP).

*Tiempo/*17 de agosto de 1987

Acusa Callejas:
AZCONA Y DIPUTADOS LIBERALES RESPONSABLES POR EL DÉFICIT FISCAL

TEGUCIGALPA. - (Por José Danilo Izaguirre), - El único responsable del "déficit fiscal" en Honduras es el Presidente José Azcona y los diputados liberales, que por ganar votos presentan mociones reductivas a nuestra economía, dijo Rafael Leonardo Callejas.

Dijo Callejas, que en ningún momento los diputados nacionalistas son responsables del déficit fiscal en Honduras, pues el presidente tiene la potestad de impedir que en el Congreso Nacional, se tomen medidas que vayan en contra de nuestra economía.

Lo que ocurre, dijo, es que el gobierno ha continuado su estrategia económica dentro de un marco irrealizable, y que la acción administrativa no dará respuestas a los ingentes problemas de la nación.

Sostuvo que el país ha venido manteniendo una política de estabilización monetaria, con una mentalidad fiscal que no propicia el desarrollo de la nación ni incentiva a la empresa privada, que es donde descansa el desarrollo económico del país.

Dijo Callejas, que el mandatario debe analizar el origen de las iniciativas de la ley que han permitido el incremento del déficit fiscal y en el marco de la Constitución, la responsabilidad que le compete al Poder Ejecutivo, para que cuando no se está de acuerdo en una cosa tome las acciones que le otorga la ley, para controlar esas decisiones.

Señaló el líder del nacionalismo que lo que debe establecer el mandatario es, que no es en el Congreso Nacional donde se aprueban los presupuestos, eso se origina en el Poder Ejecutivo y se discute en la Cámara Legislativa para luego ser aprobado.

Lo que ocurre, señaló, es que hay una gran cantidad de iniciativas de ley de carácter fiscal, cuyos propiciadores son miembros del Partido Liberal, los que no han sido lo suficiente coherentes para actuar en función de los intereses del Poder Ejecutivo.

En razón de esas decisiones el gobierno pretende responsabilizar a todo el Congreso Nacional; el mandatario tiene que analizar esta situación y se entenderá que el Partido Nacional ha sido prudente por su característica en la disciplina fiscal, lo que no ocurre con el partido en el poder, sostuvo.

Señaló que el mal tienen que verlo en el Partido Liberal, y no culpar a los nacionalistas, que lo único que han hecho es respaldar al gobierno, a fin de que se mantenga el orden democrático en Honduras.

Afirmó que la falta de comunicación entre el ingeniero José Azcona y los diputados liberales, no los hace entender el marco general de la política económica del país, y tienden a creer, de manera equivocada, que, asumiendo posiciones de carácter fiscal, para beneficio de grupos específicos se agenciarán votos en procesos políticos.

Lo que ignoran, dijo Callejas, es que el pueblo hondureño ya está en un proceso de civismo y madurez, que sabe que no es con dádivas que se obtienen resultados, sino que con soluciones consecuentes a las necesidades del país.

Rafael Leonardo Callejas

Callejas afirmó que el responsable de este gobierno y sus actitudes es el Partido Liberal; el Presidente Azcona debe llamar al orden a la bancada para que exista un claro liderazgo y de esa forma evitar que las diferencias de los liberales al interior de la Cámara Legislativa, se reflejen en acciones de carácter negativo para su gobierno

El dirigente nacionalista se refirió a la Corporación Hondureña de Desarrollo Forestal (COHDEFOR), institución que está funcionando sin un presupuesto aprobado por el Congreso Nacional, desde el año pasado, ya que el presupuesto presentado fue de 99 millones de lempiras y sus ingresos apenas llegan a los 60 millones.

Lo anterior es del conocimiento del presidente de la República, sin embargo, acepta que se presente ese tipo de presupuestos, que sólo afectan su administración en la parte económica. Dijo Callejas que Azcona tiene la ley en sus manos y puede utilizarla cuando quiera, para que lo que no le parezca en las decisiones del Congreso Nacional lo vete.

Empero tiene otra alternativa el mandatario, llamar al orden a los diputados liberales, y advertirles que si aprueban algo que va en contra de nuestra economía, se les vetará; que no lo quiera utilizar, no es nuestro problema sino del ingeniero Azcona, finalizó.

La Prensa/19 de agosto de 1987

Proyecto para cinco años
CON 72 MILLONES FINANCIARÁN EL PLAN NACIONAL DE ALFABETIZACIÓN

TEGUCIGALPA. – El presidente Azcona y altos funcionarios del Ministerio de Educación Pública se reunieron ayer con representantes de las fuerzas vivas para darles a conocer oficialmente el "Plan Nacional de Desarrollo de la Educación de Adultos", cuyo fin es alfabetizar a más de 300 mil hondureños.

En el encuentro participaron los principales dirigentes de las organizaciones obreras y campesinas, empresariales e instituciones privadas dedicadas a la educación de adultos.

El programa será ejecutado los próximos cinco años y será financiado por el Banco Interamericano de Desarrollo (BID), que desembolsará un monto de 72 millones de lempiras.

El titular de la Dirección General de Educación de Adultos, Guillermo Izaguirre Owen, dijo a LA PRENSA que la idea de disminuir un 10 por ciento el índice de analfabetismo que en la actualidad se estima en un 40.5 por ciento, en relación a los cuatro millones y medio de habitantes que tiene el país.

El ambicioso proyecto comenzará a partir de octubre del presente año con la capacitación de alrededor de 50 mil personas que tendrán a su cargo la enseñanza de miles de hondureños.

Izaguirre Owen subrayó que el objetivo es atender a 308 mil 796 adultos, de los cuales un 50 por ciento no sabe leer ni escribir y al resto que por lo menos cursaron ciertos grados en el nivel primario, se les proporcionará una educación complementaria-ocupacional, enseñándoles algunos oficios para que tengan oportunidades de empleo.

Los representantes de las fuerzas vivas coincidieron en afirmar que brindarán todo el apoyo al proyecto.

La ministra de Educación, Elisa Valle de Martínez, dijo que en el programa podrán beneficiarse todos aquellos hondureños que no tuvieron la oportunidad de obtener su formación académica.

El secretario general de la Confederación de Trabajadores de Honduras, Andrés Víctor Artiles, refirió que los obreros le dan "el apoyo necesario porque el proyecto es de beneficio directo para los trabajadores y donde tienen la oportunidad de salir del oscurantismo en el que se encuentran".

Funcionarios del Ministerio de Educación Pública, reunidos con José Azcona Hoyo para discutir sobre el Plan de Desarrollo de la Educación de Adultos. (Foto Aulberto Salinas).

La Prensa/20 de agosto de 1987

Editorial

¡DESPERTAD FRENTE A LOS PROBLEMAS ECONÓMICOS!

A través de las páginas de EL HERALDO, nos hemos esforzado para que los sectores sociales, empresariales, de las organizaciones campesinas y obreras como por quienes forman ese mundo enigmático, desordenado y multifacético de la administración pública comprendan la dimensión catastrófica de nuestra economía y de las plataformas de papel que hemos levantado para exhibirnos como un país democrático y feliz en una Centroamérica convulsa, escenario de confrontación entre las dos grandes potencias mundiales.

Hasta ahora no hemos logrado alcanzar nuestro objetivo, porque ninguno de los sectores poblacionales ha reparado en lo que escribimos y en los peligros que vaticinamos, de no tomarse las providencias ahora, cuando estamos al borde mismo del precipicio financiero.

Nosotros tenemos que insistir ante los hondureños, sobre nuestra realidad económica, sobre parte de la verdad que nos atenaza.

En este sentido diremos que la economía hondureña, partiendo desde su posición observada hace cinco años, aproximadamente, es decir desde 1982 a 1986, período éste en el que encontramos el ingreso per cápita por habitante, al tiempo de ser uno de los más bajos del mundo, se ha venido deteriorando, puesto que de L.584.00 en promedio anual que representa en 1982, lo vemos bajar en 1986 a L. 581.00, esto es, en cuanto a valores o precios reales, lo que indica el esfuerzo que hace alrededor de los cuatro millones de habitantes que tiene nuestro país, con un ingreso promedio

38

mensual de L. 47.00, suma con la cual apenas le permite poder pagar alguna renta de su vivienda o covacha, o bien invertirlo en la adquisición de los escasos alimentos que se le ofrecen en el mercado, muy escasos en ingredientes proteínicos.

Puede también destinarlo para la educación de un niño, con el consiguiente perjuicio de quedarse sin comer toda la prole.

Nuestra economía, en su conjunto desde 1982 a 1985 venía observando una ligera recuperación, pero luego decrece en 1986.

Al crecer a duras penas nuestra economía en un 1.6% presagia para los años siguientes una pérdida más acentuada del ingreso per cápita, con los resultados desastrosos para la gran mayoría de nuestros compatriotas.

En el comercio exterior, rica veta de divisas para todos los países productores, tenemos que las exportaciones de productos hondureños, si bien experimentaron un crecimiento del 15 por ciento, éste estuvo influenciado por el aumento del precio del café, el que para 1987 se mantendrá en los precios más bajos que se han registrado en los últimos siete años, con el agravante de haberse vuelto en un estimulante de la actividad de los políticos.

Dato curioso es el hecho que las importaciones se mantuvieron al mismo nivel de 1985, lo que nos revela que, de no obtenerse mayores exportaciones, estaríamos aumentando el déficit en cuenta corriente.

Hay que reparar en el hecho de que nuestra balanza que en 1986 no manifestó pérdidas de reservas internacionales, su equilibrio podría juzgarse como relativo, pues todas las divisas que entran al país se destinan a pagar nuestras importaciones y las transferencias al exterior vía remesas de pago del servicio de la deuda externa y el envío de utilidades al extranjero, lo que tiene al país amarrado para destinar divisas para atender el desarrollo interno.

En cuanto a las finanzas del Estado en 1986, se reportaron ingresos por 1,152.0 millones de lempiras, distribuidos en 1,326.0 millones que representaron los gastos corrientes, 375 millones en inversiones públicas y 451 millones en pago del servicio de la deuda, tanto interna como externa. Todo este panorama nos lleva en 1986 a una situación deficitaria de 984 millones, la que hubo de financiarse con 627 millones en créditos internos (emisión monetaria) y la diferencia con crédito externo.

Veamos lo que pasa actualmente en las finanzas públicas, las que precisan de una seria consideración. Su estado calamitoso nos puede convertir en un país en el que los ingresos de un año únicamente se destinen para atender su déficit anterior y el pago del servicio de la deuda, dejando en cero los gastos del gobierno y su programa de inversión, lo cual es irrealizable por la misma existencia del Estado. Otra opción es continuar con el esquema actual de atender los gastos corrientes, cierto nivel de inversión pública, déficits fiscales más el pago del servicio de la deuda que ya alcanzó el 19 por ciento respecto de nuestras exportaciones y esperar en cualquier momento nuestro derrumbe financiero.

Frente a este futuro preñado de interrogantes, podríamos decir que el programa de inversión pública se mantenga en sus mínimos niveles por no existir recursos que puedan atender esta necesidad prioritaria. Quedan por fuera las mejores intenciones para ejecutar proyectos que en alguna forma reduzcan el alto índice de desempleo existente, puesto que, por el lado de la empresa privada, por mucha promoción que se esté haciendo acerca de nuevos incentivos, el espectro de la problemática centroamericana la contrae de manera irremisible.

Como corolario diremos que Honduras es un país sin muchas perspectivas, aunque contemos con recursos naturales racionalmente explotados, podría representar un apoyo, pero para que eso surtiera realmente efectos positivos, se precisa de una nueva orientación de nuestra economía que conlleve al arreglo de nuestras cuentas con el exterior que ascienden a la cifra para nosotros descomunal de cinco mil millones de lempiras. Tendríamos también que resolver el problema de nuestro déficit fiscal y fomentar la inversión pública y privada en áreas de ocupación de mano de obra intensiva, por lo cual su realización es más una ilusión que una realidad que se pueda traducir a corto, mediano y largo plazo.

Mas habrá que fijar en otros campos menos complicados numéricamente, gran parte del esfuerzo para resolver la situación económica de Honduras, esto es, en el campo político que absorbe considerables contingentes del mejor elemento humano que debiera concentrar sus esfuerzos en encontrar la solución a los múltiples problemas de índole financiera.

El Señor Presidente de la República, para salvar su honor como responsable de este gobierno y para que sea juzgado con indulgencia por la historia, debe considerar seriamente a la mitad de su mandato de una reestructuración de su Gabinete, en donde la mayoría de sus piezas jamás han funcionado, y eso es importante de considerar, por cuanto será muy poco lo que sus amigos puedan hacer en el más explosivo tramo de su régimen.

El Heraldo/19 de agosto de 1987

POLITICA EXTERIOR

REAGAN COMUNICA A AZCONA SUS RESERVAS SOBRE ACUERDO DE PAZ

- **Presidente hondureño dice que EU no tendría por qué meterse si se entienden los "nicas".**
- **Los contras no tienen que volver aquí.**
- **Poco efectivo empezará el Parlamento Centroamericano.**

El presidente José Azcona reveló que, tras la firma del Acuerdo de Paz, el presidente Ronald Reagan le remitió una carta, "donde el gobierno de los Estados Unidos, en principio, se alegra del arreglo, y anuncia que van a estudiar y analizar el Plan".

En entrevista al The Miami Herald reconoció sin embargo que los Estados Unidos tienen sus reservas forzosamente, las que se irán disipando a medida que se vayan cumpliendo los puntos estipulados, "y si no se cumplen, pues volveremos otra vez a donde estábamos".

En respuesta a que, si se puso en peligro las buenas relaciones entre Estados Unidos y Honduras al suscribir la Declaración de Guatemala, Azcona manifestó que "no, yo no creo, porque el gobierno norteamericano ha manifestado una y otra vez que lo que él pretende es que se democratice Nicaragua".

Por consiguiente, subrayó, "los Estados Unidos no tendrían nada qué hacer si se entienden los nicaragüenses, aunque ellos, cualquier decisión que tomen, si lo toman los nicaragüenses internamente, nadie tiene por qué meterse".

PARLAMENTO POCO EFECTIVO

Azcona manifestó que el Parlamento Centroamericano "va a iniciarse poco efectivo, porque los parlamentos tienen más efectividad cuando hay leyes comunes, que cuando hay puramente un parlamento de enlace, que nada más es de vinculación, de política regional, pero sin mucho fundamento jurídico".

El jefe del Ejecutivo resaltó que "indudablemente en Guatemala se aprobó el Plan Arias con muchas de las observaciones que nosotros hicimos".

"Lo que pasa, observó, es que al llegar a suscribir estos acuerdos siempre queda algo suelto, siempre se dejan cosas a la buena fe de los firmantes, y siempre hay reservas, incluso a la hora de firmar".

ABRIR CARCELES

Enfatizó que Nicaragua enfrentará muchas dificultades para cumplir el acuerdo y su gobierno "tiene que abrir las cárceles para que salgan miles de guardias somocistas, al tiempo que tiene que permitir a la oposición que abra sus periódicos, sin censura previa".

"Los sandinistas tienen que abrir las cárceles a todos los presos políticos y dar una amnistía completa, recalcó que abarque libertad de prensa, de televisión, de asociación, de reunión, etcétera".

Enseguida el periodista le señaló si eso para él simboliza la destrucción del sistema que han aplicado los sandinistas y sin demora Azcona respondió: "Totalmente. Un gobierno de partido único, homogéneo, no puede subsistir si se cumplen esas cosas".

Agregó que "si los nicaragüenses no se agarran a esa tabla de salvación entonces van a quedar claras sus intenciones de que no es por la contra ni por los Estados Unidos, sino que sus objetivos son el establecimiento de un sistema totalitario; y si ese es el objetivo primario, los objetivos siguientes serían la expansión a todo Centroamérica, y ahí se va a demostrar".

"Es el momento de la verdad. Si al transcurrir estos 90 días y Nicaragua no cumple, estaría en contra de lo que firmaron", afirmó.

CONTRAS Y REFUGIADOS

En términos generales, sostuvo, Honduras tiene que ser ayudada para resolver el problema de los desplazados que han huido de los demás países, "porque si todo se normaliza y nosotros nos quedamos con ese montón de refugiados, nosotros no lo podemos soportar".

Reafirmó que tácitamente el convenio suscrito plantea que los sandinistas dialoguen con los contras, "porque sin los insurgentes, cómo puede haber un cese al fuego".

El gobernante sostuvo que los contras "no tienen por qué volver a Honduras si ellos son nicaragüenses, porque si va a haber una amnistía, ellos tienen que quedarse en su país; por tanto, no tienen que volver a Honduras, porque ellos no son hondureños. Pero si hay hondureños enrolados, estos sí, pero los nicaragüenses tienen que quedarse allá", recalcó.

Azcona afirmó que "oficialmente nunca ha habido anuencia para que estén los insurgentes en Honduras".

*La Tribuna/*19 de agosto de 1987

Sostiene López Contreras

DECLARACION DE GUATEMALA ES PRELIMINAR

- *Gobierno estuvo en contra del Parlamento Centroamericano*

Por otra parte, López Contreras afirmó que es práctica internacional ya consagrada que las cumbres de mandatarios propicien la solución de la crisis y los conflictos internacionales, "tengan éstos sus génesis en insurrecciones armadas o guerras civiles, como es el caso de Centroamérica o en las secuelas entre estados que las guerras desencadenan".

Ese fue el sentido de la reunión de Guatemala, manifestó, buscar procedimientos para la solución de los problemas internos de algunos países, que han afectado a toda la región centroamericana.

Por eso, subrayó, querer someter un acuerdo político preparatorio al marco rígido de la aprobación legislativa sería desnaturalizar el documento y en caso de una desaprobación echar por tierra a la iniciativa de paz, lo que acarrearía graves consecuencias para el Estado de Honduras, que sería acusado de obstruccionista.

Reveló que el gobierno no estaba de acuerdo en incluir en el documento de Guatemala la creación del Parlamento Centroamericano, porque el proceso electoral al cual se hace referencia podría entenderse como dirigido a ese parlamento y no al proceso de elecciones generales de los países subscriptores.

Mientras el asesor Leo Valladares aseveró que los refugiados misquitos nicaragüenses dominan la mayor parte de la población de Gracias a Dios prácticamente han desbalanceado la ciudadanía misquita-hondureña en aquel departamento.

Asimismo, Valladares indicó que en Honduras hay aproximadamente 200 mil refugiados de los cuales sólo 46.854 están concentrados en los campamentos que mantiene ACNUR en El Paraíso, Colomoncagua, Mesa Grande y San Antonio, lo cual vuelve más preocupante este problema.

Algunos diputados cuestionaron la comparecencia porque no se les permitió formular preguntas y el canciller "se limitó a exponer, lo que ya se conoce".

El procedimiento para establecer la paz en Centroamérica, suscrito en la cumbre presidencial de Guatemala, no tiene las características de un tratado internacional, pues su contenido está dirigido exclusivamente a Nicaragua y El Salvador.

Lo anterior se desprende del informe rendido anoche por el canciller Carlos López Contreras y sus asesores ante el Congreso Nacional, en torno a las reuniones de ministros de Relaciones Exteriores y de "Esquipulas II".

López Contreras sostuvo que no lo consideraba un tratado de paz porque de lo contrario "se hubiera expresado la obligación de cada uno de los países de someterlo a la aprobación de sus congresos y efectuar los trámites que establece la Convención de Viena".

Estimó que el documento es un acuerdo político preliminar "que puede llegar a tener mayor o menor fuerza vinculatoria, que dependerá, en definitiva, de la buena fe de las partes".

"No requiere, en mi concepto, señaló, ser sometido a la aprobación del Congreso Nacional, pues el documento fija únicamente una serie de procedimientos que el Ejecutivo realizará dentro de las atribuciones de dirigir la política y, las relaciones internacionales".

López Contreras indicó que del análisis del documento se desprende que los compromisos adquiridos por Honduras no son, sino, una reiteración de sus propios principios legales internos.

El canciller Carlos López Contreras durante su exposición anoche ante el Congreso Nacional. (Foto de Aquiles Andino).

La Tribuna/19 de agosto de 1987

EMBAJADORES DE "EE.UU." FIJAN PUNTOS ANTE NICARAGUA

Los embajadores de Estados Unidos en Centroamérica, luego de su reunión de ayer en Washington, "enfatizarán" la necesidad de que Nicaragua corte la ayuda militar que recibe y suspenda su "programa de subversión", al tiempo que deberá iniciar "un programa de democratización" informó la embajada norteamericana.

Un vocero de la Embajada en Tegucigalpa aseguró a LA TRIBUNA estas tres exigencias de la Administración Reagan "son iguales a las que sostienen las cuatro democracias de la región".

Sin embargo, consultado sobre si a cambio de esos tres puntos Estados Unidos suspendería la ayuda a los contras nicaragüenses, el portavoz contestó que "no puedo decir nada de eso".

Los cinco embajadores de Washington en el istmo se reunieron con el subsecretario de Estado para Latinoamérica, Elliot Abrams, con el objeto, además, de formular cambios al acuerdo de paz suscrito el 6-7 de agosto en la Cumbre de Guatemala por los cinco presidentes de la región, según despachos de prensa de la capital norteamericana.

No obstante, el informante diplomático dijo que la Declaración de Guatemala "ya es un acuerdo firmado" y "corresponde aplicarlo a los países de Centroamérica y ahora lo que proponemos es nuestra posición para la región".

Indicó que la conferencia de los embajadores "sirvió para empezar a enfatizar la posición de la Administración Reagan en relación con la situación centroamericana, consistente en tres puntos:

1. "Nicaragua tiene que poner fin a la ayuda militar que recibe de Cuba y el bloque socialista.
2. Tiene que poner fin a sus programas de subversión en el área y
3. Comenzar un programa de democratización plena y real".

Recalcó que estos puntos "son iguales a los que sostienen las democracias del área" pues "tenemos una posición conjunta y no hay ninguna diferencia".

Finalmente, indicó que "vamos a fijar nuestra posición ante todos los gobiernos de la región por los canales normales".

La Tribuna/19 de agosto de 1987

AZCONA Y LA OPOSICION DE MONTOYA

La actual administración liberal está pasando uno de sus más difíciles momentos. No sólo ha tenido que enfrentar las tradicionales debilidades del gobierno, sino que además ha agregado otras igualmente peligrosas y dañinas. Durante Suazo, el gobierno liberal tenía unidad. Ahora no. En la administración del líder paceño era evidente que existía liderazgo a nivel global y que la estrategia de la administración era dirigida por un hombre o un grupo de hombres que sabían hacia dónde ir. Ahora no. Amparados en la división de los poderes -que los teóricos nunca imaginaron para debilitar a la administración sino para equilibrarla- los líderes liberales han parcelado exageradamente a la porción de poder que les han permitido los militares. Montoya ejerce una alta cuota de poder que usa no para competir con los demás líderes sirviendo al país del futuro, sino que como un medio que le garantice el acceso a la Presidencia de la República. Igual cosa ocurre con Maradiaga, Hall o Jack Arévalo. Cada uno de ellos ve en la administración liberal un medio para lograr sus objetivos de poder personal. La idea que los liberales tienen un compromiso con el pueblo hondureño y que están obligados a cumplir unos deseos que los electores expresaron en las urnas, no pasa por la mente de la mayoría de los hombres que desde el "poder liberal" quieren lograr el poder de la República.

Azcona mientras tanto -ejerciendo una paciencia que es absolutamente desconocida para quienes le conocemos desde hace rato- sigue creyendo que la mejor manera de gobernar a Honduras es evitando la confrontación con los aspirantes oficialistas. Igual que Ramón Ernesto Cruz en su tiempo, acepta resignadamente que los líderes que debían estar trabajando por prestigiar su gobierno, le hagan daño a su administración buscando posiciones personales. Como el fallecido dirigente nacionalista, Azcona posiblemente ha creído que luciendo desinteresado y neutral, puede conseguir que Montoya especialmente, le respete y que en consecuencia acepte trabajar en forma ordenada en favor del cumplimiento de las promesas electorales del Partido Liberal.

Pero los hechos ocurridos la semana recién pasada, demuestran que la estrategia del Presidente de la República -por lo menos en el caso de Montoya- es absolutamente equivocada.

La prudencia presidencial es identificada por Montoya como discreta aceptación de sus derechos para hacer cualquier cosa en favor de su anhelo por llegar a la Presidencia de la República.

La tranquilidad de Azcona frente a las exageraciones de Montoya, ha sido mal interpretada. No significa que Azcona esté dispuesto a ceder todo. Tal conducta tiene un límite.

Y si ahora -cuando parece fuese demasiado tarde- el Presidente de la República reacciona, es porque Montoya le ha tendido una soga al cuello al ingeniero Azcona. Le ha golpeado y lo seguirá haciendo en la parte más débil de la administración liberal: en el equilibrio presupuestario. Montoya sabe que Azcona es débil y que este le debe la Presidencia de la República. Que, sin él,

Azcona no sería ahora más que uno más de los constructores de casas que compiten con Gautama Fonseca en la solución de los problemas habitacionales del país.

Es posible que Azcona no acepte tales criterios. Pero que además les atribuya valores históricos y que ahora -cuando todos sabemos que Montoya no respeta ni en lo más mínimo ni el Presidente y mucho menos a su administración- Azcona haya tomado la decisión de jugárselas en contra de un hombre irregular que, en vez de ayudarle, trabaja diariamente para crearle dificultades al Partido Liberal en el gobierno.

Es muy probable que el Presidente haya comprendido que los grupos más significativos de la sociedad hondureña ya se están cansando del estilo "montoyista" y que cualquier acto para poner en orden al diminuto líder occidental le granjeará simpatías y adhesiones que fortalecerán su presidencia.

La Tribuna/19 de agosto de 1987

EDITORIAL

PROFUNDA PREOCUPACIÓN POR UN ACUERDO PRELIMINAR

El subsecretario de Estado norteamericano, Elliot Abrams, al leerles la cartilla, como se dice, a los embajadores centroamericanos en Washington y al mismo tiempo externarles la "profunda preocupación" del gobierno de los Estados Unidos por el Acuerdo de Guatemala, estableció el concepto de que este compromiso de los presidentes de América Central es un "acuerdo preliminar".

El canciller de aquí, doctor Carlos López Contreras, piensa igualito que el señor Abrams, tal como lo expresó en su exposición sobre el mismo tema a la asamblea legislativa de Honduras: "El documento (Procedimiento para establecer La Paz firme y Duradera en Centroamérica) es un acuerdo político preliminar que puede llegar a tener mayor o menor fuerza vinculante, que dependerá, en definitiva, de la buena fe de las partes".

Como se advierte en los filmes cinematográficos, cualquier similitud con personas reales es mera coincidencia. Una coincidencia, por lo demás, que no parece compartir el signatario hondureño del referido Tratado, o sea José Simón Azcona del Hoyo, presidente de Honduras.

El tono menor del "informe" al Congreso Nacional -abundante en lugares comunes y en justificaciones imposibles -del canciller López Contreras vino a confirmar las sospechas de una posible castración del Acuerdo pacificador de los mandatarios centroamericanos, a través de su ejecución manipulada en base a conceptos, como el de la preliminaridad, que permiten minimizar y enredar el plan.

El canciller López Contreras, dentro de esa línea de conducta que no se aparta del plan original bilingüe (inglés-español) y la zancadilla de remitirlo todo a la suscripción del Acta de Contadora para la Paz y la Cooperación en Centroamérica, llegó en la cámara de diputados -cuyos integrantes hicieron el triste papel de testigos de piedra- a rechazar lo firmado voluntariamente por el presidente Azcona, verbigracia la inclusión en el Tratado del Parlamento Centroamericano.

Según el canciller, el presidente Azcona metió la pata y así lo puso en evidencia ante un Poder Legislativo oyente, disciplinado y no deliberante.

Como simples escolares que, cuando tienen necesidad de ir al baño levantan un dedo para equis urgencia y dos para la urgencia más grande, los señores congresistas se dieron cuenta -en profundo silencio, por supuesto- que el compromiso calificado mundialmente de "histórico" de los mandatarios centroamericanos, elogiado y apoyado entusiastamente en los cinco continentes del Globo como una decisión política de altos quilates, no es más que un vulgar papelucho sin mayor fuerza vinculante, sin obligatoriedad.

En consecuencia- y no obstante que en el Acuerdo de Guatemala está perfectamente establecida una decisión política de los gobernantes, compartida plenamente por los pueblos centroamericanos-, todo queda en estado embrionario para darle espacio a la posición de la administración Reagan, que contrasta con la flexibilidad y los intereses centroamericanos concretados en Guatemala II.

El presidente Azcona, al regresar de la capital guatemalteca y en ocasiones posteriores, ha insistido en que hay obligación y voluntad de cumplir lo acordado ante la mirada y la conciencia del mundo. El canciller, al parecer, tiene otro presidente que le ordena una ejecución mañosa y con sordina. Al imponerse su criterio, se convertiría en el verdadero mandatario de Honduras, por el simple hecho de que es éste quien dirige la política exterior, función privativa del Presidente de la República.

Ya estamos viendo la envoltura propagandística de esta maniobra para minimizar y, seguidamente, desmontar el compromiso contraído en Guatemala. Por todos lados, desde Washington hasta Tegucigalpa, se maximiza la preocupación porque Nicaragua, se dice, no está dispuesta a cumplir lo convenido.

En realidad, la "profunda preocupación" consiste en la aparición de señales inequívocas de que Nicaragua sí está dispuesta a cumplir con los compromisos que se desprenden del Acuerdo de Guatemala. Se están utilizando incidentes, ciertamente criticables, pero sin más repercusión que lo que sucede en los otros países, para fundamentar y promover la duda, en vez de hacer lo común cuando se trata de sacar adelante un proyecto, o sea estimularlo con una visión positiva y una actitud conciliadora.

De esta manera, frente al convenio de los presidentes de América Central, respaldado universalmente, se pone ya una contraparte de tres puntos, dictada a los embajadores de los Estados Unidos en Centroamérica y a los embajadores de Centroamérica en Washington.

1. Nicaragua tiene que poner fin a la ayuda militar que recibe de Cuba y el bloque socialista.
2. Nicaragua tiene que poner fin a sus programas de subversión en el área.
3. Nicaragua tiene que comenzar un programa de democratización plena y real.

Está muy bien. ¿Y los demás países a qué se obligan? la pregunta sale sobrando. Lo esencial es que la Cancillería de aquí ya tiene su plan de tres puntos, sustitutivo del firmado por los presidentes de Centroamérica en Guatemala el 7 de este mes.

Tiempo/20 de agosto de 1987

Reconoce Azcona Hoyo:

INDUSTRIA DE LA CONSTRUCCIÓN LA PRIMERA AFECTADA POR LA CRISIS

La industria de la construcción es el primer sector afectado en los momentos de crisis económica, ya que lo primero que se recorta son el levantamiento de obras, antes que despedir empleados, reducir maestros o desatender la salud, afirmó ayer el presidente José Azcona Hoyo.

El mandatario intervino durante la inauguración de la XVII Convención de las Cámaras de Construcción de Centroamérica que concluirá mañana.

El evento reúne a unos 100 representantes de Centroamérica y México, de los cuales 45 son delegados que proceden fuera del país.

Azcona Hoyo dijo que su gobierno trata de paliar la crisis buscando obtener financiamiento externo, de manera que la industria de la construcción se mantenga activa en estos años, aunque no en el 100 por ciento de sus capacidades.

SE DEBE REFORMAR EL SISTEMA JURÍDICO

Por su parte, el presidente de la Cámara Hondureña de la Industria de la Construcción (CHICO), Cristóbal Sierra, pidió una reforma completa del sistema jurídico para determinar la mínima cantidad de leyes y reglamentos que administrados eficientemente posibiliten las bases del desarrollo.

Sierra admitió que la tarea es grande, pero advirtió que no es posponible, ya que se convierten en la prioridad de los que demandan cambios violentos en la nación.

El presidente de los constructores hondureños afirmó que cualquier acción que se inicie en el país no tendrá el éxito deseado, si no se realizan las reformas morales y legales que requiere el sistema jurídico nacional.

"Es impostergable otorgar justicia a quien la demanda, consideremos que los países son de leyes más que de hombres".

El presidente Azcona se hizo presente a los actos de inauguración de la convención de constructores a nivel centroamericano. (Fotos Hugo Gil).

Sierra dijo que el elemento común en las naciones desarrollados es la correcta administración de la justicia, mientras que en los subdesarrollados es la anarquía.

Para ilustrar su posición indicó que debe recordarse cuántas constituciones han sido impuestas al pueblo por mezquinos apetitos de poder de las generaciones pasadas.

Al hablar sobre los tópicos de la convención el dirigente dijo a los asistentes que los constructores son los que crean el capital, dan valor a la tierra y ofrecen su propio trabajo.

Señaló que la industria crea y desarrolla las oportunidades de los mercados, produce y modifica la tecnología y sus miembros son necesarios para producir los cambios que los estados requieren.

La convención conocerá la propuesta hondureña "El recurso interno como fuente principal del financiamiento habitacional".

*El Heraldo/*21 de agosto de 1987

Hoy:

PRESIDENTE COLOCARÁ PRIMERA PIEDRA DEL EDIFICIO DE SECPLAN

El presidente José Azcona Hoyo colocará hoy, a las 10:00 de la mañana la primera piedra donde será construido el edificio de la Secretaría de Planificación, Coordinación y Presupuesto (SECPLAN), que tendrá un costo de más de 5.5 millones de lempiras.

El edificio de SECPLAN será construido contiguo al nuevo edificio de la Corte Suprema de Justicia, y su área de construcción será de 5,400 metros cuadrados, diseñado por la Dirección General de Urbanismo de la Secretaría de Comunicaciones, Obras Públicas y Transporte (SECOPT).

Según se informó, la construcción del edificio será financiada con bonos del Estado, los que serán pagados poco a poco con los aproximadamente 200 mil lempiras anuales que SECPLAN está pagando en alquiler de locales. (TDG)

*Tiempo/*21 de agosto de 1987

Hoy

AZCONA INAUGURARÁ EDIFICIO DE SECPLAN

TEGUCIGALPA. -El presidente José Azcona Hoyo, colocará hoy la primera piedra de lo que será el edificio donde se instalarán las oficinas de la Secretaría de Planificación, Coordinación Presupuesto (SECPLAN), se informó ayer en la Casa de Gobierno.

La ceremonia se efectuará a las diez de la mañana y a la misma asistirán miembros del Gabinete de Gobierno tomando en cuenta que ahí se continuará el "Centro Cívico Gubernamental" que alojará a la mayoría de las instituciones estatales.

El lugar seleccionado para construir el edificio de SECPLAN, está ubicado al sur de la colonia "Miraflores" donde ya funciona el de la Corte Suprema de Justicia, aún sin terminar.

La oficial mayor de SECPLAN, Dora López Garay, reveló que el edificio tendrá un costo de 5 millones 540 mil 704 lempiras que será financiado con fondos nacionales.

*La Prensa/*21 de agosto de 1987

DICE MONTOYA: NO ESTOY INVOLUCRADO EN TEMIS II

- *Admite que Argüello es su amigo.*
- *Revela que fue la "secre" del director de Probidad quien abogó por el nica-hondureño*
- *Azcona es el responsable del creciente déficit fiscal.*

TEGUCIGALPA. - El presidente del Congreso Nacional Carlos Montoya acusó ayer al mandatario José Azcona de ser el responsable del creciente déficit fiscal que afrontan las finanzas del Estado.

Montoya entrevistado por un grupo de periodistas en los bajos del Palacio Legislativo, dijo que la Cámara enviará una carta a Azcona diciéndole que no es el Congreso el responsable del déficit fiscal.

Precisó que el estatuto médico que genera una enorme erogación para el Estado fue aprobado cuando el actual ministro de Hacienda Efraín Bu Girón, era presidente del Congreso y que las rebajas de los impuestos a los exportadores de café fue "un arreglo del Ejecutivo".

"No es objetivo ni práctico que se le presente al pueblo hondureño, que el Congreso Nacional es el responsable de lo que pueda encomendarse a otros poderes del Estado, particularmente el manejo de las finanzas que corresponde a responsabilidades del poder Ejecutivo".

Montoya insistió en que "las finanzas, la política económica, es responsabilidad del Poder Ejecutivo".

Montoya dijo que está a la espera de que el Presidente le cumpla su palabra de destituir al secretario de Prensa Lizandro Quezada y el jefe de Prensa Marco Tulio Romero.

Estimó que posiblemente estos funcionarios de la Casa de Gobierno a finales de este año o a principios del próximo serán destituidos.

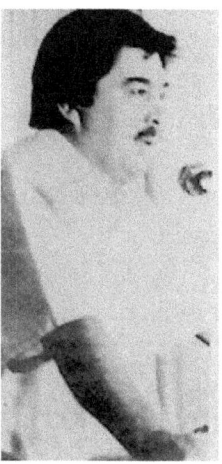

Carlos Montoya

ARGÜELLO ES SU AMIGO

El presidente del Congreso Nacional admitió que el nicaragüense Ricardo Argüello, acusado de adquirir tierras en Roatán ilegalmente, es "mi amigo". Sin embargo, dijo que él no tiene una pulgada de tierra en las islas y que no está involucrado en acciones ilegales

Aseguró que se le involucra por razones políticas, pero no pudo explicar por qué razón, si quien ha formulado la denuncia es un nacionalista.

Montoya dijo que Argüello es amigo de su secretario privado el director de Probidad Administrativa Alpidio Brizzio y que éste habría enviado a su secretaria a Islas de la Bahía a abogar por el nicaragüense, nacionalizado hondureño que es miembro de ALCOM.

El parlamentario se mostró nuevamente adverso al acuerdo de paz firmado en Guatemala y dijo que "creo que ya de por sí no se cumplió" argumentando que "no han respetado la libertad de prensa, ni han hecho el decreto de amnistía".

Montoya sostuvo que no se puede alcanzar la paz cuando las partes confrontadas no se sientan a dialogar

"Un diálogo sin la oposición en Nicaragua o sin la oposición en El Salvador no tiene sentido", dijo. (GP).

Tiempo/20 de agosto de 1987

Acuerda el PUN:
AZCONA DECIDIRÁ LO DEL PEAJE

TEGUCIGALPA. - El pactito azconacallejista dejó ayer en libertad el gobierno de José Azcona Hoyo para que aplique el pago del peaje en las carreteras.

El anuncio fue formulado por el jefe de la bancada nacionalista en el Congreso, Mario Rivera López, tras una reunión de los firmantes del pactito.

Rivera López dijo que en un decreto firmado durante el régimen de Roberto Suazo Córdova, el 85-84, autoriza el cobro del peaje y que "el Ejecutivo debe decidir si lo cobra o no".

El anuncio de Rivera López causó enorme sorpresa aun entre los diputados nacionalistas que mantienen la posición de que el gobierno no podrá imponer el peaje mientras la Cámara no apruebe una iniciativa de ley enviada para su aprobación por SECOPT.

Rivera López dijo que "el Congreso no tiene nada que ver en lo del peaje, eso es cosa del Ejecutivo".

De acuerdo a lo expresado por el político este es un punto de coincidencia entre los miembros del pactito azconacallejista, entre otros Carlos Montoya y Rafael Leonardo Callejas, que desayunaron juntos ayer. (GP).

Tiempo/20 de agosto de 1987

El domingo:
Azcona inaugurará carretera en Olancho

TEGUCIGALPA. - El presidente José Azcona Hoyo inaugurará el próximo domingo el tramo carretero Terreno Blanco-Nueva Palestina-Nueva Choluteca localizado en el departamento de Olancho.

Según autoridades de la Secretaría de Comunicaciones, Obras Públicas y Transporte (SECOPT), el proyecto carretero tiene un costo de diez millones de lempiras, con longitud de 40 kilómetros.

La nueva obra vial fue financiada por el Banco Interamericano de Desarrollo (BID) y su construcción estuvo a cargo de la constructora Aguilar, bajo la supervisión de la Corporación de Ingenieros Consultores.

El tramo carretero beneficiará a más de nueve mil personas asentadas en la región sur-oriental del país, de acuerdo a los datos proporcionados por SECOPT.

En la inauguración estará presente el titular del Ministerio de Comunicaciones, Juan Fernando López, quien manifestó que es esta vía terrestre permitirá a los pobladores de esta zona comercializar con más facilidad los granos básicos que allí producen, así como la consolidación de los grupos campesinos ya existentes y la promoción de otros en esa región. (FG).

Tiempo/21 de agosto de 1987

En la XVII reunión de Cámaras de la Construcción

PRESIDENTE PROMETE CONTINUAR PLAN DE OBRAS EN EL RESTO DE SU PERÍODO

TEGUCUGALPA. (Por Nery Arteaga). – El presidente José Simón Azcona, se comprometió a no suprimir las obras de construcción en los dos años de gobierno que le quedan por cumplir durante la inauguración de la XVII Reunión de la Organización Regional de Cámaras de la Construcción de Centro América.

El presidente Azcona dijo que la Industria de la Construcción, los años más difíciles son los de las "vacas flacas", ya que lo primero que se recorta en los presupuestos son las obras, porque no es posible quitar dinero de los rubros corrientes porque ello equivaldría al envío de gente a la calle.

Eso, no es posible, continuó el presidente, porque ello equivaldría a realizar la cancelación de empleados, reducción de número de maestros, limitaciones en salud y otros campos.

Siempre lo más fácil resulta ser la supresión de las obras de construcción, pero estamos tratando bajo todos los puntos dc pclcar cstc problema y resolver mediante financiamiento externo para que en estos años la Industria de la Construcción tenga trabajo tal vez no en un 100 por ciento, pero en algún porcentaje.

El presidente Azcona, aunque cinco años atrás inauguró un evento similar realizado en Honduras, sostuvo que la Industria de la Construcción es uno de los ejercicios empresariales más difíciles.

Explicando las causas, el presidente Azcona dijo que es difícil, porque en el logro del producto, está al final de la falta de construcción; resaltó además los problemas de construcción, lo que hace la industria más riesgosa, poniendo como ejemplo el número de empresas fallidas en la construcción.

En el evento participan representantes de la Cámara de la Construcción de Centro América, cuya duración es hasta el sábado 22 de agosto; se desarrollarán diferentes temas y experiencias en materia de construcción.

Como temario figuran entre otros, las experiencias de la empresa salvadoreña Casalco durante el terremoto de El Salvador, las ventajas y desventajas de la construcción y lo que ocurre en Nicaragua con una construcción de económica mixta.

La inauguración de la asamblea de las Cámaras de la Industria de la Construcción de la región centroamericana se realizó en la sede del INJUPEM. (Foto Oswaldo Ramos).

La Prensa/21 de agosto de 1987

"No hay culpa en déficit"

POR UNANIMIDAD CONGRESO NACIONAL RECHAZA DECLARACIONES DE AZCONA

El Congreso Nacional rechazó ayer las declaraciones del presidente José Azcona en el sentido de que ese poder del Estado es el culpable del aumento del gasto público y de la disminución de los ingresos fiscales.

La moción fue presentada por el diputado nacionalista Nicolás Cruz Torres a raíz de las declaraciones del mandatario señalando que es culpa del Congreso Nacional el aumento del déficit fiscal, al aprobar numerosos decretos de exención.

La iniciativa de Cruz Torres fue apoyada por el secretario de la directiva, el montoyista Oscar Armando Melara, quien pidió agregar que el Congreso Nacional emita una declaración general de que no son responsables de esa situación y aclarar a dónde está el origen del déficit fiscal.

Al final la moción fue aprobada por unanimidad.

El déficit fiscal ha aumentado a más de 600 millones de lempiras y el mandatario afirmó que tanto los diputados liberales como nacionalistas introducirán proyectos para reducir los impuestos.

De esa manera, señaló, el Presupuesto General de la nación sufre un desbalance al disminuir los ingresos del Estado.

La Tribuna/21 de agosto de 1987

SI GOBIERNO SANDINISTA NO CUMPLE, HONDURAS TAMPOCO

El presidente José Azcona salió en defensa de su ministro de Relaciones Exteriores, Carlos López Contreras, al sostener que él no quiso minimizar el Acuerdo de Paz suscrito por los mandatarios de la región el 7 de agosto en Guatemala.

Al reiterar que no es un tratado de paz, porque no estamos en guerra con nadie, declaró que la mayor carga en la solución de los problemas que se contemplan en el documento la tiene el gobierno de Nicaragua, no Honduras.

"Nosotros tenemos un compromiso, dijo, de mantener nuestro territorio libre de combatientes de otros países, y eso lo vamos a hacer".

Aclaró que "el compromiso es obligatorio simultáneamente con todas las otras cosas que se tienen que hacer. Si no hay amnistía en Nicaragua, subrayó, nosotros no tenemos por qué cumplir el documento, al igual que si no hay cese de fuego".

"O sea, prosiguió; que todas son acciones simultáneas, porque nosotros tenemos nuestras obligaciones y las vamos a cumplir, siempre y cuando los demás las cumplan".

También negó rotundamente que el embajador de Estados Unidos, Everett Briggs, haya traído una posición en contra del Plan de Paz.

Aclaró que los Estados Unidos "tienen su reserva, como todos la podemos tener, y eso no tiene nada que ver con que él haya venido a decirme que ellos tienen una idea y que convendría hacer esto o lo otro, porque las cosas están hechas y nosotros suscribimos el documento en Guatemala y los vamos a cumplir, siempre y cuando los demás lo cumplan.

La Tribuna/22 de agosto de 1987

Para el presidente

"TONTERAS" ACUSACIONES CONTRA FORTÍN

Como "tonteras" calificó el presidente José Azcona los ataques vertidos en contra de Alfredo Fortín Inestroza, por parte de "algunos amigos que quieren adquirir votos del designado a la presidencia de la República".

Pronosticó que "van a venir acusaciones muy fuertes, ya que el Partido Nacional tendrá que tratar de hacer su plataforma política en base a los posibles errores de los hombres que están involucrados en el gobierno de José Azcona".

"Yo creo que ese va a ser un vano empeño que no va a resultar muy provechoso", recalcó.

Cuando se le planteó que los nacionalistas dicen que lo van a dejar solo, Azcona sonrió maliciosamente, puntualizando:

"Qué nos van a dejar?... Que me dejen solo. Yo siempre…

Nunca podré estar solo si el pueblo hondureño está conmigo".

La Tribuna/22 de agosto de 1987

VIENE EL VICEPRESIDENTE GUATEMALTECO

El vicepresidente de Guatemala, Roberto Carpio Nicole, arribará a Tegucigalpa el próximo martes, a fin de dialogar con el presidente José Azcona sobre la creación del Parlamento Centroamericano, acordada en Guatemala.

El jefe de prensa de Casa de Gobierno, Marco Tulio Romero informó que, a partir de la iniciativa para crear el parlamento por parte del gobierno de Guatemala, el vice-presidente Carpio Nicole ha estado al frente de esta gestión, recorriendo los cinco países del área para tratar el tema y señaló que la visita del representante guatemalteco al país es de mucha importancia, puesto que servirá para darle seguimiento al Acuerdo de Paz suscrito en Guatemala.

La Tribuna/22 de agosto de 1987

INICIAN EDIFICIO "SECPLAN"

El presidente José Azcona colocó ayer la primera piedra de lo que en un lapso de dos años será el edificio de la Secretaría de Planificación, Coordinación y Presupuesto (SECPLAN), ubicado en el Centro Cívico Gubernamental, a inmediaciones de la Corte Suprema de Justicia, estimándose el costo en 6,000.00 lempiras.

El presidente José Azcona coloca la primera piedra del nuevo edificio de SECPLAN, asistido por el ministro Francisco Figueroa. (Foto de Aquiles Andino).

Al respecto, el ministro de SECPLAN, Francisco Figueroa, informó que el área de construcción de la obra, que a la vez crea una fuente de trabajo, es de 5,400 metros cuadrados y que constará de siete niveles.

Figueroa reconoció que actualmente Honduras vive tiempos de crisis por factores ajenos a nuestra voluntad, como la situación socioeconómica del área centroamericana y la crisis económica internacional.

Por su parte, el presidente Azcona puso de relieve que la inauguración de los trabajos de lo que será SECPLAN constituye una enorme alegría y una esperanza, porque a pesar de lo que se quiera decir, "sí estamos iniciando y terminando obras, como la Corte Suprema de Justicia con los gastos que el gobierno central ha suministrado".

La Tribuna/22 de agosto de 1987

AZCONA: NO LE TEMO AL CONGRESO

- *Muchos son diputados porque iban debajo de mis planillas.*
- *Me importa poco que no me defiendan.*

El presidente José Azcona reiteró que el Congreso promueve el déficit fiscal y explicó que actualmente, en términos relativos, es menor que el de 1981 hasta 1985 y será ligeramente superior al de 1985, cuando se tuvo un éxito enorme por la reducción de 7 puntos en relación al Producto Interno Bruto (PIB)

"Por lo tanto, precisó, lo que yo dije y sostengo es que se habla mucho de déficit por algunos diputados, pero que también el Congreso Nacional ha contribuido a que haya déficit", reiteró, aunque la Cámara Legislativa, decidió rechazar sus anteriores declaraciones en tal sentido.

Sin embargo, apuntó que no estaba acusando a nadie, pero parece que ellos (los diputados) han tomado esto de una manera muy fuerte y que va a ir una comisión y que me van a demostrar…

Qué me van a demostrar a mí los diputados, cuando a mí no me pueden demostrar nada, ya que tengo las demostraciones en mi escritorio".

Aclaró que lo que él dijo es que el Congreso había contribuido a aumentar el déficit fiscal, "pero no lo dije con ningún resentimiento ni en forma de acusación, por tanto, no es cierto tampoco lo que dice el diputado Oscar Melara que lo único que han reducido ellos de los ingresos ha sido los de los vehículos".

Es que hay dos formas de contribuir a que haya déficit, apuntó.

Por un lado, reduciendo ingresos como se hizo con los vehículos, que fue "un decreto totalmente mal hecho, porque no beneficiaba nada más que a 2000 familias hondureñas y, por otro lado, también se contribuía al déficit cuando se crean nuevos rubros de gastos".

Empero, señaló que con eso no quería decir que los rubros sean mal creados", pero se han creado, por ejemplo, el 4 por ciento para los puertos, los ocho millones (en subsidios) para los municipios y otros sinnúmero de gastos".

Azcona expresó que "yo no quiero enfrentarme al Congreso Nacional, pero tampoco quiero cargar con todas las cosas y que ellos también limiten sus declaraciones y me refiero a las declaraciones de todos los diputados".

En tono molesto dijo que escuchó al diputado de su corriente Edmond L. Bográn, decir en conferencia de prensa que había un déficit pavoroso, lo cual es absolutamente falso.

Dijo que Bográn como "un hombre de empresa debe saber que estaba diciendo una cosa que no era correcta, porque no hay ningún déficit pavoroso".

Además, añadió, "he escuchado a muchos diputados del Partido Nacional que ya quieren llevar agua a su molino, creyendo que este gobierno hace mala administración".

"Voy a decirlo con enorme orgullo, enfatizó: Este gobierno es el que está manejando las cosas administrativas mejor en Honduras, desde muchos años para acá: con austeridad, con sobriedad, con honestidad y con todo lo que haya que ponerle".

Admitió que "la situación ha sido difícil y que la recibió difícil, es cierto, pero lo estamos superando. Por tanto, las acusaciones y las tonteras no van a pasar a ninguna parte, porque el presidente de la República sabe defenderse, aunque sea solo; aunque los diputados de mi corriente, muchos de los cuales son diputados por haber ido bajo las planillas del presidente de la República, ahora no quieren defenderme. A mí me importa poco, porque tengo el pueblo que me va a defender y el pueblo que está entendiendo que el gobierno está haciendo los mayores esfuerzos para salir adelante en este país".

"Y lo voy a decir con mucho valor, recalcó, porque no soy una persona que tema ni el Congreso ni a los diputados: Que me dejen los diputados de mi corriente y de mi partido, ellos tienen plena libertad, porque nunca he condicionado la actuación de un diputado a los intereses del gobernante de Honduras, ni lo voy a hacer".

José Azcona

La Tribuna/22 de agosto de 1987

CANCILLERÍA REFUTA AL THE NEW YORK TIMES

La Dirección de Información y Prensa de la Secretaría de Relaciones Exteriores niega categóricamente las especulaciones realizadas por el periódico estadounidense The New York Times desde San Salvador, acusando a Honduras de haber obstaculizado la reunión de cancilleres que se realizó en los días 19 y 20 de agosto.

El periódico especula que Honduras demoró puntos de procedimiento para formar grupos de trabajo y al respecto se puede informar lo siguiente:

1. Honduras propuso que una serie de normas contenidas en un documento presentado por la Cancillería salvadoreña, fuese repartido a los cancilleres para su posterior estudio y que serían las respectivas cancillerías centroamericanas las que en un determinado momento harían las observaciones del caso, ya que debido al poco tiempo, era imposible manifestarse sobre ello.

2. Estos puntos, y la creación de grupos de trabajo serán vistos en la reunión de cancilleres que se realizará dentro de un mes en Nicaragua y en futuras reuniones de los cancilleres. Hay que analizar los tópicos de amnistía, refugiados, seguridad y otros temas derivados de la firma de los acuerdos adoptados por los presidentes en Guatemala.

3. Honduras de ninguna manera demoró los puntos de procedimiento, y el canciller hondureño Carlos López Contreras enfatizó durante la Conferencia de Prensa realizada por los 5 cancilleres centroamericanos al finalizar la reunión de San Salvador que Honduras apoya gestiones de paz y cumplirá con el Procedimiento para Establecer la Paz Firme y Duradera en Centroamérica.

Tegucigalpa D, C 21 de agosto de 1987.

DIRECCIÓN DE INFORMACIÓN Y PRENSA
SECRETARÍA DE RELACIONES EXTERIORES
La Tribuna/22 de agosto de 1987

AZCONA DICE ESTAR ANUENTE A NEGOCIAR AUMENTO CON "PROFES"

TEGUCIGALPA. - El presidente José Azcona Hoyo dijo ayer que está dispuesto a recibir a los dirigentes magisteriales para discutir un aumento salarial que beneficie a los maestros, pero que no cause un "desbarajuste" en la economía nacional.

Indicó que el Estatuto del Docente será aprobado por el Congreso Nacional, porque ya está contemplado en la Constitución de la República, pero que es importante que representantes del Poder Ejecutivo, Congreso Nacional y de las organizaciones magisteriales, se reúnan para llegar a un acuerdo sobre el incremento salarial para los maestros.

El mandatario no quiso externar su opinión sobre las consecuencias que tendrá para la economía del país un aumento a los sueldos de los maestros, que, según algunos funcionarios, podría provocar la devaluación de la moneda. (TDG).

Tiempo/22 de agosto de 1987

CON TOMARSE CASA PRESIDENCIAL AMENAZAN AHORA LOS MAESTROS

TEGUCIGALPA. - Los maestros que forman el Movimiento Nacional Magisterial Hondureño (MONAMAH) amenazaron ayer con tomarse la próxima semana la Casa Presidencial y otras instituciones estatales en protesta porque el gobierno no ha escuchado sus demandas.

Esta medida sería la tercera que ejecuta el MONAMAH en este mes para presionar al gobierno sobre la aprobación del Estatuto del Docente con la escala salarial.

Ayer concluyó el paro de 48 horas que ordenó el mencionado movimiento magisterial obteniendo un escaso apoyo de los docentes de esta ciudad.

No obstante, la dirigencia de esa agrupación magisterial manifestó que la huelga que decretaron el jueves y el viernes anterior fue apoyada en un 80 por ciento, principalmente en el interior del país.

El coordinador del MONAMAH, Nery Rodrigo Paredes, aseguró que a partir del lunes implementarán otro tipo de presiones como ser la toma de instituciones gubernamentales y manifestaciones en las principales calles de Tegucigalpa.

Indicó que estas acciones las llevarán a cabo conjuntamente con la Central General de Trabajadores (CGT), organización que les ha prometido llegar hasta las últimas consecuencias para que el gobierno apruebe ese polémico proyecto de ley.

Asimismo, dijo que las huelgas decretadas por ellos no son actos demagógicos con el fin de ostentar el poder en el gremio magisterial, sino que las exigencias que sus bases les hacen sobre mejoras salariales.

Rodrigo Paredes señaló que las anteriores acciones las han materializado porque el gobierno mira con indiferencia sus peticiones y trata de darle largas al asunto argumentando que el documento se está estudiando todavía.

"El Ministerio de Educación Pública, dice que está abierto al diálogo con los sectores magisteriales para discutir el documento, pero hasta la fecha a nosotros no nos ha convocado", expresó Paredes. (FRE).

*Tiempo/*22 de agosto de 1987

INICIAN CONSTRUCCIÓN DE EDIFICIO QUE SE PLANIFICÓ HACE 32 AÑOS

Los trabajos de construcción del edificio que albergará las oficinas de la Secretaría de Planificación, Coordinación y Presupuesto (SECPLAN), fueron inaugurados ayer por el presidente José Azcona Hoyo en el Centro Cívico Gubernamental, al sur de Comayagüela.

En el acto estuvieron los ministros de la Presidencia, Céleo Arias; Planificación, Francisco Figueroa, y de Cultura y Turismo Arturo Rendón.

El edificio constará de siete plantas y su costo se eleva a seis millones de lempiras, según los datos proporcionados por la Compañía Constructora Simón, que ejecutará la obra en un plazo menor de dos años.

El ministro Figueroa dijo, al momento de inaugurar los trabajos, que el Estado hondureño institucionalizó la planificación hace 32 años, pero que hasta ayer comenzó a convertir en realidad el sueño de darle un local propio.

"Nuestra misión debe abonarse con nuevos bríos y voluntad de trabajar porque vivimos tiempos de crisis, producto de la situación socioeconómica de la región centroamericana y la falta de mercado para nuestros productos", añadió Figueroa.

El funcionario indicó que los esfuerzos no corresponden solamente al sector público sino también a los demás sectores de la sociedad, de tal forma que las actuaciones en favor del progreso del país "se desarrollen en forma coordinada".

Por su parte, el presidente Azcona sostuvo que, a pesar de las críticas, el gobierno se esfuerza en hacer obras y realizar proyectos que atenúen el desempleo y sirvan para encausar en mejor forma las acciones gubernamentales.

"El hecho de que existan convulsiones sociales no indica que vamos hacia la anarquía, sino que evidencia la plena libertad en que vivimos y eso no debe preocuparnos", concluyó el mandatario.

Azcona Hoyo con el ministro SECPLAN al momento de colocar la primera piedra del nuevo inmueble. (Foto Sabillón).

El Heraldo/22 de agosto de 1987

COLOCAN PRIMERA PIEDRA DEL EDIFICIO SECPLAN

TEGUCIGALPA. - La primera piedra de lo que será la sede de la Secretaría de Planificación, Coordinación y Presupuesto (SECPLAN), que formará parte del "Centro Cívico Gubernamental" fue colocada ayer por el presidente José Azcona Hoyo.

El predio seleccionado para levantar esta obra está ubicado al sur de la Colonia "Miraflores" a la orilla del bulevar del mismo nombre donde ya fue construido el edificio de la Corte Suprema de Justicia que solamente tiene instalados sus juzgados civiles.

Al acto asistieron los principales funcionarios de SECPLAN, Francisco Figueroa y Rogelio Ortega, el doctor Martín Reinecuer, director para América Latina y el Caribe de los programas integrales de Seguridad Alimentaria de la República de Alemania, el gerente del Instituto de la Vivienda (INVA), Mario Pinto y otros funcionarios gubernamentales.

El edificio, que estará concluido dentro de 605 días, tendrá un costo de seis millones de lempiras y con una área de construcción de 5 mil cuatrocientos metros, según se informó. Inicialmente darán trabajo a unos cien obreros.

Francisco Figueroa, en representación del Ministerio de Planificación dijo que ahí estarán representadas todas las oficinas de la Secretaría y manifestó que la ceremonia estaba dedicada a todos los funcionarios que se preocuparon por materializar esta idea y citó como ejemplo a Miguel Ángel Rivera Bermúdez.

Por su lado, el presidente Azcona dijo que "a pesar de lo que se quiera decir en este gobierno, sí estamos iniciando y terminando obras".

El Centro Cívico Gubernamental, dentro de algunos años, dará albergue a la mayoría de las instituciones estatales lo que significará el traslado del engranaje administrativo del Estado a ese país.

La Prensa/22 de agosto de 1987

Editorial
TRABAJO PATRIÓTICO RECLAMA LA REPÚBLICA

El Congreso Nacional, gobernado por una facción mayoritaria del Partido Liberal apoyada a su vez por la poderosa bancada nacionalista, ahora con 64 diputados, difirió la discusión de la moción presentada por el diputado Nicolás Cruz Torres contraía a aprobar el envío de una protesta del Poder Legislativo al Señor Presidente de la República, José Azcona Hoyo, recriminándolo por los cargos que él le hiciera en el sentido de atribuirle el peso de las responsabilidades por el aumento del déficit fiscal del gobierno.

La moción será discutida la semana entrante, después de que una comisión de estudio elabore un proyecto cuyo contenido refleje el sentimiento de condena de la cámara; además de establecer lo que los diputados creen son las causas del problema abordado equivocadamente por el jefe del Poder Ejecutivo.

La conducta del bloque gobernante del Congreso Nacional, especialmente en lo referente a la reducción de los ingresos gubernamentales como la aprobación del cuatro por ciento para los puertos del país, el crecido número de legisladores, el aumento del presupuesto de la Corte Suprema de Justicia, la reducción de los impuestos por la introducción de carros, la oficialización de institutos de segunda enseñanza, el estatuto médico etc., ha configurado una actitud de resistencia y de crítica abierta por parte del Ejecutivo.

Frente a la crítica, los legisladores gobernantes responden con iguales críticas, dando principio a una guerra de mutuas acusaciones entre los dos poderes del Estado, cuyos resultados no generan ningún beneficio ni para uno ni para otro, mucho menos para los intereses generales de la Nación hondureña. En todo caso la solución del problema no solamente se posterga, sino que se complica poniendo en peligro la débil estabilidad política y la ya de por sí dura y penosa situación económica por la que hemos venido atravesando a lo largo de esta crisis que ya lleva unos diez años continuos.

En estos momentos, la Patria urge de todas voluntades humanas encaminadas a la culminación de las más altas esperanzas nacionales, entre las que podemos encontrar, la superación de los grados de miseria y pobreza que se precipitan groseramente sobre la inmensa mayoría de hondureños; la dependencia política y económica del Estado hondureño que hoy se presenta mucho más comprometida por la angustiante paralización del aparato productivo de la Nación y la escasa respuesta de los inversionistas nacionales y extranjeros; la ausencia de un sistema estratégico genuinamente hondureño que permita garantizar la integridad y la soberanía del Estado sobre todos sus componentes materiales y anímicos frente a las pretensiones hegemónicas del exterior y la necesidad de que todos los hondureños tengan iguales oportunidades para alcanzar sus metas de progreso y el desarrollo exitoso de sus fuerzas psicológicas.

A lo largo de toda la crisis centroamericana, en verdad que hemos tenido que invertir enormes recursos para garantizar la prolongación histórica de la República y el reinicio de la construcción constitucional y democrática. Pero no es menos cierto que la paz y la tranquilidad que hemos gozado los hondureños han sido ricos factores desperdiciados por las generaciones actuales de gobernantes, gerentes y directores de la administración pública y de la infraestructura económica del Estado.

Todas nuestras actividades privadas y de orden público han sido dedicadas al despliegue de las alas sombrías de la demagogia política, relegando los grandes como graves problemas económico-sociales.

Es tiempo que entreguemos a la Patria un período de reflexión y estudio, de decisión y coordinación de las fuerzas sociales, para encontrar la solución a los graves problemas nacionales. La enorme brecha fiscal en el presupuesto general del gobierno, es sin duda, una coyuntura que los poderes del Estado deberían de aprovechar para trabajar en serio por los intereses populares, alejándose de la línea de confrontación.

El Heraldo

LA EQUIDAD EN EL COMERCIO
- **Representantes de la Florida buscan restaurar cuota azucarera**

Pocas regiones del mundo tienen una importancia estratégica mayor para Estados Unidos que la Cuenca del Caribe. Cualquier agitación en las islas de esta región envía marejadas a las costas del sur de la Florida. El furor que produjo la intervención norteamericana en la diminuta Granada fue sólo un ejemplo del potencial que tiene el área para preocupar a Washington.

Así que a bombo y platillos anunció la aprobación hace tres años por el Congreso de la Iniciativa para la Cuenca del Caribe (ICC) del Presidente Reagan. La ICC, un conjunto de normas sobre asistencia y comercio, tenía el propósito de ayudar a las esforzadas democracias de la región a solidificar sus logros económicos.

Sin embargo, hasta la fecha la ICC no ha cumplido su cometido, un motivo para ello: ésta fue diluida antes de su aprobación, con lo que disminuyó su efectividad.

Otro: en las naciones caribeñas productoras de azúcar el daño ocasionado por la reducción en las cuotas de importación de azúcar por Estados Unidos ha pesado más que los beneficios de una ICC diluida.

Esta legislación proteccionista está dirigida contra los principales socios de comercio tales como el Japón, pero los amigos de Estados Unidos en el Caribe pueden sentir su aguijón aún más.

Para evitar esto y mejorar la efectividad de la ICC, tres legisladores de la Florida están ofreciendo un remedio en el Congreso: la ley de 1987 para la Expansión de la Recuperación Económica de la Cuenca del Caribe. Varios proyectos de ley derivados han sido presentados por Bob Graham en el senado y por los representantes San Gibbons, de Tampa y Dante Fascell, de Miami en la Cámara de Representantes.

Una característica importante de esta medida legislativa es la de restaurar las cuotas de azúcar a los niveles en vigor cuando la ICC fue aprobada en 1984. Además, los proyectos de ley fortalecen las preferencias de comercio para las naciones del Caribe y, lo que es aún más importante, protegen a esas naciones de los efectos adversos de los proyectos de la legislación pendiente en el Congreso.

El Heraldo

Azcona:
CUMPLIRÁ HONDURAS EL ACUERDO DE PAZ SI LO ACATA NICARAGUA

TEGUCIGALPA. - El gobierno hondureño cumplirá con lo estipulado en el tratado de paz suscrito en Guatemala "siempre y cuando los demás gobiernos centroamericanos lo cumplan", sostuvo ayer el presidente José Azcona Hoyo.

El canciller Carlos López Contreras en su reciente comparecencia en el Congreso Nacional, dijo que el documento de paz de Guatemala no es obligatorio; sin embargo, el presidente Azcona manifestó que "el canciller no quiso minimizar el tratado de paz".

"Lo que él dijo, y yo he dicho también, es que las mayores implicaciones en ese tratado, que no es un tratado de paz, porque no estamos en guerra con nadie, en ese documento que se suscribió en Guatemala, las tiene el gobierno de Nicaragua, no las tiene Honduras, porque nosotros no tenemos que dar una amnistía general, ¿para qué la vamos a dar si no hay presos políticos? Tampoco tenemos que dar reconciliación ni eliminar la censura a la prensa, porque aquí no hay censura a la prensa", expresó.

Azcona señaló que el compromiso del gobierno hondureño es "mantener nuestro territorio libre de combatientes de otros países, y eso, lo vamos a hacer".

No obstante, reiteró que si Nicaragua no emite un decreto de amnistía ni cumple con los demás puntos contemplados en el documento, "nosotros no tenemos por qué cumplir con lo establecido en el documento". (TDG).

*Tiempo/*22 de agosto de 1987

NO DESPEDIR OBREROS DEL FHN ORDENA AZCONA

LA CEIBA. - Por orden directa del ciudadano Presidente constitucional de la República Ing. José Simón Azcona, ya no serán despedidos en el Ferrocarril Nacional, sector Este, que corresponde a esta ciudad, los cuarenta trabajadores de esta dependencia del Estado.

La orden del presidente, según los directivos sindicales, fue girada directamente al gerente del ente ferroviario en San Pedro Sula, para que evite el despido masivo que se tenía previsto para mediados de la presente semana.

Los dirigentes obreros ferroviarios han estado insistiendo desde hace ya seis meses de entrevistarse con el presidente Azcona, para plantear una serie de anomalías existentes en esta zona llevándole alternativas de solución, pero no han podido penetrar esa muralla que es la Casa Presidencial.

La crisis actual deviene por la baja producción de la Frutera Standard Fruit Co., y el estar utilizando contenedores halados por cabezales que mueve por carretera hacia y de Puerto Castilla. Se ha dicho que la crisis durará únicamente los próximos seis meses para luego iniciar una actividad superior a la que había antes por las exportaciones masivas que se harán de bananos a los mercados del mundo.

Muelle de La Ceiba, totalmente desierto por la no exportación de bananos de la frutera. Cientos de muelleros padecen la falta de ingresos. (Foto Oscar Valladares).

La Prensa/22 de agosto de 1987

REVISTA "MUNDO DIPLOMÁTICO" ENTREVISTA EN EXCLUSIVA AL PRESIDENTE JOSÉ AZCONA

En días pasados el señor presidente de la República José Simón Azcona Hoyo, concedió una entrevista a la nueva Revista "Mundo Diplomático", la cual se podrá adquirir en la primera quincena del mes de septiembre.

Por tal motivo se hicieron presentes a la Casa de Gobierno, el licenciado Julio César Bonilla Valle, presidente-fundador de "Mundo Diplomático", quien además es vice-cónsul de Suecia y vicepresidente de la Asociación Consular de Tegucigalpa; y la señorita Vania García, colaboradora de la revista y asistente de la Sección Consular de la Cancillería de la República.

"Mundo Diplomático" promete ser la revista de moda, ya que traerá artículos y entrevistas importantes para todos, además de sus secciones de belleza, moda, etc.

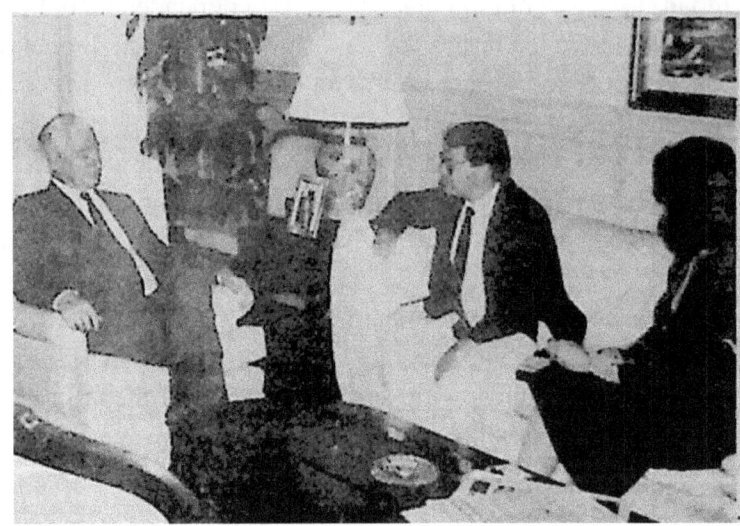

*Tiempo/*21 de agosto de 1987

LOS DIPUTADOS SON RESPONSABLES POR EL DÉFICIT, RATIFICA AZCONA

TEGUCUGALPA. (Por Faustino Ordoñez Baca). - El presidente José Simón Azcona, reiteró ayer su posición de que el Congreso es el principal responsable del incremento en el déficit fiscal y fue categórico al expresar que no le tiene "miedo a los diputados", pues "aunque sea solo" se defenderá de las acusaciones en su contra.

"No quiero enfrentarme, pero tampoco quiero cargar con todas las cosas, que también ellos limiten sus declaraciones", dijo el mandatario, tras aclarar que eso no significa que hay un choque entre los dos poderes del Estado pues "es parte de la democracia plena en que vivimos".

Azcona se mostró enérgico y molesto por la moción presentada por el diputado nacionalista Nicolas Cruz Torres, en el sentido de rechazar las imputaciones hechas por el Ejecutivo cuando acusó a los diputados de ser responsables del déficit fiscal. La moción de Cruz Torres fue aprobada por unanimidad.

Los parlamentarios, indicó el gobernante, "están molestos y agarran las cosas como que uno estuviera acusando algo malo y han tomado mis declaraciones como algo muy fuerte para ellos", sin embargo "están molestos por una cosa que no tiene importancia".

El presidente dijo en declaraciones pasadas que el incremento en el número de "padres de la patria", la aprobación de leyes que aumentan los gastos y otras que disminuyen los ingresos fiscales, ha provocado un desequilibrio en la economía nacional, a pesar de los esfuerzos que está haciendo su gobierno en mejorarla a través de programas económicos apoyados por Estados Unidos.

"Lo que dije, y sostengo, es que el Congreso también ha contribuido a que haya déficit, pero no estoy acusando a nadie", subrayó Azcona.

Agregó que nada servirá que los diputados nombren comisiones para que "yo les pruebe" que ellos son responsables de la situación, si de todas formas las demostraciones "las tengo en mi escritorio".

En la actualidad, Honduras tiene un déficit fiscal superior a los 650 millones de lempiras, que a consideración del titular del Ejecutivo en "términos relativos es menor" que el experimentado en los años de 1981, 82 y 83 y "ligeramente superior al de 1986".

"Las acusaciones y las tonteras no van a pasar a ninguna parte, porque el Presidente de la República sabe defenderse, aunque sea solo", declaró Azcona, agregando que muchos de los hoy parlamentarios liberales "son diputados por haber ido bajo la planilla que yo encabecé y ahora no me quieren defender".

"A mí eso me importa poco, tengo al pueblo que me va a defender y no soy una persona que le temo ni al Congreso, ni a los diputados", agregó.

Dijo el gobernante que los diputados de su partido "tienen toda la libertad" de hacer y decir lo que quieran, prueba de ello es que nunca los ha condicionado para que defiendan los intereses del presidente.

Rechazó las declaraciones que vertió el congresista liberal Edmond L. Bográn en el sentido de que por los momentos "hay un déficit fiscal pavoroso". "Eso es totalmente falso, él como empresario, debe saber que está diciendo cosas incorrectas", dijo.

De igual manera rechazó la opinión d otro de sus correligionarios, el secretario del Congreso, Oscar Melara, quien afirmó que el Poder Legislativo sólo ha disminuido los impuestos de importación vehículos automotores.

"Es que hay dos formas de afectar el déficit: por un lado, reduciendo ingresos y por otro, creando nuevos gastos", le recordó Azcona.

También el presidente se quejó de algunos diputados nacionalistas que "pretendiendo llevar agua a su molino" han revelado que el actual gobierno está actuando mal económicamente.

"Este gobierno es el que está llevando las cosas mejor administrativamente desde muchos años para acá", afirmó.

No obstante, la posición del Poder Ejecutivo en cuanto al manejo de los gastos corrientes, hay "voluntad" para llegar a un acuerdo con los maestros que exigen se les apruebe su estatuto.

"Lo importante es que el Congreso Nacional, maestros y ejecutivos nos pongamos de acuerdo para ver en qué cantidad se les va incrementar sus sueldos para que no haya un desbarajuste en la economía", sugiere el mandatario.

REUNION CON BRIGGS.

El presidente Azcona se reunió recientemente con el embajador norteamericano de Honduras, Everett Briggs, quien días antes se había entrevistado con Reagan. Sobre ello dijo que en ningún momento Briggs trató de imponerle su criterio.

Reiteró Azcona su deseo de cumplir con los compromisos que contempla el Plan Arias "toda vez que en forma simultánea lo hagan los otros países".

"La mayor parte de los problemas que ahí se precisan los tiene Nicaragua", recordó.

PRORROGARAN MATRÍCULA

Azcona reveló que el gobierno prorrogará el plazo fijado para la matrícula de vehículos, para que todos los que poseen puedan cumplir con este requisito y explicó que ha instruido a que se hagan minuciosas revisiones en los documentos, porque se ha detectado que "hay infinidad de pólizas falsas" lo que dará lugar al decomiso de los carros.

TEMIS II

Finalmente sostuvo que no permitirá que otro extranjero se posesione de tierras hondureñas como lo hizo en años anteriores el granjero portorriqueño Temístocles Ramírez que reclama indemnización al gobierno central por propiedades que se le decomisaron en 1983, en Trujillo, Colón.

Un ciudadano nicaragüense de nombre Ricardo Argüello, que según denuncias tiene el respaldo del presidente del Congreso Nacional se ha apropiado de predios en el departamento de Islas de la Bahía.

Azcona dijo que sólo tiene conocimiento de lo que se ha dicho en los periódicos y que espera el informe que le brindará el ministro de Gobernación y Justicia Romualdo Bueso, quien se encuentra en aquel departamento.

José Azcona Hoyo

La Prensa/22 de agosto de 1987

AZCONA PROMETE UNA BANDA DE GUERRA A ESTUDIANTES

El presidente José Azcona prometió dotar de una banda de guerra a los alumnos de la Escuela Nacional de Artes Gráficas, quienes desean desfilar por primera vez el 15 de septiembre.

Un grupo de estudiantes del referido centro educativo, encabezado por la alumna Doris Aurora Zambrano, solicitaron personalmente al mandatario que les donara una banda.

Los estudiantes tuvieron la oportunidad de hablar con el presidente Azcona cuando éste se hizo presente en las inmediaciones de la Escuela, donde se construirá el edificio del Ministerio de Planificación.

El mandatario les dijo que le remitieran una nota por escrito a la Casa Presidencial, pero de antemano les prometió la donación de la banda para que puedan participar en los desfiles conmemorativos a la Independencia de la Patria.

Estudiantes de la Escuela Nacional de Artes Gráficas que, encabezados por la alumna Doris Aurora Zambrano, solicitaron al presidente José Azcona una banda de guerra para desfilar, por primera vez, el próximo 15 de septiembre. (Foto Aquiles Andino).

*La Tribuna/*24 de agosto de 1987

Editorial

HARAQUIRI LIBERAL

Hubo una época en que los dirigentes liberales, se disfrazaron de mujeres, con todo y enaguas para entrevistarse con el líder del Partido Nacional recién fallecido y negociar así el reconocimiento del gobierno de los Estados de América para el régimen instaurado a punta de bayonetas y metralla.

También aparecieron grupos de diputados, algunos de los cuales tienen todavía plena vigencia que, en la forma más olímpica, desoyeron la orden de desocupar las butacas del Congreso Nacional, emitida por el Consejo Central Ejecutivo del Partido Liberal, comandado por el Doctor Arturo Santos Pineda, colorado integérrimo que aportó moralidad y civismo en el partido político de Ángel Zúñiga Huete.

¡Se quedaron más de una docena de diputados, entre ellos el expresidente de la república que ahora dormita en La Paz y otros que siguen en la burra -como gusta decir nuestro pueblo de caite- refiriéndose a quienes continúan en importantes cargos gubernamentales! En el decurso del régimen de Don José Azcona Hoyo, ha ido progresando un cáncer que ya corroe las entrañas del viejo partido que se hace la ilusión de estar en el poder.

Los dirigentes del Partido Liberal no escarmientan, porque cada grupo que hoy quiere para sí el poder en el futuro régimen a inaugurarse el 27 de enero de 1990, poco o nada le importa la historia manchada con sangre de inocentes, ni les interesa que este país se aboque a una era de rectificaciones, no solamente para salvar el maltrecho vagón de esta administración, sino que darle a este pueblo algo de lo mucho que ha perdido: ¡Su Dignidad de Nación Libre, Soberana e Independiente! el respeto que merece de las demás naciones, el progreso que reclama nuestro pueblo, porque no tiene trabajo, ni qué comer, ni educación porque los maestros siguen peleando por el sueldo de ellos, sin que les importe la más preciada materia prima que un ser humano pueda recibir para forjar el carácter del hondureño: ¡Los Niños!.

Si el maestro desaprovecha la más bella y patriótica oportunidad para forjar la vida nueva que reclama desde ya un lugar en la historia, no habrá nada que pueda recuperarse mañana, más que los desperdicios humanos que deambulan sin dinero o con dinero, sin vergüenza o con ella.

Cuando se proclama la Independencia de Guatemala (Centroamérica) Gabino Gaínza, su Capitán General, convocó a una junta de notables: los altos funcionarios, el obispo, los superiores de las órdenes religiosas, el rector de San Carlos y los jefes militares. Se dijo que en esa reunión no había ningún independista conocido. Según algunos escritores como Enrique Fernández del Cid, "al parecer" fue don Mariano de Aycinena el primero en proponerle a don Gabino Gaínza que diese el paso de la colonia a la vida independiente, sin dejar el poder.

El caso es que también se le atribuye a Gaínza la iniciativa de la convocatoria citada para proclamar la independencia de Centroamérica de España, siguiendo el ejemplo de México. Los presentes comenzaron a dar explicaciones negativas, José Cecilio del Valle dijo que "la Junta de Notables no era quién para tomar decisiones en nombre de Guatemala". Los sacerdotes invitados, fueron saliendo uno por uno, hasta quedar en ambiente de querer continuar con la triste sujeción a España.

Pero de repente, sin que nadie lo esperara, se produjo un hecho inesperado y feliz. En la calle frente al lugar de la cita histórica, se encontraban Barrundia, Pedro Molina y la señora esposa de éste, a quien se le ocurrió - ¡Inmensa idea! - hacer estallar unas bombetas, es decir unos cohetillos que terminaron por atraer a alguna gente del pueblo de Guatemala. Así se fueron enterando de lo que se estaba discutiendo dentro de la casa… y el rumor y algunos gritos terminaron por hacer perder la paciencia de Gabino Gaínza, quien dispuso se levantara el Acta de Independencia, redactada por nuestro José Cecilio del Valle, acta de la cual se dijo que fue la "más habilidosa que nunca se ha levantado".

En aquella gesta histórica, a decir de Miguel García Granados en sus "Memorias" "la verdad es que el pueblo no tomó ninguna parte en aquel movimiento el cual se mostró verdaderamente indiferente".

La página más brillante de la historia de cinco repúblicas, no requirió la presencia masiva del pueblo, no fue precisa esa fuerza multitudinaria.

En estos momentos, cuando poco a poco vamos llegando a la mitad del período de gobierno de José Simón Azcona Hoyo, se requiere voluntad indomeñable, de la energía más extraordinaria que proceda a hacer tabla rasa y comience a escribir la historia de este régimen, porque a ninguno de los precandidatos les importa si triunfó o perdió en su única oportunidad de ser Presidente de la República, quien hace unos ocho años jamás imaginó verse convertido en candidato presidencial y mucho menos Gobernante de este país.

Nada hará machacando una y mil veces que el responsable del déficit fiscal es el Congreso Nacional y no el Poder Ejecutivo. Sólo Azcona Hoyo puede tomar la resolución salvadora, la que pudiera hacer perdurar para que sus hijos y los nuestros hablen de su mandato presidencial por sus signos positivos y no por sus cuestionamientos, que se hable de sus logros materiales, antes que de la corrupción que se ha enseñoreado, que se hable de las medidas económicas orientadas a favorecer el bien común, los intereses del pueblo mancillados por sus dirigentes.

Sólo Azcona Hoyo puede tomar la decisión de comenzar el tercer año de gobierno con un gabinete ajeno a los intereses inmediatos por las candidaturas a cargos de elección popular, sólo el Presidente de Honduras puede asumir la responsabilidad de desembarazarse de quienes llegaron a su gobierno únicamente para hacer política para otros.

La independencia de Centroamérica, sólo tenía unos cuatro impacientes mirones, como pudiera ocurrir durante todo el trayecto de los próximos 730 días, a partir del 1 de enero de 1988.

*El Heraldo/*24 de agosto de 1987

FALSO QUE EN CEMENTO DE HONDURAS, S. A. SE HAYAN ROBADO DINERO PARA QUINTA EXPANSION

- **Así lo afirma el presidente de la República y otros altos dignatarios del Estado. El dinero destinado a ese propósito se encuentra en Bijao, municipio de Choloma Cortés, convertido en "una obra monumental".**

Mucho se ha especulado en torno de lo sucedido en la empresa Cementos Honduras, S.A. En los últimos días, sin embargo, la televisión y la radio, especialmente los canales 2 y 9 y la Voz de Centro América, han venido arrojando luz sobre lo acontecido en aquella empresa.

Frente a la tesis divulgada y sostenida por Radio América, en el sentido de que el dinero que se obtuvo en préstamos para materializar la Quinta Expansión de Cementos de Honduras y que avaló el Gobierno había sido simplemente robado por los anteriores administradores de la firma cementera, se han obtenido opiniones de personas y funcionarios públicos que conocen la verdad de lo sucedido, con miras a ilustrar a la opinión pública.

Entre tales personas figuran el ciudadano Presidente de la República, José Azcona Hoyo; el designado a la presidencia de la República, ingeniero Jaime Rosenthal Oliva; el Ministro de Comunicaciones, Obras Públicas y Transporte, ingeniero Juan Fernando López y el actual Gerente de Cementos Honduras, S.A. ingeniero Roberto Larios Silva.

Sobre el asunto en referencia, el titular del Poder Ejecutivo, entre otras cosas manifestó: "Hemos venido a observar la expansión número cinco de Cementos de Honduras, la cual está muy adelantada. La misma será un éxito, porque se están abriendo mercados para exportar cemento. Ya este año se van a exportar cerca de 100 mil toneladas…".

El problema de Cementos de Honduras, siguió diciendo. "era y sigue siendo un problema muy difícil, más que todo por la demanda de cemento. La expansión número cinco se estaba realizando en un momento en que había depresión en el consumo de este producto, pero ahora ya la demanda de cemento en el Caribe, aún en los Estados Unidos, está creciendo bastante y creemos que una vez que esté terminada esta expansión podremos exportar más cemento y de un negocio malo que parecía ser al principio se puede convertir en un excelente negocio".

Siguió manifestando el Primer Mandatario: "Yo nunca dije que hubo robo en Cementos de Honduras… Lo que hubo fue MALA PLANIFICACION A NIVEL NACIONAL, ya que se aprobó una expansión en Cementos de Honduras y, al mismo tiempo, se aprobó, con aportes nacionales, especialmente el gobierno, la instalación de otra fábrica de cemento. Ese es el problema. Si se hubiera esperado para hacer la fábrica INCEHSA cinco o más años después de haber hecho la expansión número cinco de Cementos de Honduras, o a la inversa, creo que habría resultado mucho mejor la operación".

El ingeniero Jaime Rosenthal, por su parte, al ser preguntado si confirmaba la afirmación que en abril de 1982 hizo en una Asamblea General de Accionistas de Cementos de Honduras, S.A. en el sentido de que "era falso que allí se había robado algún dinero", expresó lo siguiente: "Sí. Yo creo que lo que estamos viendo hoy comprueba que Cementos de Honduras es una obra monumental y que será de gran beneficio para el país. Creo que tarde o temprano necesitábamos de esta planta y el hecho de que por fin haya habido un gobierno que enfrente el problema y que tomara la decisión de terminar la expansión solo podrá redundar en beneficio para el país y para los trabajadores que aquí laboran y tendremos la garantía que habrá disponibilidad de cemento en el futuro para ejecutar todas las obras que el país necesite…".

Preguntado también si, en su criterio, los dineros de Cementos de Honduras fueron bien invertidos, entre otras cosas dijo: "Como en todos lados han habido fugas, ha habido inversiones malas, como el caso que se ha mencionado del barco, pero, en general, yo creo que lo que tenemos es una excelente planta, nueva, eficiente y reponerla hoy en día costaría realmente más dinero de lo que se pagó por ella…".

En iguales o parecidos términos se expresaron los señores ministros de Economía y Comercio y de Comunicaciones Obras Públicas y Transporte, y el actual gerente de Cementos de Honduras, S.A.

Finalmente, el ingeniero Roberto Larios, actual gerente de Cementos de Honduras, S.A., en repetidas oportunidades ha dicho que cuando él asumió el cargo que desempeña iba lleno de prejuicios sobre lo que había sucedido en aquella empresa, pero que la realidad le ha probado que las cosas son totalmente diferentes. Para corroborar sus afirmaciones invitó al Licenciado Rodrigo Wong Arévalo para que visitara la planta y, además, para que examinara la documentación que obra en poder de la empresa cementera sobre el tema en referencia.

Estando la nueva planta de Cementos de Honduras en el ligar denominado Bijao, en posibilidad de ser vista y tocada por quien tenga interés y luego de los testimonios que se dejan transcritos. ¿puede afirmarse responsablemente que los préstamos otorgados a Cementos de Honduras, S.A. y que fueron avalados por el gobierno de la República fueron robados, como directa e indirectamente lo ha venido sosteniendo Radio América?

Juan Fernando López

José Azcona Hoyo

*Tiempo/*24 de agosto de 1987

CONTRACORRIENTE
Juan Ramón Martínez

MAS PREGUNTAS QUE RESPUESTAS

El mejoramiento de la imagen de Honduras, puede venirse abajo estrepitosamente si el gobierno liberal dirigido por Azcona comienza de nuevo a darle largas a las obligaciones contraídas en virtud del acuerdo de Guatemala. La oportunidad de devolverle al país cierta dignidad, puede perderse definitivamente si nuestro gobierno no manifiesta en los hechos una actitud dispuesta a cumplir con los compromisos contraídos.

Hay algunas señales negativas. El canciller López Contreras -para sorpresa de quienes habíamos visto el acuerdo como un triunfo de sus habilidades diplomáticas- se dedicó durante su comparecencia en el Congreso Nacional, absolutamente apático y desesperanzado con respecto al acuerdo de Guatemala, a menospreciar los alcances que para la Paz de Centroamérica tiene el histórico documento firmado por los cinco presidentes de la Región. Azcona, por si parte -que fue el último en firmar en Guatemala- en vez de transmitirle entusiasmo al pueblo hondureño, en cada una de sus declaraciones expresa pesimismo y falta de confianza sobre las posibilidades del histórico acuerdo. Herrera Cáceres dijo recientemente que no hemos apoyado a Azcona; pero el problema es más bien que el presidente de la República no tiene interés en el apoyo popular. Por el contrario, más bien pareciera que -de conformidad a su estilo de ceder ante las presiones que desde un principio sabe que no podrá neutralizar- no quisiera que nadie le diera ningún tipo de respaldo a lo que hizo a regañadientes en Guatemala. Es como si quisiese que fracasase algo que desde el principio no ha contado con su simpatía.

Pero no sólo eso. Además, Azcona resulta absolutamente impolítico cuando censura abiertamente el documento firmado en Guatemala. Suyas son las palabras de mayor rechazo a la idea de Cerezo por integrar y volver operante el Parlamento Centroamericano. Visceral como siempre, Azcona olvida que hay interés de Guatemala en el asunto y que nosotros no podemos, en forma innecesaria como es este caso, comprometernos en acciones que produzcan rechazo en la Cancillería chapina. Pero claro, Azcona no tiene idea de sus responsabilidades como primer presidente de nuestro país y de nosotros los hondureños.

Montoya -que con su frecuencia olvida sus altas responsabilidades como presidente del Congreso Nacional- también ha atacado el Acuerdo de Guatemala. No ha vacilado al colocarse en favor de la confrontación armada. No ha podido entender que el Acuerdo de Guatemala es la primera iniciativa de los centroamericanos para retomar el control de nuestros asuntos. Ha podido más su nerviosismo proverbial y su abierta inclinación a escandalizar.

Las declaraciones de los tres funcionarios citados anteriormente nos llevan necesariamente a una pregunta clave: Honduras, pese a la firma estampada por el presidente Azcona, ¿no tiene interés en cumplir con las obligaciones que le impone el acuerdo de Guatemala? En el caso que así fuera, ¿cuáles son las razones y las fuerzas que las producen, para que los gobernantes hondureños corran el inmenso riesgo de poner en entredicho la capacidad soberana de Honduras para cumplir con sus obligaciones internacionales? ¿Es que los militares -que en varias ocasiones se han quejado privadamente que López Contreras no les consulta tanto como lo hacía Paz Barnica- se oponen a la paz y prefieren de consiguiente este clima prebélico que les reditúa beneficios y favores extraordinarios? O es que Estados Unidos le empieza a poner precio a la ayuda, necesaria e indispensable por la crisis que pasamos, ¿y en consecuencia nuestro gobierno prefiere dar marcha atrás para salvar el bulto?

Es posible que hayan más preguntas. El lector puede completar la lista. A nosotros nos basta con expresar nuestro desencanto con unos gobernantes que, pese a la simpatía y los deseos del pueblo hondureño en favor de la paz, vacilan primero y se comprometen después en tareas y actividades destinadas a llenar, nuevamente, de lodo la imagen de Honduras que con la firma del acuerdo de Guatemala empezaba a lavarse con dignidad toda la suciedad de su cara morena.

Es una lástima que estos -y no otros más comprometidos con la dignidad y el honor de Honduras- sean los gobernantes de este desventurado país.

La Tribuna/24 de agosto de 1987

FUTH

Señor
Presidente Constitucional de la República
Ing. José Azcona Hoyo
Casa Presidencial
Tegucigalpa, D.C.

Señor Presidente:

La Federación Unitaria de Trabajadores de Honduras (FUTH), lo felicita por la decisión de firmar con los demás presidentes de los países centroamericanos el acuerdo de Guatemala para lograr la paz y la distensión en el istmo.

Tal acuerdo ha traído nuevas esperanzas a los pueblos centroamericanos. - El mismo ha sido visto con satisfacción por los trabajadores y la opinión pública nacional e internacional, por cuanto constituye un firme paso para erradicar los peligros de guerra que se ciernen en nuestra región y para establecer el diálogo y la negociación como los mecanismos fundamentales para la solución de los conflictos que se han generado en el área.

Nuestra Federación solicita respetuosamente al gobierno que usted preside sea consecuente en el cumplimiento de los compromisos contraídos en el acuerdo de paz, para que se forjen en nuestra patria condiciones reales de respeto a los Derechos Humanos y de las libertades del pueblo, se recuperan los derechos soberanos de Honduras atropellados por fuerzas extranjeras, se impulse el desarrollo económico nacional y el progreso social

Los trabajadores y la inmensa mayoría del pueblo de Honduras apoyaremos con seguridad todos los pasos que dé su gobierno para materializar el acuerdo de paz firmado en Guatemala por los cinco presidentes de Centro América.

Atentamente,
Comité Ejecutivo Nacional de la Federación Unitaria de
Trabajadores de Honduras (FUTH)

Tegucigalpa, D.C., 24 de agosto de 1987

*Tiempo/*24 de agosto de 1987

CGT AMENAZA CON TOMARSE PRESIDENCIAL Y EL CONGRESO

TEGUCIGALPA. - En apoyo al Movimiento Nacional Magisterial Hondureño (MONAMAH), que demanda la aprobación del Estatuto del Docente, la Central General de Trabajadores (CGT), anunció que se tomará la Casa Presidencial, el Congreso Nacional y realizará recuperaciones masivas de tierra a nivel nacional.

Así lo informó el secretario adjunto de la CGT, Oscar Escalante, al término de una reunión que sostuvieron con la dirigencia del MONAMAH, en la que decidieron tomar esas medidas de presión para que el gobierno apruebe el Estatuto del Docente con su escala salarial.

El dirigente aseguró que a partir del martes próximo la CGT, con todas sus federaciones y sindicatos, se irá a las acciones concretas debido a la indiferencia del gobierno en no resolverle el problema al gremio magisterial.

Escalante dijo "por nosotros está el presidente José Azcona Hoyo, en la presidencia de la República y gracias a nosotros hay un montón de oportunistas frente a los ministerios que hoy se muestran indiferentes con los problemas del pueblo".

Indicó que, aunque muchos digan que "con las acciones que llevemos a cabo queremos desestabilizar al gobierno eso no va a detener el movimiento obrero para brindar el apoyo al sector magisterial que en este caso reclama lo justo".

Dijo, además, que, si el gobierno no le da respuesta a las peticiones del MONAMAH, sobre la aprobación del referido proyecto de ley con su escala salarial, el enemigo de la democracia es el régimen y no los trabajadores. (FRE).

Tiempo/24 de agosto de 1987

PRESIDENTE INAUGURA CARRETERA EN OLANCHO

TERRERO BLANCO, Olancho. - El presidente de la República, José Azcona Hoyo, inauguró aquí la mañana de ayer el tramo carretero de 40 kilómetros que une esta aldea con la población de Nueva Choluteca, obra vial valorada en doce millones de lempiras.

En el diálogo que sostuvo el mandatario con los habitantes de Terrero Blanco y comunidades vecinas, les prometió que en pocos días la Secretaría de Comunicaciones, Obras Públicas y Transporte (SECOPT) iniciará la reparación de la carretera que conduce a Santa María del Real y Danlí, actualmente intransitable.

La obra inaugurada también beneficia a los connacionales que habitan la comunidad de Nueva Palestina, departamento de Olancho.

OFRECIMIENTOS

El mandatario, al dirigirse a la concurrencia, expresó que la conclusión de esta vía "les permitirá comunicarse con su cabecera departamental, Juticalpa, y con el departamento de EL Paraíso"

"Creemos que cuando se abren carreteras y está la tierra allí el resto lo hacen los vecinos -apuntó el gobernante-, aquí en esta zona del Patuca hay gente de occidente y de todos los departamentos de Honduras".

Azcona apuntó "en esta región vemos progreso porque miramos niños bien alimentados y con la ayuda que les dará mi gobierno saldrán adelante. Pero desde luego tiene que haber el concurso de sus vecinos, quienes están obligados a trabajar primero para sus familias y después para Honduras".

Se comprometió con los nativos de este sector a convertir la zona del Patuca en municipio. Les manifestó que es urgente que "ustedes elijan sus propias autoridades en el futuro para superar sus problemas con el esfuerzo propio".

Acompañaron al gobernante el ministro de Comunicaciones, Obras Públicas y Transporte, Juan Fernando López; el diputado montoyista José Manuel Zelaya Rosales, y otros funcionarios de su gobierno.

El ingeniero Azcona llegó a esta aldea de Olancho en helicóptero y después hizo un recorrido por la carretera que inauguró.

El titular de SECOPT dijo a EL HERALDO que en esta visita el gobernante ofreció que durante su mandato construirá la carretera que de aquí conduce a San Pedro, Catacamas.

Agregó Juan Fernando López que esta obra vial tendrá un costo de entre 19 y 20 millones de lempiras.

Este proyecto carretero, según el ministro, ya cuenta con financiamiento nacional y del Banco Internacional para el Desarrollo (BID), y aseguró que la obra será terminada en el actual gobierno.

El mismo funcionario gubernamental dijo que esta nueva carretera servirá para desarrollar el vasto departamento de Olancho, principalmente la zona del Patuca, rica en fauna marina.

El presidente de la República, José Azcona Hoyo inauguró el tramo carretero que, de Terrero Blanco conduce a Nueva Choluteca, obra de 40 kilómetros con un valor de 12 millones de lempiras.

NUEVA INAUGURACIÓN.

López declaró a este medio de comunicación que para "los incrédulos que aseguran que no se está haciendo nada en el gobierno del ingeniero Azcona, el próximo sábado inauguraremos el tramo carretero (36kms.) de Siguatepeque a Jesús de Otoro, con un costo de 29 millones de lempiras".

Como la carretera de Terrero Blanco a Santa María del Real (siempre en Olancho) está intransitable (42 kilómetros), el aludido funcionario dijo a EL HERALDO que tal reparación se iniciará en breve "porque tenemos la orden del presidente de la República de dejar este tramo completamente reparado".

*El Heraldo/*24 de agosto de 1987

Según dirigentes encuestados

TANTO EL CONGRESO COMO AZCONA SON RESPONSABLES DEL DÉFICIT FISCAL

TEGUCIGALPA, (por Faustino Ordóñez Baca).- El incremento en el déficit fiscal, que en los últimos días ha motivado un aparente enfrentamiento entre el presidente José Azcona Hoyo y los diputados, es responsabilidad de los dos poderes del Estado, según coincidieron ayer la mayoría de los dirigentes de organizaciones influyentes, entrevistados por LA PRENSA.

Otros le dieron la razón al gobernante Azcona Hoyo que se queja de los congresistas por aprobar leyes que han reducido los ingresos fiscales y aumentado los gastos corrientes.

Para el secretario general de la Confederación de Trabajadores de Honduras (CTH), Andrés Víctor Artiles, tanto el Gobierno central como los legisladores, son responsables de lo que acontece actualmente en materia económica por cuanto el que legisla y el que ejecuta tiene responsabilidad en la coordinación de la política.

Dijo Artiles que "no podemos desligarlos que un estado como el nuestro donde existen tres poderes, donde uno de ellos tiene más responsabilidades que el otro, las acusaciones entre uno y otro, subrayó el dirigente no tiene sentido y más bien deberían ser un poco más serios en cuanto a responsabilizarse".

El Presidente de la Junta Directiva Central Nacional de Empleados Públicos (ANDEPH), José Obdulio Chávez, cuya organización absorbe un buen porcentaje del presupuesto para los gastos ordinarios, dijo "que el incremento en el déficit se le puede atribuir responsabilidad a los dos poderes".

Recordó que en la administración del doctor Roberto Suazo Córdova por aspectos políticos se contrajeron una serie de compromisos que obviamente han tenido repercusión en los gastos corrientes.

"Estos problemas se van acumulando y los nuevos gobernantes se encuentran con ellos que sumados a sus obligaciones no dejan de traer consecuencias para la economía", dijo Chávez.

Añade que, respecto al Poder Ejecutivo, "vemos que afectan el desarrollo del mismo estado y por eso los empleados públicos, somos del criterio que debe exigírseles a los que nos representan para tomar decisiones muy cautelosas y con bastante criterio y responsabilidad.

Reveló el presidente de la ANDEPH "que hay otros órganos que tienen presupuestos muy alterados y tal vez, aunque reconocemos que son de necesidad, pero no son los prioritarios". En ese sentido vemos que los dos poderes tienen grandes responsabilidades y todo ello porque ha habido despilfarro en el manejo de los fondos y se han creado proyectos de ley que no han sido bien planificados.

El déficit fiscal actual, según los datos proporcionados ascienden a unos 650 millones de lempiras, que según el presidente Azcona es ligeramente superior al de 1986, y un poco más elevado al experimentado en los años 1981, 82 y 83.

A nombre del gremio magisterial la profesora Marian Lemus de Morazán miembro del Colegio Unión Magisterial Hondureño en el Movimiento Nacional de Maestros (MONAMAH) apuntó que en esta situación "han fallado los dos poderes".

Según la mentora, tanto el presidente Azcona como los diputados no toman estas cuestiones en serio y el único pagano es el pueblo y en caso particular los docentes a quienes no se les ha aprobado su estatuto.

"Creo que los dos poderes son culpables y estimo que hay mala distribución del gasto corriente".

Jorge Gómez Andino, presidente del COHEP tras anunciar que durante la semana se reunirán con profesionales de las ciencias económicas para determinar la posición de los empresarios en cuanto a este problema, dijo que, si el Congreso "sigue legislando en alguna forma que disminuyan las entradas en el Poder Legislativo, la situación se pondrá más difícil".

"Considero que debe haber una reforma tributaria o una socada de faja, como formas de disminuir el déficit fiscal. Para ello se necesita un equipo bueno en el gobierno y que trabaje en forma armonizada". Contrario a los otros dirigentes soslayó Gómez Andino declarar responsables a uno u otro poder del Estado.

Finalmente, el expresidente del Colegio Hondureño de Economistas, Ramón Velásquez Nazar le dio la razón al Presidente de la República en vista que el legislativo ha tomado medidas sin tomar en cuenta el plan económico del Poder Ejecutivo.

"Muchas veces han acumulado demagógicamente aprobando leyes que sólo benefician a una minoría de la población, señaló refiriéndose a la ley que rebaja los impuestos por introducción de vehículos automotores la que según el presidente Azcona sólo beneficia anualmente a unas dos mil personas que se dedican a la compra de carros en el extranjero".

Es importante que en este momento el Congreso comprenda cuales son las funciones del Gobierno central, recomendó el dirigente.

Andrés Víctor Artiles

La Prensa/24 de agosto de 1987

SUSPENDEN PARO; MENTORES SE REÚNEN HOY CON AZCONA

TEGUCIGALPA.- El Movimiento Nacional Magisterial Hondureño (MONAMAH) suspendió ayer el paro laboral de 72 horas que había anunciado para hoy, accediendo así al llamado del presidente José Azcona Hoyo para dialogar sobre el controversial Estatuto del Docente.

Esta medida iba a ser la tercera que ejecutaría el MONAMAH durante este mes para presionar al gobierno sobre la aprobación del Estatuto del Docente con la escala salarial.

A las diez de la mañana de ayer todavía, la dirigencia del referido movimiento magisterial sostenía que se iban a un paro de 72 horas a partir de las 7 de la mañana de este día, advirtiendo, además, que se tomarían la Casa Presidencial y otras instituciones estatales.

Mientras los maestros deliberaban en la Escuela Estados Unidos de esta ciudad, la Central General de Trabajadores (CGT) amenazaban con movilizar a 200 mil trabajadores en apoyo a ese gremio magisterial.

Horas más tarde, los dirigentes de esa agrupación de docentes suspendieron la huelga que habían decretado atendiendo el llamado del mandatario Azcona Hoyo, quien los invitó para hablar hoy sobre las demandas que hacen.

Los maestros que forman el MONAMAH exigen al gobierno la aprobación inmediata del Estatuto del Docente con una escala salarial que contenga como sueldo base para cada educador unos 700 lempiras. (FRE).

*Tiempo/*26 de agosto de 1987

FUMH PIDE A MAESTROS NO HACERLE CASO AL MONAMAH

TEGUCIGALPA.- El Frente de Unidad Magisterial Hondureño (FUMH), pidió ayer a los maestros de todo el país no atender las ordenanzas del Movimiento Nacional Magisterial Hondureño (MONAMAH), porque, según ellos, esta organización no tiene autoridad moral ni histórica para salir hoy como abanderado del magisterio nacional.

Tanto el FUMH como el MONAMAH exigen al gobierno la aprobación del Estatuto del Docente con su escala salarial y ambos movimientos presentaron al Congreso Nacional el documento por separado.

José Ramón Mejía, miembro del FUMH, explicó ayer que el proyecto de ley que presentó el MONAMAH tiene varios artículos que lesionan a los docentes en muchas actividades y a la vez que limitan la libertad de cátedra.

Por tal razón, indicó, el magisterio no debe acatar ninguna acción que convoque el referido movimiento porque no "tiene autoridad moral ni histórica para salir hoy como abanderados del magisterio nacional, además no los apoya nadie".

Ramón Mejía manifestó que mañana ellos van a realizar una asamblea en la Escuela Lempira, donde delinearán un programa de acciones para exigir en forma inmediata la aprobación del Estatuto del Docente que ellos presentaron en 1982. (FRE).

*Tiempo/*26 de agosto de 1987

AZCONA ORDENA APURAR CREACIÓN DE NUEVO MUNICIPIO OLANCHANO

El presidente José Azcona ordenó el domingo al gobernador político de Olancho, Melchor Rubí, la agilización de la creación del municipio que comprenderá la llamada Zona del Patuca y, a la vez, los representativos de unos 23 mil habitantes de Nueva Palestina le solicitaron que esa localidad sea la cabecera del nuevo término edilicio.

Esta situación tuvo lugar en Terrero Blanco, donde el presidente Azcona inauguraba el tramo carretero hacia aquellas comunidades en compañía del ministro de Comunicaciones, Obras Públicas y Transporte, Juan Fernando López.

Durante la visita presidencial estuvo ausente el diputado por Olancho Gustavo Gómez Santos, según se dijo, porque el presidente ya no da subsidios.

Igualmente, su colega y paisano Armando Rosales, quien, se informó se encontraba enfermo, y el alcalde de Juticalpa, Miguel Barahona, quien debía estar en el lugar por ser la Zona del Patuca jurisdicción de aquel término municipal.

Al presidente lo acompañaron el diputado Manuel Zelaya y el gobernador político Rubí.

En los actos inaugurales el presidente Azcona ordenó al ministro López la inmediata construcción de la carretera Terrero Blanco-Santa María- San Pedro de Catacamas, cuyo costo sería de 12 millones de lempiras.

Azcona llegó a la zona en un helicóptero y por tierra visitó Terrero Blanco, Nueva Palestina, Las Planchas y Nueva Choluteca.

A la obra inaugurada los funcionarios gubernamentales le llaman "tesoro escondido", porque no conduce a ninguna de las principales ciudades del departamento.

El presidente José Azcona acompañado por el diputado liberal Manuel Zelaya Rosales recorre Nueva Choluteca, Olancho, donde el sábado anterior inauguró 40 kilómetros de carretera.

Vecinos de Nueva Palestina reciben el domingo último al presidente José Azcona.

La Tribuna/25 de agosto de 1987

MONTOYA ESPERA QUE AZCONA MODIFIQUE GABINETE EN ENERO

El presidente José Azcona Hoyo podría modificar parcialmente su Gabinete de Gobierno a partir de enero, según el presidente del Congreso Nacional, Carlos Montoya.

Estima el parlamentario que dos años han sido suficientes para que los ministros del actual gobierno liberal demuestren su capacidad y aseguró que el presidente Azcona está de acuerdo con que tal plazo es razonable.

"El presidente pidió que le dieran un compás de espera para determinar si algunos de sus ministros estaban fallando. El cambio sería oportuno cuando va a cumplir dos años en el ejercicio de sus funciones", añadió Montoya.

Azcona cumplirá dos años en la presidencia de la República el próximo 27 de enero y, según Montoya, no es necesario que remueva a todos sus ministros sino que sólo algunos, que serían reacomodados.

El presidente del Congreso Nacional considera que el presente gobierno ha superado la obra material de muchas administraciones nacionalistas y liberales puesto que "no hay lugar del país donde no se estén llevando a cabo proyectos en beneficio de las comunidades".

Sin embargo, es del criterio que "es necesario cambiar algunas piezas para imprimirle nuevos bríos a la maquinaria administrativa".

El Heraldo/25 de agosto de 1987

ABRIR NUEVAS VÍAS PROMETE AZCONA

TEGUCIGALPA.- El presidente Azcona inauguró el fin de semana un tramo carretero de 40 kilómetros que unirá las comunidades de Terrero Blanco, Nueva Palestina y Nueva Choluteca en la Zona del Patuca entre los departamentos de Olancho y El Paraíso.

La carretera tiene un costo de 12 millones de lempiras y cuenta además con 12 kilómetros adicionales que beneficiará a las comunidades de Azacualpa y Apacilagua.

Asistieron a los actos el ministro de Comunicaciones, Obras Públicas y Transporte, Juan Fernando López, el director general de Caminos, Alex Leiva Caballero, el diputado Manuel Zelaya y el comandante del Décimo Sexto Batallón de Infantería, coronel Zelaya Solano.

El tramo carretero que tiene siete metros de anchura tiene su importancia porque dará acceso a la zona del Patuca, fronterizo con Nicaragua, donde se encuentran asentados varios grupos de campesinos originarios de otros sectores del país en su mayoría de Choluteca y El Paraíso.

El presidente Azcona, en su corta alocución, resaltó la importancia del acto porque le hizo recordar la ceremonia de apertura de plicas para este proyecto que tuvo lugar el 7 de septiembre de 1983, horas antes de que el doctor Suazo Córdova le aceptara su renuncia como ministro.

El gobernante se hizo acompañar a Terrero Blanco del ministro de SECOPT, Juan Fernando López, del director general de Caminos Alex Leiva, el diputado Manuel Zelaya y del comandante del "16 Batallón de Infantería", coronel Ávila Solano.

Cuando se abren carreteras y está ahí la tierra fértil, el resto lo hacen los campesinos dijo el presidente quien anunció que instruyó al ministro de SECOPT para que el próximo año repare la carretera que el Terreno Blanco conduce a Santa María e iniciar la carretera hacia San Pedro de Zacapa-Catacamas para darle salida hacia el departamento de Olancho.

El titular de comunicaciones anunció que el próximo sábado se inaugurará la carretera que recientemente se terminó de construir y que unirá Siguatepeque con Jesús de Otoro en el departamento de Comayagua.

El mandatario luego de reunirse con las fuerzas vivas de la comunidad de Nueva Palestina les prometió convertirles su lugar en municipio y les ofreció tramitarles un subsidio para la instalación del agua potable.

También a los moradores de Nueva Choluteca donde viven emigrados de la zona sur, les anunció que les ayudará a pagar las casas que están amortizando desde hace algunos meses.

Los habitantes de Terrero Blanco en la zona del Patuca, aplauden al presidente cuando éste les dijo que se continuarán construyendo vías que les comuniquen con ciudades importantes de Olancho. (Foto de Salinas).

*La Prensa/*24 de agosto de 1987

EL COCINERO DEL PRESIDENTE

Algunos enviamos tantas colaboraciones a Tribuna del Pueblo, que estoy comenzando a pensar que tienen un archivo de nuestras notas, algo así como el banco de sangre, para ser usadas en el momento oportuno.

Hacía como un mes, mucho antes del viaje de salud del presidente Azcona a los EE.UU., que habíamos mandado un escrito donde relatábamos una teoría, medio en broma, que en Israel pudieron haberle dado algo en la comida a nuestro presidente, ese artículo, guardado por varias semanas, apareció en LA TRIBUNA el mismo día en que fue despedido el cocinero o jefe de cocina de casa presidencial, quien había colaborado por más de 20 años, abarcando la estadía de seis mandatarios. Esperamos una explicación de las razones de su despido, de parte de los que lo hicieron. Después de tantos años no se puede culpar de incapaz a nadie, sea cual fuere su profesión.

Lo que si me ha extrañado es el sueldo que, según el periódico, ha estado ganando este señor, que no llega ni a los 500 lempiras mensuales.

Una persona que tiene en sus manos la salud, no sólo del presidente, sino que de las otras personas que se alimentan ahí (por lo que leemos no son pocas), debería estar mejor pagada, máxime después de dos décadas de servicio.

Para el bienestar personal de nuestro presidente, le aconsejo escoger bien a su nuevo cocinero y pagarle bien, no le vaya a pasar lo del cuento del chinito "que se olinaba en la sopa" como venganza callada ante sus comensales que lo mortificaban.

¿No sería que falló el "experimento" en el medio oriente y lo quieren continuar aquí? Cuídese, señor presidente, recuerden que los inmorales dicen que, en la guerra, en el amor **y en la política** TODO SE VALE; lo subrayado se lo agregaron aquí en Honduras. El refrán original habla de guerra y amor únicamente. Tenga cuidado con el menú, no me le vayan a recetar un almuerzo "político", al estilo de los Borgia.

Víctor Narváez Bonilla
San Antonio de Oriente, F.M.

La Tribuna/25 de agosto de 1987

HOY SERÁ LA ENTREVISTA AZCONA-CARPIO NICOLE

TEGUCIGALPA.- El presidente José Azcona del Hoyo recibirá hoy a la dirigencia del Movimiento Nacional de Maestros (MONAMAH), para iniciar las pláticas formales que conduzcan a un acuerdo final en relación a sus demandas sobre el Estatuto del Docente.

Lo anterior fue revelado por el secretario privado del mandatario, William Hall Rivera, quien reiteró la posición del ejecutivo en el sentido de negociar con los maestros a fin de darle una solución al problema donde no se afecten mucho los fondos del Estado.

Según Hall Rivera, en este encuentro estará presente también la ministra de Educación Pública, Eliza Valle de Martínez, como responsable de ejecutar la política educativa del Gobierno central.

El MONAMAH está integrado por el Colegio Profesional Superación Magisterial Hondureño (COLPROSUMAH), de la línea denominada "democrática", el "Unión Magisterial Hondureño", el Primer Colegio de Maestros (PRICMA), y el Sindicato de Profesionales de la Docencia de Honduras (SINPRODOH).

Desde inicios del año anterior los maestros están exigiendo la aprobación de su Estatuto del Docente, pero a pesar de las negociaciones que se han hecho con el gobierno, la parte que corresponde a incrementos salariales ha sido el principal obstáculo para arribar a un acuerdo satisfactorio.

La Prensa/26 de agosto de 1987

PING PONG DE AZCONA

Un partidito de ping-pong ha venido jugando el presidente de la República y algunos diputados del Congreso Nacional.

Los diputados critican a Azcona por el alto déficit presupuestario, y el mandatario en respuesta, los acusa de ser los responsables. Todo comenzó con unas declaraciones del máximo jefe en la grey azul. Este fue el primero en lanzar sus tiritos asegurando que el gobierno de Azcona es un desastre y que el déficit fiscal es incontenible. Detrás del jefe de los cachurecos vino la comparsa. Sí, es cierto, dijeron los diputados azules, el déficit es culpa de Azcona y pena le debería dar esa administración liberal que dirige. Todo ya se sabe que es parte de una estrategia del nacionalismo.

Como están hasta la argolla comprometidos en el co-gobierno, compartiendo privilegios en virtud de la repartición que les dejó el pacto político que suscribieron, no encuentran como estar adentro y aparentar que están en la oposición.

Entonces, de vez en cuando, dejan ir sus ráfagas. Agarran al Ejecutivo del tiro al blanco para que la gente crea que Callejas y compañía ya se van a hacerle oposición al gobierno.

Esta vez, a Azcona se le agotó la paciencia. Se cansó de oírlos murmurar y sin contestarles nada. Así que una vez que lo comenzaron a acusar de ser un presidente medio la maceta, no se aguantó las ganas de devolverles la pelota, y como buen jugador de ping pong que es les respondió que "el Congreso es el principal responsable del incremento en el déficit fiscal", a la vez que les dijo que "no le tiene miedo a los diputados", pues "aunque sea solo" se defenderá de las acusaciones en su contra.

En lo dicho hay todo un mar de los lamentos. Es cierto que el grupo político afín al mandatario lo ha dejado solo. En el mismo Congreso Nacional, muchos diputados liberales se hacen una melcocha con los nacionalistas para pasar jorobándole la tranquilidad al presidente.

La resolución que sacaron culpándolo del déficit fue un acuerdo de los diputados, socios del Pacto de Unidad, PUN.

Ahora bien. Veamos quien tiene la razón. ¿Puede el Ejecutivo gastar lo que no le aprueba el Legislativo? ¿Quiénes aprueban el Presupuesto General de Ingresos y Egresos de la república? ¿No es el Congreso el que discute y aprueba el presupuesto? Entonces si estos le aprueban al presidente lo que puede gastar, y si dentro de lo que aprueban, los egresos resultan mayores que los ingresos, ¿quiénes son los responsables del déficit?

Y los proyectos de Ley que emiten los diputados que son contentivos de erogaciones económicas, ¿son culpa del presidente o de los diputados del Congreso Nacional?

Cada ley que emite el Legislativo con erogaciones económicas son órdenes para que el presidente gaste lo que allá aprueban. Entonces, quedemos en algo. El presidente Azcona tiene razón. Aunque se sientan ofendidos los diputados del PUN, ellos son más responsables del déficit que el presidente de la República.

Para dar un ejemplo. ¿Dónde fue que aprobaron recientemente como diez millones para que los diputados pudieran ir a distribuir subsidios, en un afán desesperado por ganarse voluntades a punta de regalos? No fue en el Ejecutivo, ¿verdad?

Y esos diez millones. ¿Contribuirán o no al déficit fiscal?

Y hay algo más: ¿Sabían ustedes que el presidente no tiene poder de veto sobre el Presupuesto Nacional? Lo que aprueba el Congreso se lo tiene que tragar el presidente.

Así que esta mesa la gana el presidente Azcona. Tiene razón. Los socios del pacto en el Congreso Nacional son los verdaderos responsables del déficit y punto.

La Tribuna/25 de agosto de 1987

LA VERDAD SOBRE CEMENTOS DE HONDURAS, S.A. EXPUESTA POR LOS QUE SABEN

* La obra está allí, en Bijao hecha de concreto, maquinaria y equipos modernos.

*Así lo atestiguan el ciudadano Presidente de la República, el designado a la Presidencia, ingeniero Jaime Rosenthal, el ministro de Economía, el ministro de Comunicaciones, Obras Públicas y Transporte y el propio gerente de la empresa cementera.

*¿Cómo pudieron entonces, los anteriores administradores de Cementos de Honduras, S. A. robarse el dinero destinado para este efecto, y, sin embargo, ejecutar la obra prevista?

Mucho se ha especulado en torno a lo sucedido en la empresa Cementos de Honduras, S. A. en los últimos días, sin embargo, la televisión y la radio, especialmente los canales 2 y 9 y la Voz de Centro América, han venido arrojando luz sobre lo acontecido en aquella empresa.

Frente a la tesis divulgada y sostenida por Radio América, en el sentido de que el dinero que se obtuvo en préstamos para materializar la Quinta Expansión de Cementos de Honduras y que avaló el gobierno había sido simplemente robado por los anteriores administradores de la firma cementera, se han obtenido opiniones de personas y funcionarios públicos que conocen la verdad de lo sucedido, con miras a ilustrar a la opinión pública.

Entre tales personas figuran el ciudadano Presidente de la República, José Azcona Hoyo, el designado a la Presidencia de la República, ingeniero Jaime Rosenthal Oliva; el ministro de Economía y Comercio, doctor Reginaldo Panting; el ministro de comunicaciones, Obras Públicas y Transportes, ingeniero Juan Fernando López y el actual gerente de Cementos de Honduras, S. A. ingeniero Roberto Larios Silva.

Sobre el asunto en referencia, el titular del Poder Ejecutivo, entre otras cosas manifestó: "hemos venido a observar la expansión número cinco de Cementos de Honduras, la cual está muy adelantada. La misma será un éxito, porque se están abriendo mercados para exportar cemento. Ya este año se van a exportar cerca de 100 mil toncladas…".

El problema de Cementos de Honduras, siguió diciendo: "era y sigue siendo un problema muy difícil, más que todo por la demanda de cemento. La expansión número cinco se estaba realizando en un momento en que había depresión en el consumo de este producto, pero ahora ya la demanda de cemento en el Caribe, aún en los Estados Unidos, está creciendo bastante y creemos que una vez que esté terminada esta expansión podremos exportar más cemento y de un negocio malo que parecía ser al principio se puede convertir en un excelente negocio".

Siguió manifestando el primer mandatario; "yo nunca dije que hubo un robo en Cementos de Honduras… lo que hubo fue MALA PLANIFICACIÓN A NIVEL NACIONAL, ya que se aprobó una expansión en Cementos de Honduras y, al mismo tiempo, se aprobó, con aportes nacionales, especialmente del gobierno, la instalación de otra fábrica de cemento. Ese es el problema. Si se hubiera esperado para hacer la fábrica INCEHSA cinco o más años después de haber hecho la expansión número cinco de Cementos de Honduras, o a la inversa, creo que habría resultado mucho mejor la operación".

El ingeniero Jaime Rosenthal, por su parte, al ser preguntado si confirmaba la afirmación que en abril de 1982 hizo en una Asamblea General de Accionistas de Cementos de Honduras, S. A. en el sentido de que "era falso que allí se había robado algún dinero", expresó lo siguiente, "Sí. Yo creo que lo que estamos viendo hoy comprueba que Cementos de Honduras es una obra monumental y que será de gran beneficio para el país. Creo que tarde o temprano necesitábamos de esta planta y el hecho de que por fin haya habido un gobierno que enfrente el problema y que tomara la decisión de terminar la expansión sólo podrá redundar en beneficio para el país y para los trabajadores que aquí laboran y tendremos la garantía de que habrá disponibilidad de cemento en el futuro para ejecutar todas las obras que el país necesite…".

Preguntado también sobre si, en su criterio, los dineros de Cementos de Honduras fueron bien invertidos, entre otras cosas dijo: "como en todos lados ha habido fugas, ha habido inversiones malas, como el caso que se ha mencionado del barco, pero, en general, yo creo que lo que tenemos es una excelente planta, nueva, eficiente y reponerla hoy en día costaría realmente más dinero de lo que se pagó por ella…".

En iguales o parecidos términos se expresaron los señores ministros de Economía y Comercio y de Comunicaciones, Obras Públicas y Transportes, y el actual gerente de Cementos de Honduras, S. A.

Finalmente, el ingeniero Roberto Larios, actual gerente de Cementos de Honduras, S.A., en repetidas oportunidades ha dicho que cuando él asumió el cargo que desempeña iba lleno de prejuicios sobre lo que había sucedido en aquella empresa, pero que la realidad le ha probado que las cosas son totalmente diferentes. Para corroborar sus afirmaciones invitó al licenciado Rodrigo Won Arévalo para que visitara la planta y, además para que examinara la documentación que obra en poder de la empresa cementera sobre el tema en referencia.

Estando la nueva planta de Cementos de Honduras en el lugar denominado Bijao, en posibilidad de ser vista y tocada por quien tenga interés y luego de los testimonios que se dejan transcritos, ¿puede afirmarse responsablemente que los préstamos otorgados a Cementos de Honduras S. A. y que fueron avalados por el gobierno de la República fueron robados, como directa e indirectamente lo ha venido sosteniendo Radio América?

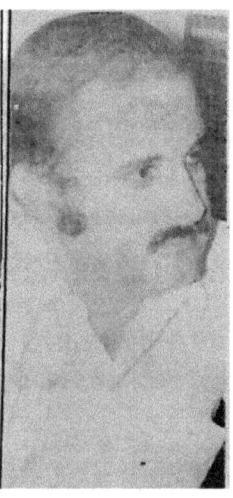

LARIOS SILVA

JOSÉ AZCONA HOYO

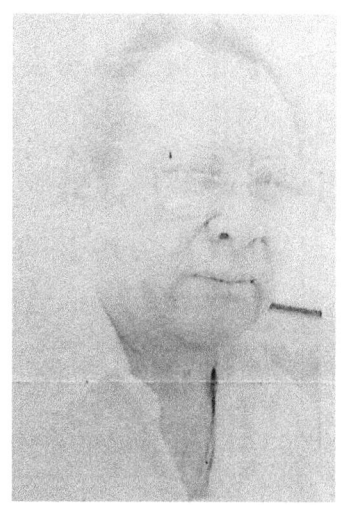

REGINALDO PANTING

JUAN FERNANDO LÓPEZ

La Tribuna/24 de agosto de 1987

Autorizando arbitraria importación de sacos...

PANTING TAMBIÉN LE REDUCE LOS INGRESOS A GOBIERNO DE AZCONA

En momentos en que el presidente José Azcona hace esfuerzos por reducir el déficit fiscal, paradójicamente el ministro de Economía, Reginaldo Panting ha tomado decisiones que han venido a afectar los ingresos del Estado en más de un millón de lempiras.

Arbitrariamente, Panting viene autorizando a la Asociación de Exportadores de Café la importación de sacos de yute libre del pago de impuestos por lo que en el presente año el Estado ha dejado de percibir una considerable suma de dinero.

Pero no sólo los ingresos del fisco se han visto afectados por la decisión del titular de Economía de favorecer al grupo de exportadores de café, sino que también ha dañado las actividades de una empresa nacional dedicada a fabricar sacos de yute.

Sucede que la empresa Sacos de Honduras con sede en San Pedro Sula ha tenido que cerrar operaciones dejando sin empleo a 30 personas que son cabeza de familia, puesto que quienes le compraban sacos de yute ahora son abastecidos por la Asociación de Exportadores de Café.

Los sacos de yute que ingresan al país sin pagar un centavo de impuesto son vendidos a bajos precios por el hecho de que entran libre de todo gravamen, no obstante que la Asociación de Exportadores de Café legalmente no puede dedicarse a actividades de importación.

La ley de Incentivos Fiscales establece que no serán autorizadas importaciones cuando en el país hay empresas que están produciendo el mismo producto en suficiente cantidad, calidad y precios justos.

Sin embargo, el titular de Economía se empecina en favorecer a los exportadores de café bajo el argumento de que los sacos producidos en el país no reúnen los requisitos exigidos por los compradores de café en el mercado internacional.

El argumento anterior cae por su propio peso dado que anteriormente Sacos de Honduras era la que abastecía de ese producto a los exportadores de café, pero estos al ver que hay anuencia en las autoridades de Economía y Hacienda para no pagar impuestos por la importación de sacos los están comprando en países asiáticos.

El presidente José Azcona tiene conocimiento de la situación que enfrenta la empresa Sacos de Honduras por la actitud caprichosa del ministro de Economía quien les ha prometido a los exportadores de café que el próximo año también recibirán autorización para continuar importando sus sacos de yute sin pagar impuestos.

En ese sentido, el mandatario debería hacer algo para evitar que el fisco siga siendo afectado, pues en la autorización para importar durante el presente año 944 mil sacos el Estado dejó de percibir más de un millón de lempiras en impuestos.

*La Tribuna/*25 de agosto de 1987

AL GERENTE DE MERCADEO AGRÍCOLA TRASLADARÁ AZCONA LA COHDEFOR

El titular de Recursos Naturales, Rodrigo Castillo Aguilar, aseguró que el actual gerente del Instituto Hondureño de Mercadeo Agrícola (IHMA). Oscar Gallardo, es el virtual candidato para que dirija la Corporación Hondureña de Desarrollo Forestal (COHDEFOR).

Indicó que la renuncia presentada en días anteriores ante la junta directiva de la Corporación, por su gerente José Segovia, es irrevocable y será el Presidente de la República quien decida.

Explicó que son varios los candidatos que se han mencionado para que ocupen la gerencia de la COHDEFOR, pero el más seguro es Oscar Gallardo, "quien ha venido desarrollando una buena labor dentro del IHMA".

Castillo Aguilar, manifestó que Segovia no podrá continuar en ese cargo, ya que la renuncia que presentó es con carácter de irrevocable, por lo que en los próximos días se conocerá exactamente la persona que ocupará ese puesto.

*Tiempo/*27 de agosto de 1987

PARLAMENTO CENTROAMERICANO "MARCHA MUY BIEN": CARPIO N.

TEGUCIGALPA.- El Parlamento Centroamericano "marcha muy bien", dijo ayer el vicepresidente de Guatemala, Roberto Carpio Nicolle, tras reunirse con el mandatario hondureño José Azcona Hoyo.

El dignatario guatemalteco se entrevistó primero con el canciller Carlos López Contreras en el Ministerio de Relaciones Exteriores, posteriormente viajó a la Casa de Gobierno a las cuatro de la tarde, donde dialogó ampliamente con el gobernante José Azcona Hoyo y su designado presidencial Alfredo Fortín Inestroza.

El visitante fue muy parco en sus declaraciones al término del encuentro presidencial, alegando que tenía urgentemente que reunirse con López Contreras.

Reveló el vicepresidente de Guatemala que el Parlamento se creará conforme a lo plasmado en el Acuerdo de Paz firmado por los presidentes del área, el siete de agosto anterior, y que señala que dentro de 150 días deben celebrarse elecciones en los países del istmo para seleccionar los 50 integrantes de que estará constituido este nuevo órgano de paz.

El vicepresidente de Guatemala abandonará hoy el país rumbo a San Salvador donde se entrevistará con el Presidente de aquella República, José Napoleón Duarte.

Carpio Nicolle se reunió en horas de la mañana con el presidente del Legislativo, Carlos Montoya, en compañía del asesor presidencial guatemalteco Roberto Bermejo, el jefe del Estado Mayor presidencial Mario Paiz Bolaños, el diputado Carlos Mattay, el encargado de negocios en el país, Fernando Molina.

Sostuvo que su misión no era imponer criterios ni dar recomendaciones a las partes involucradas en la formación del parlamento, sino recapitular todo lo actuado para conocer su futuro inmediato y toca al coordinador por Honduras, el designado presidencial Alfredo Fortín, dictaminar las políticas a seguir.

Anunció que la próxima semana habrá una reunión de vicepresidentes para trabajar en todo el proceso y después se citará la comisión de los 25 integrada por 5 miembros de cada país para que conozcan los resultados de la cita antes mencionada.

"Desconocemos que el gobierno hondureño se oponga a la creación del Parlamento Centroamericano, habrá que esperar resultados, el proceso es viable y no veo discrepancia y oposición en la formación del mismo en ningún país de la región", finalizó Carpio Nicolle.

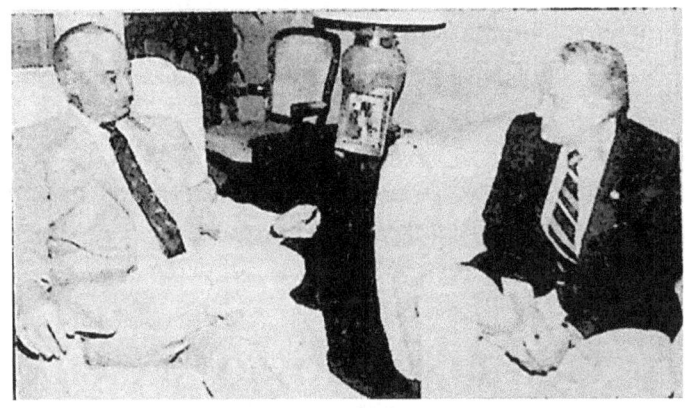

**Azcona se reunió ayer con el vicepresidente
guatemalteco Roberto Carpio Nicolle.**

La Prensa/27 de agosto de 1987

VICEPRESIDENTES DEL ÁREA SE REUNIRÁN EN TEGUCIGALPA

TEGUCIGALPA, 26 (AP).- Los vicepresidentes de los cinco países de la región se reunirán en Tegucigalpa el 3 de septiembre, para continuar conversaciones sobre la creación del Parlamento Centroamericano, se informó oficialmente hoy.

Roberto Carpio Nicolle, vicepresidente de Guatemala, hizo el anuncio al llegar hoy aquí para entrevistarse con el presidente José Azcona y el presidente de la Cámara Legislativa, Carlos Montoya.

Señaló que el Parlamento, cuyo funcionamiento fue analizado por los presidentes del área en sus encuentros en Guatemala en mayo de 1986 y en agosto de este año, "deberá enfrentar con realismo los problemas propios de nuestra región".

La Prensa/27 de agosto de 1987

QUE LO ESPEREN EL 7 LE DIJO AZCONA AL MONAMAH

Tegucigalpa. El presidente José Azcona Hoyo prometió ayer a los dirigentes del Movimiento Nacional Magisterial Hondureño (MONAMAH) tener una respuesta concreta el 7 de septiembre próximo sobre el aumento salarial a los maestros.

En la reunión con el presidente Azcona, los dirigentes del MONAMAH se hicieron acompañar por los directivos de la Central General de Trabajadores (CGT), que apoyan las demandas del sector conservador del magisterio nacional.

El secretario general adjunto de la CGT, Oscar Escalante, dijo que el presidente Azcona está anuente a encontrarle solución a los problemas del magisterio hondureño, y que para analizar el incremento salarial que el gobierno podría dar a los maestros, hoy se reunirá con la Comisión de Educación del Congreso Nacional, y el martes próximo se reunirá con los funcionarios de los ministerios de Hacienda y Economía.

El mandatario pidió a los dirigentes del MONAMAH que no ejecuten nuevos paros de labores, y que el 7 de septiembre se reunirá nuevamente con ellos para darles a conocer la propuesta del gobierno en cuanto al aumento a los sueldos de los maestros.

Escalante indicó que debido a que el gobierno no ha presentado ninguna oferta salarial, la negociación del Estatuto del Docente se mantiene estancada, "nosotros hemos presentado una base de 700 lempiras en los sueldos de los maestros, aparte de los beneficios que establece el Estatuto del Docente", agregó.

"El presidente Azcona nos dijo que está consciente de las dificultades que atraviesan los maestros, pero nos pidió que nosotros fuéramos conscientes también de la situación económica del país y lleguemos a un consenso sobre un aumento salarial que sea aprobado por el Congreso Nacional sin ninguna dificultad", expresó Escalante. (TDG).

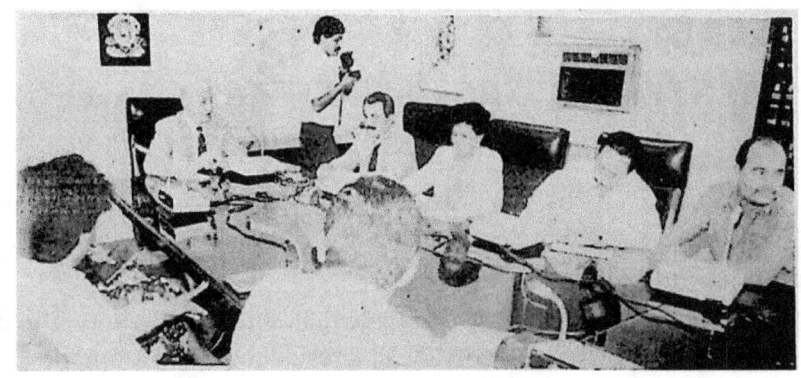

Miembros del MONAMAH se reunieron ayer con el presidente de la República, José Azcona Hoyo.

Tiempo/27 de agosto de 1987

Edmond a Azcona:

...YA "VERÁ COMO SE LE QUITAN LAS GANAS DE JUGAR PING-PONG"

CARTA AL PRESIDENTE

ING. JOSÉ AZCONA HOYO   Agosto 24, 1987
Presidente de la República
Tegucigalpa, D.C.

Señor presidente:

Me dirijo a Ud. con el respeto que se merece, no solamente como presidente de la República sino como ciudadano serio, honesto y con un afán sincero de acertar en el Gobierno de la República. Y me veo obligado a hacerlo por unas declaraciones suyas que se refieren a mi persona.

Posiblemente o Ud. Oyó mal, o sus informadores le tergiversaron mis palabras, en relación a lo dicho por mí, en una charla en el Club Rotario de Tegucigalpa. Cuando en dicha charla me referí al déficit del Gobierno Central, aumentado en casi un 50% al originalmente estimado, agregué "Pero el déficit consolidado de **todo el sector público** es realmente pavoroso".

Por eso, no comprendo señor presidente por qué Ud. No se disgusta con el abogado Carlos Falck, asesor económico de Casa Presidencial, cuando dice que es necesario reducir en 120 millones de lempiras el gasto público, que equivale a reducir en ese monto el déficit; o tampoco se disgusta con el Sr. John Sambrailo, director de AID en Honduras, y encargado de mantener a flote la balanza de pagos, cuando declara que el problema más urgente en Honduras es el control del gasto público, y sin embargo acusa al suscrito de falsear los hechos al manifestar que el déficit es pavoroso.

¿No cree, señor presidente, que aumentar en casi 50% el déficit del Gobierno Central es grave? ¿No es acaso, grave que de 120 a 200 millones estén sin financiamiento?

Pero lo grave, lo realmente pavoroso no es el déficit del Gobierno Central. Lo alarmante es el déficit consolidado del sector público, es decir, sumando el del Gobierno Central con el de las instituciones autónomas (como la ENEE) y el de las empresas estatales (como CORFINO). Pídale, a sus colaboradores señor presidente, que le den esta información y verá cómo se le quitan las ganas de jugar ping-pong.

Como en sus declaraciones Ud. se refiere a quienes fuimos electos diputados en las planillas de la "Coalición Azcona-ALIPO", considero convenientemente puntualizar los hechos históricos.

Los alipistas nos comprometimos a votar por Ud. para presidente de la República y también para votar por nuestros candidatos a diputados por la ALIPO, que estaban incluidos en las planillas de la "Coalición Azcona ALIPO". Así fue que más de 200 mil votos alipistas contribuyeron a su triunfo electoral y a elegir a 16 diputados alipistas. El entendimiento entre Ud. y la ALIPO no establecía ningún compromiso de nombramientos en el Ejecutivo, puesto que como presidente quedaba, y está en completa libertad de escoger a sus colaboradores. Igualmente, los diputados alipistas sólo tenemos compromisos con nuestro programa y con nuestros electores.

Las maniobras de provocar un enfrentamiento entre el Ejecutivo y el Congreso Nacional sólo puede tener resultados negativos para el país, y para su gestión administrativa. Todos sabemos que ni el Congreso Nacional ni los diputados individualmente le quitamos el sueño, pero de no existir la necesaria colaboración - que no subordinación- entre los dos poderes del Estado, todos los hondureños sufriremos las consecuencias.

Lo saluda con la cordialidad de siempre.

EDMON L. BOGRAN

Diputado electo por los Liberales de Cortés

La Tribuna/26 de agosto de 1987

AZCONA RESPONDE AL DIPUTADO E. BOGRÁN

Tegucigalpa, D.C., 25 de agosto, 1987.
Oficio No. PR-0119-87

Señor
Diputado al Congreso Nacional
Abog. Edmon L. Bográn
SU DESPACHO

Señor Diputado:

Con mucho gusto me dirijo a usted en contestación a su carta pública, en la que demuestra estar sumamente molesto por declaraciones mías refutando lo expresado por usted, en una charla en el Club Rotario de Tegucigalpa, referente al Déficit Fiscal.

En su nota quiere apoyarse en declaraciones, sobre el mismo tema, atribuidas al Ministro Asesor Abogado Carlos Falck y al Director de la A.I.D. John Sambrailo, en el primer caso, el Abogado Falck fue requerido para que me explicara sobre sus declaraciones y me informó, que solamente se había publicado parte de su intervención, con lo cual se distorsionaban los conceptos que él había vertido. Sobre las declaraciones del señor Sambrailo de que hay que esforzarse para reducir el Déficit, estamos totalmente de acuerdo y por ello mucho antes de que se produjeran, precisamente en el mes de mayo, ya habíamos puesto en vigencia el Acuerdo Ejecutivo No. 272 dirigido a reducir el gasto corriente.

Insisto en que usted está equivocado en su aseveración de que el Déficit se ha incrementado en un 50% sobre lo presupuestado, la realidad es que el gasto corriente al 31 de julio de 1987 se ha incrementado en relación al 31 de julio de 1986 en L. 95.4 millones, incremento debido en gran medida, a acciones sobre las que el Poder Ejecutivo no tiene control, pero también es cierto que los Ingresos Corrientes se han incrementado en igual periodo en L.91.8 millones, habiendo una diferencia entre los incrementos de L. 3.6 millones que sumados al incremento de L. 25.1 millones del rescate de la deuda da una diferencia de L. 28.7 millones, lo que nos está demostrando que si continuamos con la restricción en el gasto y aplicando una política enérgica en la percepción de los impuestos, tendremos al 31 de diciembre de 1987 un Déficit Fiscal que no excederá del 8.5% en términos de la producción, muy inferior al de 9.7% de 1985, esto desde luego si el Poder Legislativo coopera con el Poder Ejecutivo no reduciendo más los ingresos ni creando más gastos.

Vale la pena aclarar, que los ingresos corrientes al 31 de julio de este año están dentro de lo presupuestado, a pesar de la reducción de los ingresos en L. 22.6 millones por exportación de café y gracias al incremento en el Impuesto Sobre la Renta L. 22.5 millones, Consumo y Ventas L. 12.7 millones e Importaciones L. 22.7 millones.

Comparto su criterio que la situación económica de Honduras se debe en gran medida a la mala administración que han tenido en el pasado los organismos descentralizados del Estado, pero esto no se puede imputar a este Gobierno, cuando por primera vez, estamos ejerciendo un estricto control sobre el gasto en estos organismos, por ello muy mal hace usted en suponer que desconozco esta situación, me parece que esta suposición es un gesto de menosprecio a la capacidad del Presidente de la República.

Sobre la alusión de que se me quitarán las ganas de jugar al ping pong, al conocer la situación de algunos entes descentralizados, le quiero decir que practico este deporte como un ejercicio, que tengo probado, me mantiene en mucho mejor condición física y mental que la de muchos que tienen menor edad que la mía. El ejercicio debe hacerse por disciplina más que por diversión.

Sobre los hechos históricos que dieron como producto, el que usted saliera electo Diputado al Congreso Nacional y este servidor de usted Presidente de la República, no entraré en detalles, me caracterizo por respetar el derecho de los demás y lo único que le expreso es, que por sus propias palabras confirmo, lo que con mucha tristeza suponía, que de usted no debo esperar ningún apoyo para mi Gobierno.

Por lo tanto, habiendo llegado a la conclusión expresada en el párrafo anterior, dejo constancia, que no mantendré ni sobre este tema, ni sobre cualquier otro, polémica alguna con usted.

Sin otro particular y con el debido respeto, me suscribo como su servidor.

JOSÉ AZCONA H.
PRESIDENTE CONSTITUCIONAL

Tiempo/26 de agosto de 1987

HOY RECIBIRÁ AZCONA HOYO LA DIRIGENCIA MAGISTERIAL

TEGUCIGALPA.- Todo se encuentra listo para la entrevista que el vicepresidente de Guatemala, Roberto Carpio Nicolle, sostendrá hoy con el mandatario hondureño José Simón Azcona, la cual se había programado para ayer tarde, sin que se hayan dado a conocer las causas por las cuales fue pospuesta inicialmente.

Carpio Nicolle arribará al aeropuerto Toncontín durante las primeras horas de esta mañana en un vuelo privado, y de allí se dirigirá a la Casa de Gobierno acompañado por miembros del Ministerio de Relaciones Exteriores, para dialogar con el presidente Azcona sobre la estructuración del Parlamento Centroamericano.

El vicepresidente guatemalteco permanecerá breve tiempo en esta ciudad, continuando su viaje por las restantes capitales centroamericanas para cumplir la tarea encomendada por el mandatario de Guatemala Vinicio Cerezo Arévalo, quien es el promotor del parlamento consignado en el Tratado de Paz firmado por los presidentes en la reunión efectuada en el país.

Se espera que como resultado de la visita de Carpio Nicolle se allane el camino en torno al Parlamento Centroamericano, ya que algunos países del istmo han cuestionado algunos aspectos relacionados con sus mecanismos y objetivos.

La Prensa/26 de agosto de 1987

EMPRESARIOS DE EE UU DESEOSOS DE INVERTIR EN GRACIAS A DIOS

TEGUCIGALPA.- Inversionistas norteamericanos pidieron ayer al Presidente de la República, José Azcona Hoyo, concesiones que duren de cinco a diez años para "instalar una nueva tecnología, que permita desarrollar la energía eléctrica y la producción cementera en el país".

A través de Rubén Darío Montoya, alto ejecutivo de la empresa "COMITEC", con residencia en nuestro país, los empresarios estadounidenses revelaron que están interesados en invertir "fuertes cantidades" de dinero, pero a cambio necesitan algunas concesiones que no precisaron.

Según Montoya, que sirve de enlace entre los visitantes y el gobierno, éstos desean desarrollar el departamento de Gracias a Dios, instalando una nueva tecnología para desarrollar la energía eléctrica pero no ahondó en detalles sobre sus proyectos.

Los norteamericanos permanecerán por varios días en el país y se entrevistarán también con el vicepresidente de la Corporación Forestal de Olancho (CORFINO), ingeniero Pablo Romero, quien recientemente fue nombrado en el cargo, porque piensan extender sus inversiones en varias áreas.

Un grupo de empresarios norteamericanos se entrevistó ayer al mediodía con el ministro asesor presidencial, licenciado Carlos Falck. (Foto Auberto Salinas).

La Prensa/26 de agosto de 1987

EMPIEZAN A EDIFICAR SEDE DE LA SECPLAN

El presidente de la República, José Azcona colocó el viernes la primera piedra de lo que en el futuro serán las instalaciones de la Secretaría de Planificación, Coordinación y Presupuesto (SECPLAN).

El nuevo edificio estará ubicado en el centro cívico gubernamental de esta capital, su construcción durará alrededor de año y medio y tendrá un costo total de cinco millones 540 mil 704 lempiras.

En este acto estuvieron presentes los ministros de la presidencia, Cultura y Turismo, Prensa, el gerente de INVA, representantes de la Cooperación Hondureño-Alemana Alimentos por Trabajo (COHAAT) y otros organismos internacionales.

El titular de SECPLAN, Francisco Figueroa, dijo que esta obra física materializa el sueño de los funcionarios y empleados de esa institución que originalmente comenzó como la Secretaría del Consejo Nacional de Economía, después como Consejo Superior de Planificación Económica, y ahora Secretaría de Planificación, Coordinación y Presupuesto.

Hace 32 años que la decisión política instituyó la planificación como herramienta de orientación del desarrollo -manifestó- estos años han sido un continuo batallar de triunfos, desengaños, desilusiones y satisfacciones.

En los actuales momentos en que la patria demanda las mejores contribuciones para llevar adelante el crecimiento económico -prosiguió- el gobierno actual fortalece el ámbito de la planificación primero con un nuevo y vigoroso marco jurídico al promulgar la Ley de Planificación y luego llevando al plano de la realidad la edificación de la sede.

Actualmente Honduras vive tiempos de crisis por factores ajenos a nuestra voluntad, -añadió-, la situación socioeconómica del área centroamericana y la crisis económica internacional evidenciada en una baja de la demanda de productos primarios y una contracción de los rubros de capital neto son factores que inciden fuertemente en nuestra economía altamente vulnerable al sector externo.

Por lo tanto, la incertidumbre y agudización de la crisis son las características del panorama internacional -expresó- no hay duda que debido a las condiciones externas que afectan nuestro país se requieren acciones y esfuerzos coordinados de todos nosotros como responsables de los sectores de actividad incluyendo a los empresarios, obreros, campesinos, profesionales y gobiernos.

La Tribuna/24 de agosto de 1987

EL 7 DE SEPTIEMBRE AZCONA HOYO CONTESTARÁ PETICIÓN DE MAESTROS

TEGUCIGALPA. (Por Faustino Ordoñez Baca).- El presidente José Azcona Hoyo se comprometió ayer ante los maestros en responderles oficialmente sobre sus demandas el próximo siete de septiembre, previo los estudios del caso con los organismos financieros del Estado y los miembros de la Comisión Educativa del Congreso Nacional.

Los dirigentes que integran el Movimiento Nacional de Maestros (MONAMAH), prometieron al gobernante, a cambio, no ejercer ninguna medida de presión mientras no se conozca la respuesta del Poder Ejecutivo en torno a la aprobación del Estatuto del Docente Hondureño.

Por más de una hora dialogaron con Azcona Hoyo, Nery Rodrigo Paredes, presidente del "Colegio Profesional Superación Magisterial Hondureño (COLPROSUMAH)"; Marina Lemus de Morazán, por el "Unión Magisterial"; Lila Luz de Maradiaga, en representación del "Primer Colegio Hondureño de Maestros" (PRICHMA); y Magdalena de Burgos, titular del Sindicato de Profesionales de la Docencia de Honduras (SINPRODO).

También participaron en la cita Felícito Ávila, Oscar Escalante y Marco Tulio Cruz, máximos dirigentes de la Central General de Trabajadores (CGT), organización a la cual está afiliado el

MONAMAH, grupo recientemente formado e integrado por mentores que no comparten ideología de los del Frente de Unidad Magisterial Hondureño (FUMH).

Los dirigentes magisteriales informaron que el Presidente de la República se reunirá en próximas horas con los diputados miembros de la Comisión de Educación del Congreso Nacional que desde el año pasado estudian el Estatuto del Docente.

El primero de septiembre, y luego de conocer los puntos de vista de los congresistas, el gobernante convocará a una reunión a los ministros de Hacienda, Planificación, Coordinación y Presupuesto y Educación Pública, para estudiar la escala salarial del Estatuto que según estimaciones preliminares se aproxima a los 20 millones de lempiras.

El lunes siete de septiembre, a las diez de la mañana, el jefe del Ejecutivo se reunirá nuevamente con los docentes para anunciarles su posición respecto a sus demandas.

El dirigente obrero Oscar Escalante, reveló que el presidente Azcona les pidió comprensión ante la situación económica que atraviesa el país, específicamente en lo atinente al impacto que significará para el déficit fiscal la aprobación del Estatuto del Docente, tal y como está redactado.

El objetivo, agregó Escalante, "es que antes de que la ley vaya al Congreso es necesario haya un consenso entre maestros y Poder Ejecutivo para que no se produzcan enfrentamientos posteriores".

"Nosotros vamos a dar un compás de espera, pero alertamos al magisterio para que estén pendientes para el siete de septiembre fecha que conoceremos la respuesta del Presidente, la que si es negativa tendremos que emprender las acciones previstas", dijo por su lado la profesora Lemus de Morazán, en representación del Colegio Magisterial.

Lila Luz de Maradiaga, del PRICHMA, apuntó que en la reunión no se habló de cifras y reveló que una vez aprobado el Estatuto también serán beneficiados los maestros que apoyan al FUMH.

"Hemos visto anuencia en el Presidente de la República porque nos ha dado un plazo para entrar formalmente a una negociación para posteriormente tener una posición concreta en cuanto a lo económico", señaló, entre tanto, el presidente del COLPROSUMAH, Nery Rodrigo Paredes.

La Prensa/27 de agosto de 1987

EN TEGUCIGALPA SE DISCUTIRÍA CREACIÓN DEL PARLAMENTO CENTROAMERICANO

TEGUCIGALPA.- El vicepresidente de Guatemala, Roberto Carpio propuso ayer una reunión con sus pares de América Central el 3 de septiembre próximo, en esta capital, para discutir la creación del Parlamento Centroamericano.

El alto funcionario guatemalteco arribó a Tegucigalpa como parte de una gira por las naciones del área en la que sostiene conversaciones con los mandatarios y líderes de los congresos, promoviendo la creación del Parlamento.

Carpio Nicolle se entrevistó en horas de la mañana con el presidente del Congreso Nacional, Carlos Montoya, un abierto opositor a la integración del Parlamento, y en la tarde con el mandatario José Azcona.

El canciller Carlos López Contreras, a pesar de que Honduras firmó el acuerdo de paz en Guatemala, ha dicho que Tegucigalpa no se comprometió a integrar el Parlamento Centroamericano.

Al comentar estas posiciones, Carpio Nicolle dijo que "la verdad es que hay que recordar que hemos estado trabajando desde el año pasado, y que hay un proceso bastante adelantado".

"Hay un tratado, y estamos tratando de tener un criterio común", dijo.

El vicepresidente de Guatemala dijo además que "esta es la base del proceso de democratización en toda Centroamérica y principalmente en Nicaragua, donde la primera elección que se da es la elección simultánea y conjunta para representantes al Parlamento Centroamericano".

El vice-presidente de Guatemala, Roberto Carpio Nicolle (izquierda) estrecha la mano del presidente José Azcona Hoyo al reunirse ayer en la tarde en la casa de gobierno.

"Si se apoya en El Salvador un acuerdo con los 5 países, habrá una reunión de vicepresidentes con un equipo técnico en Tegucigalpa el jueves de la semana entrante para trabajar todo el viernes en el proceso", precisó.

Dijo que después de esta cita se reunirá la comisión permanente integrada por 25 diputados de las 5 naciones del área para conocer el trabajo de los vicepresidentes.

El funcionario guatemalteco abordó con mucha cautela la posición del gobierno de Honduras, que sostiene que no hay razones para integrar la Comisión Nacional de Reconciliación.

"Yo soy partidario de lo que los presidentes firmaron, si los presidentes firmaron ellos saben por qué lo hicieron", dijo.

Interrogado sobre la posición del gobierno sandinista de no dialogar con los rebeldes apoyados por los Estados Unidos mientras no depongan las armas, Carpio Nicolle dijo que "hay un acuerdo firmado en Guatemala y en eso es que estamos todos en cierta manera, moralmente comprometidos a hacer".

Por su parte el designado presidencial Alfredo Fortín dijo que él entiende que Honduras va apoyar la creación del parlamento. (GP).

*Tiempo/*27 de agosto de 1987

AZCONA ORDENA ESTUDIO FISCAL PARA RESPONDER A LOS MAESTROS

* Advierte que deducirán día de salario a educadores que participen en paros.

El presidente José Azcona Hoyo y sus principales colaboradores en materia educativa y fiscal comenzaron ayer a analizar las posibilidades económicas del gobierno para preparar la respuesta que le darán al sector magisterial el próximo siete de septiembre.

La ministra de Educación, Elisa Valle, informó que, en la reunión de ayer, en la que también participaron algunos miembros de la Comisión Legislativa de Educación, no se tomó ninguna resolución porque el análisis presupuestario continuará en los próximos días.

El sector magisterial ha planteado al gobierno la necesidad de aprobar el Estatuto del Docente, cuya cláusula económica contempla un sueldo base de 700 lempiras para cada docente y un sacrificio económico de 136 millones anuales para el gobierno.

La respuesta definitiva del gobierno se conocerá el lunes siete de septiembre en una reunión que se llevará a cabo en la Casa de Gobierno.

La titular de Educación recomendó a los maestros continuar en el desempeño normal de sus labores porque, según dijo, el gobierno está dispuesto a no pagarles los días que dejen de trabajar.

Aseguró la funcionaria que en el curso de sus giras por varias zonas del país ha comprobado personalmente que los paros del magisterio no han tenido el éxito esperado.

Por otra parte, la ministra Valle informó que la Secretaría de Educación ya estructuró su presupuesto para 1988, el cual ronda los 400 millones de lempiras, un 13 por ciento más que en 1987.

Sin embargo, dijo que ese presupuesto, que no contempla lo relativo al Estatuto del Docente, no será suficiente para satisfacer todas las necesidades que se presentan en materia educativa en los 18 departamentos del país.

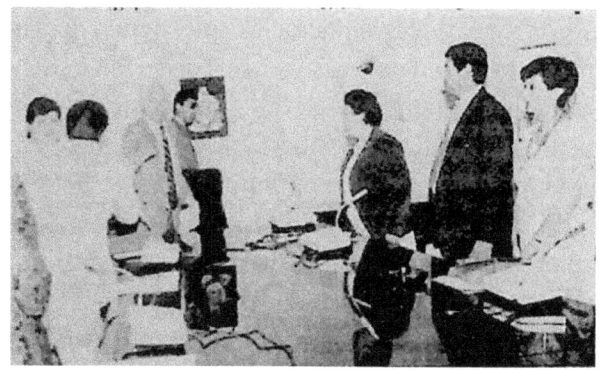

El presidente Azcona saluda a sus colaboradores en materia educativa y fiscal con quienes analizó ayer las peticiones salariales que le han sido formuladas por el magisterio nacional. (Foto Andrés Sabillón).

*El Heraldo/*28 de agosto de 1987

EN TORNO AL ESTATUTO DOCENTE

El ciudadano Presidente de la República, don José Azcona, al término de una extensa conversación con los dirigentes del Movimiento Nacional de Maestros (MONAMAH), anunció que el 7 de septiembre próximo se pronunciará, de manera oficial, sobre el sensitivo asunto de la aprobación del Estatuto del Docente, que implica un sustancial aumento en los sueldos de los educadores y una reestructuración significativa del trabajo magisterial en el país.

El tema de una ley que rija el funcionamiento del sistema escolar (a nivel primario y medio) y que extienda su ámbito jurisdiccional tanto a las escuelas públicas como a las privadas, ha sido motivo de larga y enconada discusión en los últimos años, pero se ha tratado de un diálogo de sordos, principalmente porque hasta la fecha los medios de comunicación no han dado a la publicidad -in extenso- el texto de los diferentes proyectos de ley que existen sobre la materia.

Para nadie es un secreto que la educación se ha convertido en uno de los objetivos de las gavillas totalitarias de obediencia soviética que, desde hace muchos años, se han infiltrado en los gremios magisteriales y que buscan utilizar el sistema escolar para hacer propaganda leninista orientada al logro de sus objetivos de dominación.

Y así existe, entre otros, un proyecto del Estatuto del Docente que pretende crear un organismo supraestatal (que estaría controlado ideológicamente), y el cual decidiría con base en la nueva ley quién o quiénes pueden ejercer tareas educativas, y cuáles son los requisitos de ingreso o permanencia en la carrera educativa.

Si un intento semejante llegara a adquirir fuerza normativa, en abierta violación a lo que manda la Constitución de la República, un grupo dogmático que se hiciera del control de los colegios magisteriales, estaría en condiciones de imponerle maestros no sólo a las escuelas públicas sino incluso a las privadas, y los padres tendrían que pagar dinero para que les intoxiquen la mente y el espíritu a sus hijos con ideas corrosivas, antidemocráticas y disolventes.

En los otros proyectos del Estatuto -existen no menos de cuatro- esta idea está más disimulada pero no desaparece. Hay, al parecer, una pretensión de intervenir en la libertad de contratación y de manipular -sabe Dios con qué fines- el derecho que tienen las instituciones educativas de escoger a sus mentores en conformidad con sus valores, criterios e intereses.

El problema de los sueldos, ciertamente, es de capital importancia. Tanto así que el propio Presidente de la Nación ha dicho que deberán modificarse teniendo en cuenta la real capacidad del gobierno para hacer frente al aumento del gasto público que este Estatuto implica.

Pero sería muy delicado que, por estar centrando exclusivamente la atención en el factor económico, se pasara por alto la peligrosidad que encarna esa intentona de algunos de colocar una camisa de fuerza a las instituciones educativas, consistente en crear un poder coercitivo capaz de imponerle a las escuelas (no importa su nivel o status público o privado) los docentes que un cuerpo ideologizado decida, en función de criterios totalmente ajenos a las necesidades, valores y creencias de las aludidas instituciones educativas.

El asunto que planteamos es de la más extrema gravedad. Por ello albergamos la esperanza de que tanto los miembros del Poder Ejecutivo como los diputados al Congreso Nacional lo examinen en profundidad.

Ya se ha visto, hasta el cansancio, los daños que han experimentado entidades estatales como la Empresa Nacional de Energía Eléctrica o el Ferrocarril Nacional de Honduras, por haber suscrito convenios colectivos en los que la burocracia sindical impone trabajadores, técnicos o burócratas para los cargos de dichas agencias semiautónomas: dado el poder que el ofrecer cargos supone, los jefes sindicales han llegado a mandar más que los gerentes, a quienes han destituido cuando les ha venido en gana.

Se debe reflexionar en detalle sobre la cuestión. Y a la hora de decidir, tener en cuenta que una aprobación demagógica del Estatuto, asumida para evitar tensiones políticas, puede traer males mayores y generar conflictos impredecibles. Quienes tienen oídos…

La Prensa/27 de agosto de 1987

AZCONA HARÁ PROPUESTA SALARIAL A MAESTROS

El presidente José Azcona Hoyo prometió ayer a los representantes de los colegios magisteriales hacerles una propuesta concreta en materia salarial el próximo siete de septiembre.

El mandatario se reunió en horas de la mañana con la dirigencia del Movimiento Nacional del Magisterio de Honduras (MONAMAH) y los dirigentes de la Central General de Trabajadores (CGT), Marco Tulio Cruz, Felícito Ávila y Oscar Escalante.

Este último dijo a EL HERALDO que el presidente se comprometió a buscarle una solución al problema magisterial a través de una serie de reuniones que sostendrá con representantes del Congreso Nacional y los ministerios de Hacienda, Educación y Planificación.

La primera de esas reuniones, con la Comisión de Educación del Congreso Nacional, se llevará a cabo hoy y el próximo martes dialogará con funcionarios y técnicos gubernamentales para estudiar las posibilidades económicas del Tesoro Público, a fin de estructurar la propuesta que le hará al magisterio el día siete.

Escalante sostuvo que la base salarial propuesta por los maestros es de 700 lempiras, más ingresos colaterales en lo que se refiere a zonaje, categoría y otros aspectos que se valoran a la hora de asignar salarios.

El presidente Azcona insistió ante los dirigentes gremiales en la necesidad de normalizar las actividades educativas mediante la suspensión de los paros de labores que los maestros han venido ejecutando en las últimas semanas.

"El mandatario dijo que está consciente de las dificultades que padece el maestro, pero añadió que la situación económica del país es crítica y que el gremio docente también debe estar consciente de esa situación", destacó Escalante.

Por su parte, el presidente del Colegio Profesional Superación Magisterial Hondureña (COLPROSUMAH), Nery Rodrigo Paredes, confía en que habrá una salida al problema en la reunión programada para el lunes siete de septiembre.

Paredes dijo que la incidencia económica de los 700 lempiras que reclama el magisterio como sueldo base representa unos 136 millones de lempiras adicionales al Presupuesto de la República, pero que ellos están dispuestos a dialogar para que el pago se haga en forma diferida.

En relación a la falta de apoyo del Frente de Unidad Magisterial Hondureño (FUMH), Escalante indicó que Honduras es un Estado de derecho en el que las Juntas Directivas de las organizaciones son reconocidas por el gobierno.

"Los maestros que disienten de la política de sus colegios tienen que adherirse a las organizaciones magisteriales reconocidas y plantear sus aspiraciones en las asambleas internas", concluyó.

* El presidente Azcona reunido con los dirigentes del MONAMAH y CGT, prometió que el siete de septiembre le presentará a los maestros una oferta salarial (Foto Andrés Sabillón).

*El Heraldo/*27 de agosto de 1987

El vice-presidente de Guatemala, Roberto Carpio Nicolle, visitó la tarde de ayer en la casa de gobierno al presidente José Azcona Hoyo, luego de sostener una reunión por la mañana con el presidente del Congreso, Carlos Orbin Montoya, como parte de una gira que realiza por los países del área a fin de sostener conversaciones sobre la creación del Parlamento Centroamericano. Con ellos el designado Alfredo Fortin. Más información en página 5.
Tiempo/27 de agosto de 1987

AZCONA SE COMPROMETE CON DIRIGENCIA MONAMAH

- **En septiembre tendrá propuesta económica**

Tras reunirse con los dirigentes del Movimiento Nacional del Magisterio de Honduras (MONAMAH) y de la Central General de Trabajadores (CGT), el presidente José Azcona se comprometió ayer a buscarle solución al problema del magisterio, asegurándoles que el 7 de septiembre próximo les tendrá una propuesta concreta en materia económica para el cumplimiento del Estatuto del Docente.

Al respecto, Oscar Escalante, secretario general de la CGT, declaró que ya casi hay un acuerdo general en lo que establece el Estatuto del Docente, habiéndose estancado la negociación en el aspecto económico, pero el 7 de septiembre este problema quedará superado definitivamente.

Señaló el dirigente obrero que "hemos observado optimismo por parte del mandatario con vistas a la solución del problema, por lo que existen posibilidades de resolver a corto plazo la apremiante situación del magisterio nacional".

En vista de ello, expresó, las medidas de presión que ha venido ejerciendo el magisterio mediante los paros escalonados quedarán suspendidos, en espera del plazo pactado, pero en la medida que se observe tirantez, advirtió, obviamente que vendrá de nuevo la acción, la cual no descartamos.

Por su parte, el presidente del COLPROSUMAH, Nery Rodrigo Paredes, significó que "hemos visto alguna anuencia de parte del presidente José Azcona, porque nos ha señalado un plazo para que nosotros podamos entrar a una negociación el 7 de septiembre y así tener una posición concreta en cuanto a lo económico".

Destacó que el 1 de septiembre el mandatario se reunirá con todas las comisiones que tienen que ver con la cuestión del Estatuto, incluido el Congreso Nacional, puntualizando que de no haber una resolución el próximo 7 de septiembre el magisterio debe permanecer alerta en las instrucciones, porque hay una estrategia de lucha que continuaremos si la situación no tiene solución.

El presidente José Azcona saluda a la dirigencia del MONAMAH, ayer, cuando se comprometió a tener para septiembre próximo una respuesta concreta sobre la exigencia económica de los maestros en el Estatuto del Docente. (Foto de Aquiles Andino).

*La Tribuna/*27 de agosto de 1987

A ROGAR PARA QUE PAGUE DEUDA IRÁ DONDE AZCONA DIRECTOR DEL IHSS

TEGUCIGALPA. El director del Instituto Hondureño de Seguridad Social (IHSS), Gonzalo Rodríguez, manifestó ayer que el presidente José Azcona Hoyo, le ofreció dialogar sobre la deuda que el Estado tiene con esa institución.

Según los últimos informes, el Estado de Honduras adeuda al Seguro Social cerca de 150 millones de lempiras razón por la cual creen algunos sectores del país, que dicho centro hospitalario sólo podrá funcionar hasta 1990.

El funcionario justificó ciertas deficiencias del Seguro Social, debido a la crisis económica que pasa esa entidad estatal.

Rodríguez Soto recalcó que son cinco factores los que tienen a punto de desaparecer al IHSS, y los principales son la deuda estatal, la mora de empresas privadas y los actos altos de las medicinas.

Indicó que todos estos aspectos necesitan ser corregidos para el próximo año iniciar con un nuevo esquema que signifique el rescate del Seguro Social. (FRE).

*Tiempo/*27 de agosto de 1987

FF.AA. REVELAN IMPLICACIONES DE PLAN DESESTABILIZADOR

El Consejo de Seguridad Nacional en pleno, en una inusual y sorpresiva reunión con miembros del Congreso, la Corte Suprema de Justicia, de gobierno, dirigentes políticos y de la empresa privada anunció ayer la existencia de un plan de terrorismo a nivel nacional.

El diputado pinuista Enrique Aguilar Paz, quien asistió como miembro de la Comisión de Defensa, Seguridad y Despacho del Congreso Nacional, dijo que básicamente se trató en la reunión (que duró dos horas) el tema de seguridad interna, ya que una investigación realizada por las Fuerzas Armadas revela algunas actividades de terrorismo.

Aguilar Paz se apresuró a indicar que la reunión no tuvo nada que ver con el Acuerdo de Paz de Guatemala, ni se trató tampoco lo de la formación de la Comisión de Reconciliación que se había advertido.

Al señalar que oportunamente las Fuerzas Armadas presentarán las pruebas fidedignas de los resultados de las investigaciones realizadas, aseguró que "en lo personal nosotros hemos insistido en que si se detecta a algún culpable de los últimos actos de terrorismo se deben seguir los canales que la ley establece, porque cada quien tiene derecho a la defensa respectiva".

Desde luego, añadió, los actos delictivos que atentan contra la seguridad nacional y contra la seguridad de las personas deben ser considerados en los tribunales respectivos, correspondiéndole a los juzgados de la República determinar si procede o no establecer las penas y sanciones correspondientes.

DOS O TRES DETENIDOS

Por su parte, el presidente del Congreso Nacional, Carlos Montoya, apuntó que la reunión fue para presentar los acontecimientos de Comayagua, donde los presuntos autores del delito de terrorismo que pusieron bombas han confesado su participación y serán remitidos a los juzgados correspondientes.

Cuando se le preguntó por el número de personas detenidas Montoya dijo creer que eran dos o tres, agregando que se le ha dado tanta importancia a este asunto porque no querían (las Fuerzas Armadas) que se notara en un proceso electoral interno, como el del Partido Liberal, que se trata de alguna acción contra alguien en particular, contra un grupo o contra de un sector, sino que de hechos objetivamente calificados y que los juzgados deduzcan de acuerdo a la ley.

ATENTADO DE COMAYAGUA

Mientras, el presidente del Comité Central del Partido Nacional, Rafael Leonardo Callejas, aseguró que el propio jefe de las Fuerzas Armadas, general Humberto Regalado Hernández, les informó del atentado ocurrido recientemente en Comayagua.

Sobre todo, dijo, se trataron específicamente las implicaciones de ese atentado y del significado que tiene sobre el crecimiento posible del terrorismo en Honduras.

Luego de apuntar que ésta es la primera vez que los reúnen, dijo que consideramos oportuna y conveniente la reunión en virtud de que se nos dio información sobre un atentado de carácter crítico para la vida de la República.

Al preguntársele si peligra la vida democrática en Honduras, Callejas se apresuró a contestar que no, añadiendo que no lo vemos en esos términos porque nosotros creemos que lo importante ha sido la capacidad de los distintos sectores y las Fuerzas Armadas para conocer esta situación que ha afectado a nuestra nacionalidad.

A juicio del dirigente político no tienen estas acciones terroristas ningún tipo de asociación como para entorpecer el Acuerdo de Paz suscrito en Guatemala el 7 de agosto, por los cinco mandatarios de la región.

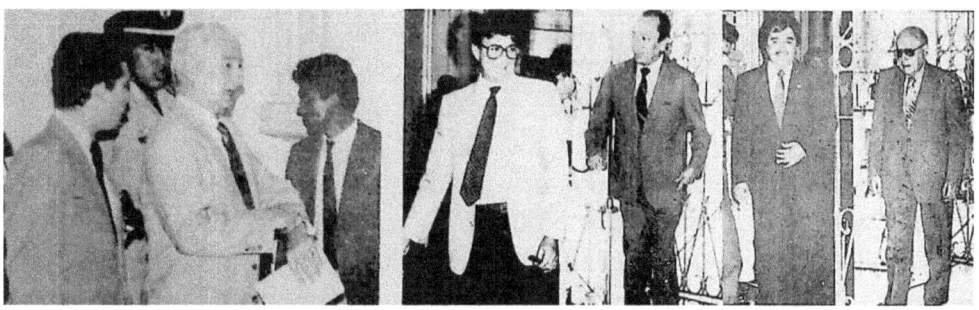

Los presidentes de la República, Congreso Nacional, Corte Suprema de Justicia, Partido Nacional y del Consejo Hondureño de la Empresa Privada, José Azcona, Carlos Montoya, Salomón Jiménez Castro, Rafael Leonardo Callejas y Jorge Gómez Andino, respectivamente, ingresan a la reunión que se celebró ayer en el Salón Rosado de la Casa Presidencial, convocada por el Consejo de Seguridad Nacional que presidió el jefe de las Fuerzas Armadas. (Foto de Aquiles Andino).

La Tribuna/27 de agosto de 1987

FUMH EXIGIRÁ INCLUSIÓN EN PLÁTICAS CON AZCONA

El Frente Unión Magisterial de Honduras (FUMH) realizará la próxima semana medidas de presión para que el gobierno los incluya en las negociaciones que sostienen con otro sector del gremio sobre la aprobación del Estatuto del Docente.

Como se informó, el presidente José Azcona Hoyo convocó anteayer al Movimiento Nacional del Magisterio de Honduras (MONAMAH) para tratar lo relacionado a la estructura salarial y se comprometió a darles una respuesta sobre la propuesta oficial en siete de septiembre entrante.

En la asamblea, realizada en la Escuela Lempira, el FUMH protestó porque no fueron llamados por el gobierno y plantearon la posibilidad de ejecutar medidas de presión y declarar hasta una huelga para que su opinión sea tomada en cuenta.

A criterio de los dirigentes del Frente, el MONAMAH está negociando mal la aprobación del documento porque contiene algunos artículos que consideran "lesivos" al magisterio y una base salarial baja.

El FUMH propugna la aprobación del Estatuto que se introdujo al seno del Congreso Nacional en 1982 en el que la base salarial es en base mil lempiras. Mientras tanto, el MONAMAH propuso que la base sea de 700 lempiras y apoya otro documento también introducido a la Cámara Legislativa.

El Heraldo/28 de agosto de 1987

AZCONA NO QUIERE QUITAR DE LA COHDEFOR A JOSÉ SEGOVIA

TEGUCIGALPA.- El presidente José Azcona Hoyo aún no ha tomado la determinación de aceptarle la renuncia al ingeniero José Segovia de la gerencia de la Corporación Hondureña de Desarrollo Forestal (COHDEFOR), lo que aparentemente le ha causado malestar al ministro de Recursos Naturales, Rodrigo Castillo Aguilar.

El presidente Azcona se reunió ayer con el ministro Castillo, el ingeniero Segovia y el presidente de la Asociación de Madereros de Honduras, Manuel Zelaya Rosales, para tomar algunas resoluciones en cuanto al manejo de los bosques y la venta de madera.

En la reunión, que duró más de tres horas, se acordó que los árboles ya no se venderán por metro cúbico, sino que "en pie para el aprovechamiento total del árbol, lo que permitirá al gobierno mejorar sus ingresos y conservar más los bosques", dijo Rodrigo Castillo.

Indicó que la COHDEFOR ha aumentado en 15 y 20 dólares el millar de pies tablar, en vista de que los precios de la madera en el mercado internacional han mejorado.

Castillo salió decaído de la reunión y en principio se rehusó a dar declaraciones, probablemente para evitar referirse a la tenacidad del presidente Azcona en mantener al ingeniero Segovia en el cargo de gerente de la COHDEFOR.

El ministro de Recursos Naturales, que es a la vez el presidente del Comité Ejecutivo de la COHDEFOR, ha criticado fuertemente la administración de José Segovia, por lo que estaba interesado en que el presidente Azcona le destituyera.

"Él había cometido una serie de errores, yo soy sincero en eso, pero ¿por qué no se le ha destituido? Eso hay que preguntárselo al presidente Azcona, quien es él que tendrá que dar la definición", expresó el funcionario.

Preguntado por qué se encontraba decaído, Castillo Aguilar contestó que se debía al "trabajo duro" que tiene, lo que no le permite descansar. (TDG).

Tiempo/29 de agosto de 1987

PRESIDENTE INAUGURA HOY PROYECTO DE CARRETERA SIGUATEPEQUE-LA ESPERANZA

TEGUCIGALPA.- El presidente José Azcona Hoyo inaugurará hoy, a las 10 de la mañana, la primera etapa del proyecto carretero Siguatepeque-Jesús de Otoro-La Esperanza, que comprende 36 kilómetros a nivel sub-base.

Los actos de inauguración se llevarán a cabo en Siguatepeque, en el desvío que conduce a Jesús de Otoro, y en los mismos participarán las autoridades de la Secretaría de Comunicaciones, Obras Públicas y Transporte (SECOPT) y otros funcionarios de la administración pública.

La obra, que inició en marzo de 1985, tiene un costo de 19 millones de lempiras, financiados por el Banco Centroamericano de Integración Económica (BCIE), y permitirá el acceso a zonas agrícolas, pecuarias y forestales de los departamentos de Comayagua e Intibucá.

La primera etapa del proyecto incluye la construcción de tres puentes sobre el Río Grande de Otoro, Quebrada Portacruz y Quebrada Grande de Otoro.

El proyecto carretero de Siguatepeque-Jesús de Otoro-La Esperanza, tendrá una longitud de 65 kilómetros y beneficiará a unas 9 mil familias campesinas dedicadas a las actividades agrícolas. (TDG).

Tiempo/29 de agosto de 1987

DUARTE SE REÚNE HOY CON AZCONA

SAN SALVADOR, (ACAN-EFE).- El presidente de El Salvador, José Napoleón Duarte, se reunirá hoy con su colega hondureño, José Azcona Hoyo, para revisar los avances de los acuerdos de "Esquipulas II".

El vespertino local, "El Mundo" informó de que el presidente Duarte viajará hoy a Honduras para efectuar una visita de pocas horas durante la cual revisará con Azcona Hoyo los avances logrados sobre el documento de paz, firmado en Guatemala el 7 de agosto.

El rotativo agrega que la agenda también incluirá el problema de los refugiados que actualmente residen en ese país y que ascienden a unos 20.000, según cifras oficiales.

También recoge "El Mundo" los rumores sobre un quebrantamiento de la salud del presidente Duarte, y afirma que su médico personal le recomendó cancelar ayer los compromisos que tenía y que no acudiese a la Casa Presidencial, lo cual no ha sido confirmado oficialmente.

El Heraldo/29 de agosto de 1987

NUESTRA HONDURAS, PAÍS DEL ABSURDO

Honduras es el país de los absurdos, sentenciaban nuestros abuelos, y esta observación ha ido justificándose más y más con el transcurso del tiempo. Más tarde se ha dicho de aquí, con el mismo sentido, que el corcho se hunde y el plomo flota.

El anhelo por convertir a nuestra patria en un estado genuinamente democrático viene de muy antiguo, cuando enraizó la doctrina liberal en la segunda mitad del siglo XIX. Pero la realidad ha sido otra, la de una persistencia de los gobiernos de fuerza, con escasos interregnos de regímenes salidos de la voluntad popular libremente expresada.

En los últimos ocho años ha venido insistiéndose en la necesidad de consolidar nuestra "incipiente" democracia, pero la verdadera tendencia marcada por las organizaciones políticas tradicionales -y los dirigentes nacionales- es hacia el voluntarismo, la autocracia y el caos.

Mucha agua ha corrido bajo los puentes desde que don Policarpo Bonilla hizo del Partido Liberal una organización con base doctrinaria. En el lento pasar de los años, el liberalismo hondureño fue transitando de la política de principios a la simplicidad electorera, y ahora nos encontramos con una acción política banal, irresponsable y oportunista, que ignora los grandes temas nacionales para sustituirlos con musiquita de "rock'n roll" y mensajes para vender imágenes juveniles, pero no auténticos líderes políticos y estadistas.

Cuestiones de fondo para el establecimiento de un sistema democrático son deliberadamente evadidas y sus principios fríamente traicionados. Esto ocurre en una coyuntura excepcional, donde la seriedad y la inteligencia política deben ser los requisitos ineludibles para el funcionamiento de los partidos y la calificación de los dirigentes.

Es un contrasentido, por ejemplo, que las camarillas dominantes y coludidas en un "pactito" político se presenten como adalides de la democracia en Honduras y, al mismo tiempo, se pongan de acuerdo para violar la Constitución a efecto de no realizar elecciones municipales, de donde dimana, la soberanía popular como base imprescindible de un régimen democrático participativo y pluralista.

Mientras las organizaciones políticas mayoritarias del país anulan de hecho -y rompiendo el orden constitucional- la soberanía popular, quitándole a la célula política municipal toda su legitimidad y su intrínseco valor democrático, el presidente de la República ordena la proliferación de los municipios bajo la idea -también absurda- de que así se resolverán los problemas de determinadas localidades.

Como es fácil apreciar, en todo este comportamiento hay un engaño. Engaño a los pueblos con la falsa expectativa de la categoría municipal, desvalorizada y escarnecida, para implantar una dependencia ominosa del gobierno central, y, asimismo, engaño en cuanto a que la proliferación de municipios sirve para la afirmación democrática.

Cuando se creó el municipio de La Lima, en el gobierno anterior, se le causó un daño a los limeños que no tienen ciertamente un patrimonio suficiente para enfrentar las obligaciones propias. Cuando formaban parte de la municipalidad de San Pedro Sula gozaban de mejores posibilidades de recursos económicos y de la atención local. Ahora están a la deriva de los subsidios, y esto que se trata de una localidad con actividad económica de consideración.

Políticamente, el Partido Liberal resultó perjudicado. El bastión sampedrano quedó fuertemente mermado con la votación liberal limeña, y a partir de allí la segunda ciudad más importante del país -San Pedro Sula- tiene un margen estrecho de votos para los liberales, en beneficio de los nacionalistas que, ahora, pueden pujar por controlar ese importante municipio.

Días atrás el presidente Azcona del Hoyo ordenó la creación del municipio de Las Trojes, actualmente perteneciente a la municipalidad de Danlí. La comunidad de Las Trojes, definitivamente, no tiene recursos suficientes para prevalecer por sí misma, y su destino sería convertirse en una carga más para el Estado. La idea es que Las Trojes así resolverá sus problemas con los "contras" y debido a la proximidad fronteriza con Nicaragua.

Ahora el señor presidente fue a las tierras bañadas por el río Patuca, y lo que mejor se le ocurrió fue ofrecerles a los colonos de Nueva Palestina la conversión de ese asentamiento en municipio. Las condiciones son similares al ejemplo expuesto anteriormente.

La cuestión es al revés. En Honduras es necesario reducir los municipios para agrupar zonas municipales más capacitadas para su propio desarrollo. La multiplicación de municipios viene a complicar y encarecer el mantenimiento de estas demarcaciones, y crea problemas políticos mucho mayores. Eso lo entiende cualquiera que realmente sepa de organización política y social.

Pero… ¡qué le vamos a hacer! Estamos en el país del absurdo, con dirigentes que hacen honor con creces a este concepto.

*Tiempo/*28 de agosto de 1987

350 MIL SACAN DEL "SANAA" 5 PARACAIDISTAS DE MONTOYA

Salarios por más de 350.000 lempiras al año devengan cinco "paracaidistas" del Servicio Autónomo Nacional de Acueductos y Alcantarillados (SANAA), colocados por "recomendación" del presidente del Congreso Nacional, Carlos Montoya, denunciaron ayer dirigentes del sindicato de esta institución.

Al igual que estos cinco funcionarios, existe una lista de unas 70 personas que por compadrazgos políticos ocupan cargos que han sido creados en el SANAA, con jugosos sueldos.

De estos 70 "empleados" la mayoría recibió en años anteriores grandes sumas de dinero en concepto de prestaciones, por haber trabajado en el mismo SANAA y según el contrato colectivo de trabajo es una violación a la ley volver a contratar ese tipo de personal.

Entre las cinco personas que devengan jugosos salarios y que no desempeñen una función importante para el SANAA se mencionan los siguientes:

Armando Girón, con un sueldo mensual de 4.600 lempiras, como "asistente del gerente" cargo creado para él, antes no existía, además, recibe gastos de viáticos y representaciones, por lo que se estima que su salario es mayor que el del subgerente.

Roger Marín, gana 3.100 lempiras al mes. En 1986 fue separado de su cargo en el SANAA recibiendo por concepto de prestaciones casi 60.000 lempiras, pero ahora en la administración de Alberto Moncada Gross fue contratado nuevamente.

Manuel López, 4.500 lempiras; Luis Rivera Martínez, 4.000 lempiras y Donaldo Sarmiento, también 4.000 lempiras.

Además, constató que José Santos Molina, quien por concepto de prestaciones recibió en años anteriores 35 mil lempiras, fue contratado nuevamente con un sueldo de 1.800 lempiras.

*La Tribuna/*29 de agosto de 1987

DESTINO DE SEGOVIA EN MANOS DE AZCONA

El titular de Recursos Naturales y vicepresidente de COHDEFOR, Rodrigo Castillo Aguilar, declaró qué si se queda o no el gerente de ese organismo, José Segovia, "eso hay que preguntárselo al presidente José Azcona".

"Son criterios que no los manejo yo", fue la respuesta cuando se le señaló que él había sostenido que Segovia era deficiente en su administración, por tanto, si se quedaba significa que se acepta en el gobierno a gente que no puede manejar las cosas.

Al preguntársele si él mantenía su posición de que debe ser cambiado el gerente de COHDEFOR, Castillo reiteró que la situación está en manos del mandatario y él tiene la última palabra, por ser de su exclusiva competencia.

Dijo que en la reunión no se trató sobre la renuncia irrevocable de Segovia y agregó que últimamente no ha hablado de eso con el presidente Azcona.

Puntualizó que Segovia había cometido una serie de errores y "vamos a ver lo que nos dice el tiempo, si esos errores se van a subsanar".

Tras cinco horas de diálogo, la Junta Directiva encabezada por Azcona resolvió que el bosque ya no se venderá por metro cúbico, sino por pie de madera.

Lo que se busca es el aprovechamiento total del árbol, lo que permitirá un mejoramiento de los ingresos al gobierno y en el manejo forestal.

Aspecto de la maratónica sesión realizada ayer por la Junta Directiva de COHDEFOR, encabezada por el presidente, José Azcona.

*La Tribuna/*29 de agosto de 1987

"CCEPL" ABRIRÁ JUICIO AL RECIBIR INFORME DE FF.AA.

El Consejo Central Ejecutivo del Partido Liberal (CCEPL) está esperando el informe oficial sobre las acusaciones que diputados están involucrados con personas afines al narcotráfico, manifestó el presidente de ese organismo, Romualdo Bueso Peñalba.

El CCEPL decidió -por mayoría- tomar las determinaciones del caso, debiéndose aplicar los estatutos a través de la Comisión Disciplinaria, que iniciará las diligencias y abrirá un juicio y escuchará a la parte ofendida.

En el caso de Jorge Arturo Reina, si las Fuerzas Armadas no presentan las pruebas correspondientes no se tomará ninguna acción, apuntó.

En caso de que sea necesario; señaló, la corriente en que milita Reina podría pedir un desagravio a las Fuerzas Armadas, "ya que el Partido Liberal no ha sido involucrado como tal, sino que la corriente M-LIDER".

El Partido Liberal no exigirá presentación de pruebas a plazo determinado, pues las Fuerzas Armadas conocen su responsabilidad, "porque por lógica elemental brindarán esas pruebas cuando lo estimen conveniente, que debe ser rápido", manifestó.

Indicó Bueso Peñalba que en caso de que Reina esté involucrado podría -generar desprestigio- al M-LIDER, pero de no ser así "representará gran notoriedad alrededor de su figura, haciéndose publicidad sin costo alguno".

*La Tribuna/*29 de agosto de 1987

"PLOMADA DE ORO" PARA JOSÉ AZCONA

ASUNCIÓN, 28 Ago. (EFE).- Los presidentes de Colombia, Virgilio Barco, y de Honduras, José Azcona Hoyo, recibirán el premio "Plomada de Oro", una de las dos distinciones anuales que otorga la Unión Panamericana de Asociaciones de Ingenieros (UPADI).

La decisión de distinguir a Azcona Hoyo este año y a Barco en 1988, de profesión ingeniero, fue adoptada por el Directorio de UPADI en su reunión de Asunción, en la que además fueron considerados otros temas referidos a las actividades de la entidad y de los profesionales de la Ingeniería.

La "Plomada de Oro" es un premio que se entrega a los ingenieros que en su actividad pública han trascendido el área profesional.

Entre quienes ya recibieron la "Plomada de Oro" de la UPADI figuran los ex presidentes Jimmy Carter, de Estados Unidos, Fernando Belaunde Terry, de Perú y el actual mandatario salvadoreño José Napoleón Duarte.

Asimismo, la UPADI concedió el Premio Panamericano de Ingeniería de este año al argentino Miguel Yadarola, el segundo distinguido de esa nacionalidad en un grupo que reúne también a profesionales de Brasil, Estados Unidos de América y México.

*La Tribuna/*31 de agosto de 1987

SEGÚN FUM, AZCONA LOS RECIBE MAÑANA

El Frente de Unidad Magisterial será recibido mañana por el presidente José Azcona para dialogar en torno al Estatuto del Docente, que pronto será sometido a aprobación en el Congreso Nacional con cláusula salarial.

Los integrantes del FUM protestaron su derecho ante Azcona para dialogar con él en torno a ese documento, que consideran lesivo a los intereses del magisterio -y que sólo beneficiará- a los dirigentes del MONAMAH, adversarios políticos de los primeros.

Acusan que este documento lesiona al magisterio porque atenta contra la estabilidad del maestro, así como en otros aspectos.

La información suministrada en el FUM indica que Azcona les atenderá el miércoles a las 10:00 de la mañana, en tanto que a los del MONAMAH les recibirá el lunes venidero para presentarles cifras y datos concretos sobre el aumento que pretenden para aliviar la situación económica de los docentes hondureños.

*La Tribuna/*1 de septiembre de 1987

CONFEDERACIÓN HONDUREÑA DE COOPERATIVAS LTDA.
CARTA PÚBLICA

Al Excelentísimo
Señor Presidente de la República
Ingeniero: José Azcona Hoyo
Su Despacho

Casa Presidencial
Excelentísimo señor Presidente

La confederación Hondureña de Cooperativas Ltda. C.H.C. como organismo superior y legítima representante del movimiento cooperativo hondureño en esta oportunidad muy respetuosamente expresa a usted lo siguiente:

= Preocupa a la confederación la manifiesta intención de los representantes gubernamentales ante la Junta Directiva del Instituto Hondureño de Cooperativas (INDECOOP) de asignar a dicha institución un presupuesto para 1988 con el cual no podría atender más de un 20% de la necesidad real y demanda de servicios de las cooperativas del país ni tendría una presencia significativa en las diversas regiones.

= Nuestra preocupación se incrementa al no obtener respuesta a reiteradas solicitudes de audiencia que le hemos hecho para presentarle las expectativas e inquietudes del movimiento cooperativo nacional, en relación con la puesta en marcha del INDECOOP.

= Es consenso del movimiento cooperativo de Honduras, representado en la Confederación Hondureña de Cooperativas Ltda. (C.H.C.), que el Instituto Hondureño de Cooperativas "IHDECOOP" debe ser una institución con la personalidad y capacidad técnica-profesional, suficiente, que le permita por una parte garantizar una oferta de servicios calificados y por otra una cobertura aceptable que justifique con sus acciones la liquidación de la anterior dirección de Fomento Cooperativo "DIFOCOOP" que no podía atender más allá del 3% del Movimiento Cooperativo Nacional, mucho menos a 2,050 grupos campesinos que eran atendidos por el Instituto Nacional Agrario (INA).

= La creación y puesta en marcha del "IHDECOOP" debe traducirse en una contribución real y efectiva al proceso de integración y consolidación del Movimiento Cooperativo de Honduras, en el marco jurídico preceptuado en la Ley de Cooperativas de Honduras recientemente aprobada por el Soberano Congreso Nacional y en vigencia desde mayo de 1987, para que pueda ser el cooperativismo un factor determinante en el proceso de desarrollo del país.

= En virtud de lo anterior señor presidente, muy respetuosamente, la Confederación Hondureña de Cooperativas, solicita a usted lo siguiente:

1.- Conceder audiencia a la C.H.C. para exponerle nuestro planteamiento y alternativas   con la prioridad que la situación anteriormente expuesta amerita.

2.- De no ser posible lo anterior, muy respetuosamente le solicitamos interceder ante quien corresponda para que el proyecto de presupuesto del IHDECOOP para 1988, se mantenga en los límites justos y necesarios, expuestos en nuestra última carta (CH-113/87/392) de fecha 5 de agosto de 1987, dirigida a su excelencia.

El Movimiento Cooperativo de Honduras, representado en la C.H.C. espera del señor presidente, una respuesta positiva a nuestra justa petición.

Por la Confederación Hondureña de Cooperativas Ltda. C.H.C.

Respetuosamente,

Marco Orlando Iriarte
Presidente Representante
FACACH

Leónidas Ávila
Vice-Presidente
Rep. FEHCOVIL

Jorge Alberto Álvarez
Secretario
Rep. FEHCIL

Algela María David
Vocal 1
Rep. FACACH

Wilfredo Hall Rivera
Vocal 2
Rep. FENACOTRAL

Ricardo Oliva
Vocal 3
Rep. UNIOCOOP

Nelly Ramírez Cruz
Vocal 4
Rep. FECORAH

Leónidas Martínez
Vocal 5
Rep. FEHCAFOR

Heriberto Mencia Cruz
Vocal 6
Rep. FENACOTRAL

FACACH
Apdo. 653
Tegucigalpa

FEHCOVIL
Apdo. 853
Tegucigalpa

FEHCOCAL
Apdo. 233

San Pedro Sula

FENACOTRAL
San Pedro Sula

FECORAH
Tegucigalpa

FEHCIL
Apdo. 1895
Tegucigalpa

FEHCAFOR
Apdo. 1563
Tegucigalpa

UNIOCOOP
Apdo. 923
Tegucigalpa

IFC
Apdo. 1563
Tegucigalpa

Por la justicia a la paz, por la paz a la libertad, por la libertad a la democracia
La Prensa/31 de agosto de 1987

AL SEÑOR PRESIDENTE DE LA REPÚBLICA

El Frente de Unidad Magisterial Hondureño, FUMH, a través de la prensa nacional se ha enterado de pláticas sostenidas entre su persona y un grupo no representativo del Magisterio Nacional, además es notorio el marginamiento del que ha sido objeto la gran mayoría de los maestros aglutinados en el Frente de Unidad Magisterial Hondureño, FUMH, por ello, respetuosa pero enérgicamente, nos dirigimos en forma pública a Ud. Señor presidente para plantearle lo siguiente:

1. Consideramos que como presidente de todos los hondureños está en la obligación de escuchar a los sectores representativos de las organizaciones sociales.
2. Con preocupación hemos visto como se ha marginado al Magisterio Nacional de las discusiones previas a la aprobación del Estatuto del Docente Hondureño, actitud que viola preceptos constitucionales y convenios internacionales.
3. Condenamos el hecho que se pretenda ignorar a quienes representamos al Magisterio Nacional al no concedernos las audiencias que en reiteradas oportunidades hemos solicitado al presidente de la República y al presidente del Congreso Nacional por medios escritos y verbales.

POR TODO LO ANTERIOR EXPUESTO: Señor presidente el Frente de Unidad Magisterial Hondureño, FUMH, le solicita y le comunica lo siguiente:

1. En esta misma fecha le estamos enviando una nueva solicitud de audiencia, la cual esperamos se nos conceda a más tardar el día miércoles 2 de septiembre a la hora que usted considere conveniente.

2. De no escucharse nuestra petición nos veremos obligados a implementar de inmediato las acciones demandadas en las diferentes asambleas realizadas por el Magisterio Nacional.

3. Responsabilizamos a todos aquellos que se oponen al diálogo con los representantes que el magisterio nacional reconoce como sus dirigentes; aclaramos que no hemos llegado a ningún acuerdo con el gobierno, por ello tenemos libertad de actuar de acuerdo a las circunstancias a que nos vemos sometidos.

Esperamos comprensión a nuestro justo reclamo.

DIRECCIÓN NACIONAL DEL FRENTE DE UNIDAD MAGISTERIAL HONDUREÑO, FUMH

La Tribuna/31 de agosto de 1987

Sostiene el mandatario

MÁS DE 200 MILLONES SE VAN EN CARRETERAS

El presidente José Azcona Hoyo inauguró el fin de semana el tramo carretero entre Siguatepeque y Jesús de Otoro, al igual que tres puentes construidos como parte de ese proyecto.

Estas obras corresponden a la primera etapa del Proyecto Siguatepeque- La Esperanza-Marcala, valorada en casi 20 millones de lempiras, los que fueron aportados en su totalidad por el Banco Centroamericano de Integración Económica (BCIE).

Azcona expresó que al construirse los 65 kilómetros de carretera que abarca el proyecto el departamento de Intibucá quedará completamente comunicado con la carretera del norte y se estudiará la petición de pavimentar esa vía.

También apuntó que "es necesario que los pueblos entiendan, que lo que no han recibido en 60 años, no lo pueden recibir en 6 u ocho años", agregando que "hay que reconocer el esfuerzo que ha hecho no sólo este gobierno, sino que también el gobierno pasado, por comunicar a estos departamentos abandonados por gobiernos anteriores".

"Cuando hablamos de carreteras, dijo Azcona, hablamos de enormes inversiones; en este momento, mi gobierno construye carreteras por más de 200 millones de lempiras y todavía se dice que no estamos haciendo nada o que el gobierno no ha despegado".

Por su parte, el ministro de Comunicaciones, Obras Públicas y Transportes por ley, Alejandro Castro Ruiz, calificó la obra de vital para la comunicación y el desarrollo económico, social, cultural y político de Intibucá..

A los actos de inauguración, también asistieron el presidente del Congreso Nacional, Carlos Montoya, el ministro de Gobernación y Justicia, Romualdo Bueso Peñalba, el viceministro de Comunicaciones, Bayardo Paguada y el director general de Caminos, Alex Leiva.

Momentos en que el presidente José Azcona inaugura los puentes Río Grande de Otoro, Quebrada Santa Cruz y Quebrada Grande de Otoro. En el tramo carretero Siguatepeque-Jesús de Otoro.

La Tribuna/31 de agosto de 1987

CONFIRMA AZCONA: GOBIERNO NO CREARÁ NUEVOS IMPUESTOS

- *Lo que se hará es ejercer mayor control para el pago de los mismos.*

El gobierno central no creará nuevos impuestos con el objeto de compensar la reducción de gravámenes a la exportación del café, según lo confirmó el pasado sábado el mandatario hondureño José Azcona Hoyo.

El gobernante asistió ese día a inaugurar cuatro obras de infraestructura que fueron ejecutadas por la Secretaría de Comunicaciones, Obras Públicas y Transporte (SECOPT), en actos que tuvieron lugar a las 10:00 de la mañana en el empalme carretero a Jesús de Otoro, departamento de Intibucá.

Azcona Hoyo precisó que su administración estudia actualmente la mejor manera de ayudar a los productores de café, pero sin contemplar la posibilidad de imponer nuevas cargas tributarias al pueblo hondureño.

De ninguna manera "estamos pensando en crear nuevos impuestos", aclaró Azcona Hoyo, tras ser consultado sobre declaraciones que en ese sentido han vertido funcionarios de su gobierno.

Por otra parte, el gobernante hondureño se negó a emitir su opinión sobre las acusaciones que ha recibido su correligionario Jorge Arturo Reina, en el sentido de haber sido el autor intelectual del estallido de una bomba en Comayagua, donde resultaron heridos seis efectivos norteamericanos acantonados en la base militar de Palmerola e igual número de civiles.

"Yo creo que se ha especulado mucho" con relación a este tema, sostuvo Azcona Hoyo y agregó que no deseaba emitir su opinión por encontrarse el Partido Liberal abocado a un proceso electoral interno, por lo que cualquier "cosa que nosotros digamos podría ser mal interpretado".

HONDURAS, OASIS DE PAZ

De acuerdo a las declaraciones del titular del Ejecutivo, el hecho que las Fuerzas Armadas involucren a una facción política de su partido (M-LIDER) en actos de terrorismo no significa de ninguna manera que la estabilidad del país corra peligro.

Lo que sucede, según Azcona Hoyo, es que "a veces los periodistas exaltan situaciones que no tienen mayor importancia", y añadió que cuando se observan las crisis que enfrentan países como Perú, Filipinas, Guatemala y El Salvador entre otros, "vemos que Honduras es un verdadero oasis de paz y de tranquilidad".

Precisó el gobernante que bajo ninguna circunstancia se deben publicar "situaciones que no existen", en una clara alusión a la polémica que han generado las informaciones dadas a conocer por la oficialidad castrense a los participantes en una reunión de Consejo de Seguridad Nacional que se celebró el pasado miércoles en Casa de Gobierno.

NUEVO SISTEMA PARA PERCIBIR IMPUESTOS

Por otro lado, Azcona Hoyo dijo que no está de acuerdo con el proyecto de ley presentado al seno del Congreso Nacional por el diputado liberal José Fernández Guzmán, tendiente a asegurar la percepción de gravámenes mediante la venta de timbres por parte de las municipalidades.

Según el gobernante hondureño, de esta manera existiría "menos control" de los impuestos, y agregó que ese sistema de cobro ya fue aprobado hace muchos años.

En tal sentido, Azcona Hoyo anunció que "vamos a implementar un sistema con factura numerada". El cual se venderá a los comerciantes a través de talonarios y se harán sorteos con el objeto de premiar al consumidor. Este sistema lo tiene Guatemala y le ha dado buenos resultados, aseguró el mandatario.

LISTO PARA VOTAR EL DOMINGO

Con relación al proceso electoral del Partido Liberal que culminará el próximo domingo, Azcona Hoyo anunció "voy a ir a votar" y posteriormente expresó su satisfacción por haber formado parte de las reuniones donde los pre-candidatos de su partido se pusieron de acuerdo para celebrar los comicios el próximo seis de septiembre.

Azcona Hoyo señaló que las elecciones internas del instituto político que lo condujo al poder no serán fraudulentas, debido a que cualquier nacionalista, pinista o demócrata cristiano que ejerza el sufragio en esos comicios quedará automáticamente inhabilitado para volverlo a hacer, en el dado caso que su partido celebre este mismo tipo de contiendas.

Precisó que el próximo domingo votarán únicamente liberales, porque la tarjeta de identidad será perforada y consecuentemente ningún otro partido permitirá que sus afiliados voten en esa contienda electoral.

Finalmente, Azcona Hoyo indicó que los candidatos perdedores tendrán que apoyar al ganador en su gestión administrativa y que éste a su vez deberá "abrir las puertas" a aquellos que no resulten favorecidos con el sufragio de los liberales el próximo domingo.

*El Heraldo/*31 de agosto de 1987

Entre Siguatepeque y Jesús de Otoro:
INAUGURAN CARRETERA A UN COSTO DE L.19 MILLONES

El presidente de la República José Azcona Hoyo, inauguró el sábado anterior la pavimentación del tramo carretero que une a Siguatepeque, Comayagua, y Jesús de Otoro, en Intibucá, obra valorada en 19 millones cien mil lempiras.

La carretera tiene una extensión de 36.8 kilómetros. Sólo en su construcción se invirtieron 18 millones de lempiras, mientras que 1.1 millones es el valor de los puentes construidos en el proyecto.

Esta vía inaugurada, según las autoridades del Ministerio de Comunicaciones, Obras Públicas y Transportes, beneficiará directamente a una población de 53 mil 466 personas, pues esa zona es eminentemente agrícola.

Además del mandatario asistieron varias personalidades como el alcalde de Jesús de Otoro, José Ovidio Palacios, y la Gobernadora Política de esa zona, Martha Arriaga Chacón.

En representación del titular de la SECOPT, Juan Fernando López, estuvo presente el vice-ministro de esa secretaría de Estado, Alejandro Castro Ruiz. También asistió el ministro por ley de Gobernación y Justicia, Rumualdo Bueso Peñalba, y el presidente del Congreso, Carlos Montoya.

Los diversos grupos campesinos de esta región cultivan maíz, frijoles, café, tabaco, cebolla, ajo, lo mismo que a la cría de ganado vacuno y porcino.

La vida útil de esta carretera, conforme lo han establecido sus constructores, es de 20 años, aún cuando la vía inaugurada es transitada diariamente por infinidad de vehículos, figurando principalmente los que conducen pasajeros y los que transportan diferente carga.

El mandatario se dispone a cortar la cinta para dar por inaugurada la nueva obra. (Foto Julio César Turcios).

*El Heraldo/*31 de agosto de 1987

FSP NO HA ACUSADO A REINA DE NINGÚN ACTO TERRORISTA

Un vocero de la Fuerza de Seguridad Pública (FSP), sostuvo en fin de semana en Tegucigalpa que las Fuerzas Armadas nunca han acusado a ninguna persona o corriente política de ser responsables del bombazo ocurrido el 8 de agosto en Comayagua.

El militar respondió de esta manera, en vista que Alex Fernando Castro Martínez, uno de los cuatro supuestos implicados en dicho atentado terrorista, se retractó ante los tribunales de justicia de la cabecera departamental, cuando al ser indagado dijo que fue presionado por la policía para que involucrara al abogado Jorge Arturo Reina y otros miembros del M-LIDER, en ese acto criminal.

"Sobre este aspecto -dijo la fuente militar- es totalmente inaceptable que ese ciudadano haya sido coaccionado, porque todos ellos declararon públicamente ante los periodistas que no fueron maltratados".

Por otra parte, dijo el informante castrense, que "Francisco Cruz Galeano nunca ha pertenecido, o nunca le hemos conocido como miembro de los cuerpos de inteligencia de la Fuerza de Seguridad Pública, tal como lo afirmó en esa misma rueda de prensa".

El abogado Mariano Lagos Donaire, el bachiller Alex Fernando Castro Martínez, el profesor Rafael Flores y el supuesto exagente de inteligencia Francisco Cruz Galeano, fueron remitidos el jueves anterior ante el juzgado de Letras Seccional de Comayagua, acusados por la policía de "terrorismo" en perjuicio del restaurante "China".

Aunque se ha dicho extraoficialmente que la autoridad no aportó pruebas suficientes como para condenarlos, el juez jurisdiccional estudia el caso y este martes dictará auto de prisión o dejará en libertad a los implicados en ese acto criminal, en donde resultaron doce personas heridas, entre militares de Palmerola y civiles.

*El Heraldo/*31 de agosto de 1987

ESTAMOS DESMINTIENDO A QUIENES DICEN QUE NO HEMOS ARRANCADO

JESÚS DE OTORO, INTIBUCA.- (Tulio Renán Martínez).- El presidente José Simón Azcona Hoyo inauguró el sábado anterior aquí, la primera etapa de la carretera entre Siguatepeque y La Esperanza. La construcción del tramo carretero de 36 kilómetros aún sin pavimentar, fue financiado con fondos del Banco Centroamericano de Integración Económica (BCIE) a un costo de 19.8 millones.

El mandatario se comprometió a pavimentar el tramo carretero inaugurado, para atender el clamor de ésta y otras comunidades de Intibucá y al efecto informó que se están tramitando los fondos necesarios.

Agregó que "tenemos algunas dificultades para finalizar la carretera hasta la Esperanza, pero las mismas serán superadas y el próximo año estaremos inaugurando, la segunda etapa de este proyecto que comprende el tramo entre Jesús de Otoro y esa ciudad".

Expresó que es importante que los pueblos entiendan que lo que no han recibido en sesenta años, no lo puedan recibir en seis u ocho años y agregó que hay que reconocer el esfuerzo que está haciendo no sólo este gobierno, sino el que hizo el anterior, para comunicar a estos departamentos abandonados por tanto tiempo.

De La Esperanza, la carretera podrá extenderse hasta Santa Rosa de Copán y de allí hasta Gracias, en el departamento de Lempira para formar lo que el mandatario dijo será una nueva carretera panamericana que unirá a Tegucigalpa con Ocotepeque.

"Pero todo esto no crean que es fácil de realizar, pues cuando hablamos de carreteras, hablamos de enormes inversiones. En este gobierno se están construyendo carreteras por más de doscientos millones de lempiras y todavía se dice que no estamos haciendo nada, que el gobierno no ha despegado, que los ministros no tienen la capacidad suficiente para impulsar el desarrollo de Honduras", agregó.

Más adelante el mandatario expresó que la obra inaugurada en su primera etapa es un mentiz para aquellos que dicen que todavía no ha arrancado el gobierno que preside. En seguida dijo que sólo en la zona del Aguán el gobierno está invirtiendo más de 55 millones de lempiras "porque pensamos que esa zona es de enorme porvenir para Honduras y donde podrá colocarse el excedente de población que tienen los municipios históricos".

También dio a conocer que la semana pasada fue inaugurado un tramo carretero en El Patuca, Olancho, para unir las comunidades de Terreno Blanco, Nueva Palestina, Nueva Choluteca y Apacilagua.

Agregó que su gobierno está invirtiendo muchos millones para llevar la energía eléctrica a los rincones más recónditos de Olancho, El Paraíso, Santa Rosa de Copán y varios municipios de Lempira, entre ellos Jesús de Otoro, que pronto habrá de visitar nuevamente para inaugurar ese servicio.

Durante los actos de inauguración intervinieron también, el ministro de Gobernación y Justicia, Rumualdo Bueso Peñalba; el ministro de Comunicaciones, Obras Públicas y Transporte por ley, Alejandro Castro Ruiz; el director general de Caminos, Alex Leiva Caballero; la gobernadora política de Lempira, Marta Arriaga de Chacón; el viceministro de Comunicaciones, Bayardo Pagoada y el presidente de la APROHCAFE, Catarino Montoya Rivas.

El presidente fue objeto de varios obsequios por parte de escuelas y colegios del sector, como también de solicitudes de ayuda al desarrollo de varias comunidades de ese sector.

El mandatario flanqueado por el presidente del Congreso Nacional, Carlos Orbin Montoya y el ministro por ley de Comunicaciones, Obras Públicas y Transporte, Alejandro Castro Ruiz, procede a cortar la cinta para dar por inaugurado el tramo carretero entre Siguatepeque y Jesús de Otoro. (Foto Fredy Pineda). LA PRENSA/31 de agosto de 1987

CONGRESISTAS REPUBLICANOS SE ENTREVISTAN CON AZCONA

TEGUCIGALPA. Una delegación de congresistas de los Estados Unidos, encabezada por Robert Dole, se entrevistó ayer en horas de la tarde con el presidente de la República, José Azcona Hoyo. Luego de salir de Casa Presidencial, los visitantes declararon que la administración Reagan continuará apoyando a los rebeldes nicaragüenses hasta tanto Nicaragua no se democratice. Acompañan a Dole en su gira de exploración por C.A., Thad Cochran, Steve Symms, John McCain, David Kames.

*Tiempo/*31 de agosto de 1987

AZCONA CREE QUE EL DOMINGO SÓLO VOTARÁN LOS LIBERALES

JESÚS DE OTORO, INTIBUCA.- (Tulio Renán Martínez).- Según el presidente José Azcona Hoyo, los periodistas exageran situaciones que no tienen mayor importancia, como la supuesta relación de diputados con narcotraficantes y la vinculación del precandidato liberal Jorge Arturo Reina en el atentado dinamitero de Comayagua.

"Creo que se ha especulado mucho sobre eso, por eso no quiero opinar. Estamos en una campaña política dentro del partido y cualquier cosa que diga puede ser mal interpretada", dijo el mandatario cuando se le preguntó al respecto.

Enseguida dijo "que Honduras es uno de los países que disfrutan de mayor tranquilidad y estabilidad en el mundo y parece que a muchos no les gusta eso y a veces los periodistas exaltan cosas que no tienen mayor importancia".

Agregó que cuando nosotros vemos lo que pasa en el Perú, El Salvador, Nicaragua, Guatemala, Filipinas, La Argentina o en cualquier parte del mundo, nos damos cuenta que Honduras es un verdadero oasis de paz y tranquilidad.

Considera que debemos sentirnos felices de que a pesar de todas las dificultades y problemas que tenemos, Honduras es un país de enorme tranquilidad y con un pueblo noble que tiene esperanzas de superación, que no se le deben coartar alimentando situaciones que no existen, según expresó.

Cuando se le preguntó por quién votará en las elecciones internas del Partido Liberal a celebrarse el próximo domingo, se rió y luego dijo que el voto es secreto. "Yo lo que puedo decirle es que voy a concurrir a las urnas y que esa va a ser una demostración de la democracia interna del Partido Liberal".

También expresó que se siente muy satisfecho por esa demostración democrática, porque en parte tiene un poco de responsabilidad, ya que cuando estaba en el Consejo Central Ejecutivo del Partido Liberal, se opuso a la forma en que se querían realizar las elecciones en 1983 y eso sirvió para que se les diera una mayor apertura a las corrientes.

Recordó que por dos veces se reunió con los precandidatos y logró por fin que se realizaran las elecciones el primer domingo de septiembre, pese a que había que superar muchos problemas e inconvenientes que había en el camino.

No cree que el hecho de que las elecciones no se hayan celebrado en forma simultánea con la de los nacionalistas, vaya a ser motivo para que se monte un fraude pue si un nacionalista vota el domingo, quedará inhabilitado para ejercer el sufragio otra vez, pues su tarjeta de identidad será perforada.

Por lo tanto, cree que el domingo votarán sólo liberales, aunque habrá muchos que se abstendrán porque las elecciones internas no son igual a las generales, según lo que expresó.

La Prensa/31 de agosto de 1987

CONGESTIONAMIENTO EVITÓ QUE AZCONA LLEGARA A BASE AÉREA

TEGUCIGALPA.- El presidente José Simón Azcona, junto a su cuerpo de seguridad, no pudo llegar la mañana del sábado a la base aérea de la Fuerza Aérea Hondureña, a consecuencia de un serio congestionamiento de vehículos a lo largo del bulevar que lleva a esa zona de la ciudad, al grado que el helicóptero que lo condujo a Siguatepeque tuvo que abordarlo en las cercanías del edificio del Instituto Central, hacia donde fue desplazado.

Ocurre que en la cercanía del cruce que lleva a la colonia La Pradera, varias cuadrillas de trabajadores han hecho un zanjo a lo largo de la importante arteria, lo que impide el tráfico normal de la enorme cantidad de autos que transitan en ambas direcciones.

La comitiva del presidente Azcona quedó prácticamente empantanada, y hubo necesidad de notificar la situación a la Base Aérea de Toncontín, de donde salió un helicóptero que segundos después se posó suavemente en las cercanías del edificio del Instituto Central "Vicente Cáceres", hacia donde se había desviado el mandatario y sus acompañantes.

Azcona se dirigía a inaugurar el tramo carretero entre Siguatepeque y Jesús de Otoro, originando el incidente una situación penosa para el mandatario, que impotente, vio frustrado su propósito de llegar a Toncontín.

Muchos curiosos, especialmente automovilistas, vieron sorprendidos cuando el presidente se desvió de la vía y divisaron el helicóptero que se acercaba, a bordo del cual poco después se marchó para cumplir su objetivo.

En cierto momento la situación desesperó a los conductores que, irrespetando las indicaciones de Tránsito, buscaron la forma de llegar más rápido a sus lugares de destino. (Foto Aulberto Salinas).

Esta gráfica ilustra cómo se hallaba el tráfico de vehículos la mañana del sábado, en la calle que conduce a Toncontín. El presidente Azcona no pudo superar le larga fila de vehículos, ante lo cual un helicóptero lo recogió en las cercanías del Instituto Central. (Foto Aulberto Salinas).

*La Prensa/*31 de agosto de 1987

AZCONA VISITA A MINISTRO DE SECOPT EN HOSPITAL

TEGUCIGALPA.- El Presidente de la República José Azcona deseó una pronta recuperación al ministro de Comunicaciones, Juan Fernando López, al visitarlo en la sala del Hospital Viera el lunes por la noche.

El mandatario que un día antes había estado en compañía del ministro en la inauguración del proyecto carretero Terreno Blanco-Nueva Palestina en el departamento de Olancho, lamentó lo ocurrido al ministro.

Como se sabe, López Leiva sufrió un accidente automovilístico en el que resultó con heridas en la cara y los brazos.

El médico que atiende al funcionario informó ayer que las lesiones no se consideraban mayores y que esperaba que se recuperase pronto.

En el despacho del ministerio se han recibido un buen número de llamadas de funcionarios de gobierno, políticos, dirigentes patronales y humildes trabajadores que se han interesado por la recuperación del funcionario.

El ingeniero López Leiva ha recibido indicaciones de parte de sus médicos para que se cuide y así logre más pronto incorporarse a sus labores.

Por esa razón, el acceso a la sala donde se encuentra el ministro se ha restringido y sólo se permiten visitas a sus familiares.

La Prensa/31 de agosto de 1987

QUERÍAN VER A AZCONA Y AHORA NO TIENEN NI PARA EL PASAJE

TEGUCIGALPA.- Un humilde matrimonio residente en una colonia marginal de San Pedro Sula, que viajó a esta capital con sus pequeños hijos, para entrevistarse con el Presidente de la República y pedirle ayuda, no solamente está desconsolado y frustrado en sus intenciones, sino que ahora no tiene ni el dinero para pagar el pasaje de regreso.

Francisco Orellana Larios y Miriam Pérez Sarmiento, que habitan en la Colonia Calpules, en una improvisada casa hecha de cartones y sujetada con nylon, viajaron a Tegucigalpa con la idea de "ver" al gobernante Azcona Hoyo y solicitarle dinero para construir por lo menos de madera su vivienda y plantearle otros problemas que atraviesan.

Pero ayer, mientras la madre buscaba algo de comer en el mercado, el padre de familia permaneció durante casi todo el día en la rotonda de la casa de gobierno, sin que siquiera los ordenanzas le preguntaran a qué iba.

Relató Francisco Orellana que en la Colonia Calpules de San Pedro Sula, todas las familias que ahí viven están pasando una situación de hambre dado que el alcalde Jerónimo Sandoval, luego de desalojarles de las inmediaciones del Hospital "Regional del Norte", los ha marginado de toda protección.

Dijo que con quince lempiras se vino de aquella ciudad del norte del país, pero ahora no sabe cómo regresar, en vista que no tiene dinero para comer, mucho menos para pagar el pasaje de regreso.

Sin embargo, afirmó que sigue apoyando al ingeniero Azcona en su gobierno, porque lo "considera un hombre muy bueno, por lo tanto, continúo siendo liberal".

La Prensa/31 de agosto de 1987

NO ABANDONAREMOS A HONDURAS NI A "LOS CONTRAS" DICE SENADOR DOLE

TEGUCIGALPA.- (Por José Danilo Izaguirre).- El senador republicano Robert Dole ratificó ante el presidente de la república José Azcona, su respaldo y el de sus compañeros a los "contra" por las constantes amenazas de los soviéticos.

Dole al igual que los senadores republicanos Thad Cogran, Steve Symms, John McCain y David Kames se reunieron ayer con el mandatario hondureño a quien le plantearon la preocupación del área, ratificando que los "contras" tienen su respaldo en el senado norteamericano.

Dole quien ha desempeñado varios cargos de importancia en Los Estados Unidos, al grado que fue lanzado como candidato a vice-presidente por los republicanos en las elecciones de 1976, dijo que existe un gran interés de parte de su país en la región centroamericana.

Dijo Dole, que tienen preocupación por la amenaza soviética, pero por otro lado cree que los nicaragüenses tienen la oportunidad de retornar al orden democrático mediante el acuerdo de paz firmado recientemente en Guatemala.

Considera el senador republicano que es importante la paz, pero con libertad verdadera, y si los nicaragüenses no resuelven el conflicto a través del diálogo se continuará respaldando la ayuda a los "contras" por lo menos es el criterio del grupo de senadores que visitó al mandatario Azcona.

Al igual que no abandonarán a los "contras" para que logren una verdadera democracia como parte fundamental del camino a la paz.

Los senadores norteamericanos calificaron de importante la participación de Honduras en el fortalecimiento de la democracia, razón por la cual su gobierno, no pretende abandonarla aún en los momentos más difíciles.

Dijo Dole que se encuentra en Honduras porque quieren ver como caminan el acuerdo de paz firmado en Guatemala, y de esa forma observar cómo se cumple por parte de todos los países firmantes.

Los senadores que permanecerán en el país por algunas horas pretenden conocer la opinión de los líderes políticos referente al Acuerdo de Paz.

Los senadores republicanos tuvieron la oportunidad además de dialogar ayer domingo con el jefe de las Fuerzas Armadas sobre los intereses vitales que tienen en la región centroamericana ante las constantes amenazas rusas a través de Nicaragua.

El presidente Azcona fue invitado por los senadores a viajar a Los Estados Unidos, pues están interesados que el mandatario hondureño tenga más contacto con los norteamericanos, ya que todos sus compatriotas consideran que la paz y la democracia son importantes para todos.

El grupo de los cinco senadores norteamericanos viajará hoy a los campos de refugiados en Honduras, para conocer cuál es la realidad en que viven estas personas y aseguraron que por lo prematuro del tiempo no visitarán a los "contras". Pero que lo harán en el mes de septiembre cuando retorne al país.

Dole se hace acompañar de dos de los miembros de la Comisión de Agricultura, Nutrición y Bosques quienes dialogaron con el grupo de cafetaleros hondureños, de oriente quienes pretenden solicitar una indemnización al senado de Los Estados Unidos por los daños causados por los "Contras" a sus propiedades en aquella zona limítrofe con Nicaragua.

Dole puntualizó que deben plantearse esas situaciones y que espera a los cafetaleros hondureños para tratar de ayudarles en los conflictos que en este momento enfrentan por la situación de la frontera con Nicaragua.

El presidente José Azcona y el general Humberto Regalado Hernández se reunieron con senadores republicanos, quienes les declararon su interés por seguir respaldando a los contras, y la importancia que tiene para los Estados Unidos la región centroamericana ante la amenaza rusa. (Foto Aulberto Salinas).

La Prensa/31 de agosto de 1987

AZCONA RECIBE A LOS DEL FUMH

- **"Pulen" aumento para maestros.**

TEGUCIGALPA.- El presidente José Azcona Hoyo, se reunió ayer nuevamente con funcionarios de los ministerios de Educación Pública y Hacienda, de la Secretaría de Planificación, Coordinación y Presupuesto (SECPLAN) y la Comisión de Educación del Congreso Nacional, para analizar el aumento salarial que el gobierno daría a los maestros.

El diputado Juan Antonio Martínez, miembro de la Comisión de Educación del Congreso Nacional, dijo que hasta el momento no se ha decidido el incremento salarial que se otorgaría a los maestros, "pero debe tenerse la seguridad de que los maestros sí tendrán un aumento sobre su salario base", recalcó.

El parlamentario señaló que el gobierno está estudiando "cuidadosamente" las demandas económicas de los maestros, a fin de que no afecten drásticamente la economía del país y desatienda los programas de desarrollo.

Indicó que el lunes próximo el presidente Azcona se reunirá con los dirigentes magisteriales para dar a conocer el aumento salarial que el gobierno estaría dispuesto a otorgar a los maestros.

Por otra parte, el presidente Azcona recibirá hoy, a las 10 de la mañana, a los directivos del Frente de Unidad Magisterial Hondureño (FUMH), para escuchar las peticiones de este sector del magisterio nacional en relación a la aprobación del Estatuto del Docente y el aumento de los sueldos para los maestros. (TDG).

El presidente Azcona con funcionarios de Educación, Hacienda, SECPLAN y de la Comisión de Educación del Congreso Nacional analizando el aumento salarial que se hará al magisterio.

*Tiempo/*2 de septiembre de 1987

GRANDES PREPARATIVOS PARA LA CENA SUBASTA PRESIDENCIAL

La sociedad capitalina espera asistir a la próxima actividad presidencial, la cual ha sido denominada "Cena Subasta de Gala" que organiza la Junta Nacional de Bienestar Social bajo la presidencia de la señora Miriam de Azcona.

La cena se llevará a cabo este 25 de septiembre a partir de las 6:30 p.m. en el Club del Banco Central.

Participarán varios pintores nacionales y los fondos que se obtengan de esta actividad pasarán a beneficiar a más de 37 mil niños que atiende la JNBS en todo el país.

*El Heraldo/*2 de septiembre de 1987

CONFEDERACIÓN HONDUREÑA DE COOPERATIVAS LTDA.

NOTA:

Por su importancia y trascendencia, damos a conocer al movimiento cooperativo nacional y al pueblo hondureño, la siguiente carta del Movimiento Cooperativo Centroamericano y del Caribe, entregado al señor Presidente de la República en relación a la firma del tratado de paz para Centro América.

San José de Costa Rica 10 de
Agosto 1987
Excelentísimo Señor Presidente
Constitucional de la República
De Honduras
Ingeniero: José Simón Azcona
Hoyo
Casa Presidencial
Tegucigalpa Honduras C.A.
Señor Presidente:

La Confederación de Cooperativas del Caribe y Centroamérica, Organismo Internacional, no gubernamental que aglutina a los movimientos cooperativos de la Subregión, reunida en la Ciudad de Panamá el día de hoy, acordó dirigirse a usted para expresar la profunda gratitud y sincero reconocimiento de los cooperativistas de Centroamérica por su histórica participación en la Cumbre Presidencial que hiciera posible el establecimiento de un plan que interpreta el más claro anhelo de la población Centroamericana: la vigencia de una paz firme y duradera que permita el normal desarrollo de nuestros pueblos.

Por nuestra inquebrantable fe en el ser humano y la seguridad que el futuro será mejor, nos enorgullece reafirmar nuestro permanente compromiso con esta iniciativa, y asegurar a usted que Honduras puede contar con los logros actuales y potenciales de nuestro movimiento en función de la paz.

Reiteramos nuestra firme convicción que la paz verdadera se basa en la justicia y el respeto a la dignidad y que es el cooperativismo el instrumento históricamente comprobado como idóneo en nuestros países para producir y acelerar procesos de democratización económica y participación social, ambos elementos insustituibles e impostergables.

Para alcanzar la situación-meta adoptadas en nuestras estructuras locales, nacionales y centroamericanas existe un genuino deseo de contribuir de la manera más efectiva para que esta nueva oportunidad que se abre en la historia, sea aprovechada en toda su magnitud y coincidimos en que "Paz y desarrollo son inseparables".

Cooperativamente,
Rodolfo Orozco
CONFEDERACIÓN GUATEMALTECA DE FEDERACIONES COOPERATIVAS
CONFECOOP

Rodolfo Navar Alvarado
CONSEJO NACIONAL DE COOPERATIVAS- COSTA RICA
CONACOOP

Daniel Núñez
UNIÓN NACIONAL DE AGRICULTORES Y GANADEROS DE NICARAGUA
UNAG

Orlando Iriarte
CONFEDERACIÓN HONDUREÑA COOPERATIVAS
CHC

Marco Tulio Lima
CONFEDERACIÓN DE ASOCIACIONES COOPERATIVAS DE EL SALVADOR

Juan Diego Lanchero
CONFEDERACIÓN DE COOPERATIVAS CARIBE Y CENTROAMÉRICA
CCC-C

FACACH
Apdo. 653
Tegucigalpa

FEHCOVIL
Apdo. 853
Tegucigalpa

FEHCOCAL
Apdo. 233
San Pedro Sula

FENACOTRAL
San Pedro Sula

FECORAH
Tegucigalpa

FEHCIL
Apdo. 1895
Tegucigalpa

FEHCAFOR

Apdo, 1563
Tegucigalpa

UNIOCOOP
Apdo. 923
Tegucigalpa

IFC
Apdo. 1563
Tegucigalpa

POR LA JUSTICIA A LA PAZ, POR LA PAZ A LA LIBERTAD, POR LA LIBERTAD A LA DEMOCRACIA.

El Heraldo/2 de septiembre de 1987

AZCONA PROMETE AL IHSS AYUDARLE A SUPERAR CRISIS QUE ATRAVIESA

- *Sin embargo, insiste en que el Estado no le debe.*

La Junta Directiva del Instituto Hondureño de Seguridad Social (IHSS), se reunió ayer con el presidente José Azcona Hoyo para plantearle la "crítica situación" en que se desenvuelve esa institución, según informó su director general, Gonzalo Rodríguez Soto.

"Este es el año crítico del Seguro Social, porque necesitamos llevar a cabo reformas radicales para evitar que la institución desaparezca", añadió el funcionario.

Rodríguez Soto sostuvo que los cinco problemas que afectan al IHSS son la deuda estatal, la mora patronal, las cotizaciones bajas, los costos cada vez más altos y las fallas administrativas internas.

Según el director del IHSS, la intención de la Junta Directiva, que la conforman representantes del sector privado, clase trabajadora, Colegio Médico y gobierno, es resolver esos problemas en 1987 y que el próximo año la institución goce de estabilidad política, financiera, económica y jurídica.

Sobre este último aspecto, Rodríguez Soto dijo que se pretende aumentar el número de miembros de la Junta Directiva para lograr una mayor cobertura en beneficio de los diferentes sectores.

Con respecto a la millonaria deuda del gobierno, el funcionario indicó que el presidente Azcona sigue sustentando el criterio de que el Estado como tal no le adeuda nada al Seguro Social, tesis que no es compartida por las autoridades del IHSS.

Sin embargo, el mandatario expresó ayer a los directivos del citado organismo que su intención es ayudarles a resolver los problemas que confrontan, porque está consciente de la importancia que reviste esa institución.

Por su parte, el dirigente sindical, Marco Tulio Cruz, representante de los trabajadores en la Junta Directiva del IHSS, sostuvo que ese organismo podría estar cerrando en 1993 si no recibe el auxilio del Estado.

En cambio, el presidente del Consejo Hondureño de la Empresa Privada (COHEP), Jorge Gómez Andino, considera que los problemas del IHSS son de carácter estructural y que debe haber un cambio completo en su forma de operar.

Gómez Andino dijo que mientras no se lleve a cabo esa restructuración, no pueden elevarse las cotizaciones de patronos y trabajadores, tal como lo ha venido demandando su director Rodríguez Soto.

El dirigente empresarial añadió que el sector privado está dispuesto a colaborar para saldar la deuda que tiene con el IHSS pero, inexplicablemente, la dirección del organismo desconoce el monto de la mora y no ha podido facilitar los nombres de las empresas que le deben.

"Tenemos siete años de estarles pidiendo la lista de las empresas morosas para ayudarles a cobrar, pero ni ellos mismos saben quiénes les deben", se quejó Gómez Andino.

En conclusión, el presidente Azcona prometió colaborar con la Junta Directiva del IHSS a fin de que solucione sus problemas e igual respaldo espera la institución de parte del Congreso de la República, según Rodríguez Soto.

Rodríguez Soto

*El Heraldo/*2 de septiembre de 1987

AZCONA INAUGURARÁ PROYECTO SIGUATEPEQUE-JESÚS DE OTORO

La primera etapa del proyecto carretero Siguatepeque-Jesús de Otoro-La Esperanza será inaugurado el próximo 29 de agosto por el presidente José Azcona Hoyo.

El objetivo principal de su ejecución es promover el desarrollo económico, político, social y cultural de los departamentos de Comayagua e Intibucá, mediante el estímulo que ofrece una ruta de acceso permanente y segura.

La mencionada fase de la obra se extiende desde la ciudad de Siguatepeque, hasta Jesús de Otoro y comprende 36 kilómetros de sub-base, a un costo de 19 millones de lempiras, financiados por el Banco Centroamericano de Integración Económica (BCIE).

Ese tramo carretero incluye la construcción de 3 puentes que juntos hacen una longitud de 125 metros, ubicados sobre los Ríos Grande de Otoro, Quebrada Portacruz y Quebrada Grande de Otoro.

La extensión total de la obra es de 65 kilómetros que configuran una vía secundaria de acceso a las zonas agrícolas, pecuarias y forestales de la zona, beneficiando a más de 9 mil familias dedicadas al cultivo de granos básicos, café, tabaco, cebolla y ganado vacuno y porcino.

La carretera fue construida por tramos entre 1929 y 1952 y desde esa fecha hasta ahora, únicamente ha recibido mantenimiento, por lo que el actual gobierno se interesó en mejorarla.

La Tribuna/2 de septiembre de 1987

AZCONA Y EL BANCO CENTRAL

Por MARIO RIETTI M.

El 27 de febrero fue publicado el documento oficial sobre consideraciones de la actual política de tasas de interés, que el Banco Central de Honduras envió al presidente José Azcona.

Este documento destaca que "en los actuales momentos resultaría una política inconsistente por parte del Banco Central de Honduras reducir las tasas de interés, en vista del estímulo que se provocaría en la demanda de fondos prestables con los efectos consiguientes, sobre la disponibilidad de divisas y que el Banco Central de Honduras no está en capacidad de satisfacer, en virtud de serios problemas de pagos extraños que está enfrentando el país".

Frente a la contracción de las inversiones, el desempleo y el bajo ritmo de crecimiento económico del país, la política monetaria del Banco Central tiene una influencia decisiva en el desarrollo económico y social de Honduras.

Con relación a las políticas de créditos y de tasas de interés, el Banco Central puede adoptar dos posiciones. Primero, dejar que el mercado determine libremente la tasa de interés y el destino del crédito, o intervenir para controlar ambas cosas. En Honduras el Banco Central mantiene regulaciones y controles, pero deja cierto margen para la oferta y la demanda en el mercado.

Conociendo que las tasas de interés afectan el ahorro, la inversión, el crecimiento financiero, la eficiencia de la inversión, la distribución del ingreso y otras magnitudes macro-económicas, es muy importante coordinar la política monetaria con la política económica planificada del país.

Sobre este particular, el artículo 342 de la Constitución de la República establece: "El Estado, por medio del Banco Central de Honduras, tendrá a su cargo la formulación y desarrollo de la política monetaria, crediticia y cambiaria del país, debidamente coordinada con la política económica planificada".

En lo posible, la tasa de interés debe reflejar el costo social del factor capital y también la distribución del crédito debería reflejar para el sector privado, salvo casos especiales, las condiciones de la oferta y la demanda en el sistema bancario.

Por la falta de un mercado de capitales y de incentivos para las inversiones de riesgo, se prefiere mantener el capital en los bancos debido a que la tasa de interés es también superior a la eficiencia marginal del capital.

En el sector financiero y especialmente en la banca existe un proceso de innovación constante para introducir nuevas formas de organización, nuevos instrumentos y nuevas modalidades operativas en la política monetaria. El no adoptar en forma oportuna estas innovaciones tienden a representar un costo muy alto para la política económica en su conjunto.

Desde 1974 que integramos el Directorio del Banco Central de Honduras, hemos venido luchando porque se respete la autonomía de esa institución y que se coordine la política monetaria con la política fiscal. Por ello, no aceptamos el 6 de agosto de 1978 el ofrecimiento que nos hizo para la Presidencia del Banco Central de Honduras por parte de la Junta Militar de Gobierno que presidió el general Policarpo Paz García.

El presidente Azcona tiene que garantizar la autonomía del Banco Central de Honduras, pero como presidente del Consejo Superior de Planificación Económica debe coordinar la política monetaria con el Plan Nacional de Desarrollo 1987-1990.

La Prensa/2 de septiembre de 1987

SITRAUNAH

SINDICATO DE TRABAJADORES DE LA UNIVERSIDAD NACIONAL AUTÓNOMA DE HONDURAS

AFILIADO A: FEDERACIÓN UNITARIA DE TRABAJADORES DE HONDURAS (FUTH), FEDERACIÓN DE SINDICATOS DE TRABAJADORES DE LAS UNIVERSIDADES DE C.A., MEXICO Y EL CARIBE.

TELÉFONO DIRECTO 32-4539, Y TELÉFONO 32-2063, EXTENSIÓN 170, APARTADO POSTAL 203-C

Señor Presidente

Ingeniero JOSÉ SIMÓN AZCONA:

El Sindicato de Trabajadores de la Universidad Nacional Autónoma de Honduras (SITRAUNAH), le demanda el cumplimiento de los acuerdos de paz, firmado por su gobierno y los demás presidentes de Centroamérica, el pasado siete de agosto en la Ciudad de Guatemala.

Señor Presidente, en Honduras sí existe oposición, prueba de ello es la existencia de más de 140 desaparecidos, la actividad impune de los escuadrones de la muerte, el irrespeto a los derechos humanos, la presencia de tropas extranjeras, la represión contra los dirigentes sindicales y sus organizaciones, el asesinato y tortura de humildes ciudadanos, y la supremacía del poder militar sobre el poder civil.

Por todo esto:

Demandamos la inmediata integración de la Comisión Nacional de Reconciliación tal como lo establece el acuerdo de Guatemala.

Ciudad universitaria,
2 de septiembre de 1987

JUNTA DIRECTIVA CENTRAL SITRAUNAH

Tiempo/2 de septiembre de 1987

AZCONA CONTINÚA ANALIZANDO PETICIÓN DE LOS MAESTROS

TEGUCIGALPA.- El presidente José Azcona Hoyo continuó ayer, con los funcionarios del Ministerio de Educación y de la Secretaría de Coordinación, Planificación y Presupuesto, analizando la escala salarial del Estatuto del Docente Hondureño.

En la reunión que la semana anterior sostuvo el jefe del Ejecutivo con los dirigentes del Movimiento Nacional de Maestros (MONAMAH), se comprometió a darles una respuesta definitiva el próximo siete de septiembre.

Tal y como está concebido el Estatuto del Docente, representa una erogación social...

Los dirigentes magisteriales se entrevistaron con el presidente de la República, ingeniero José Simón Azcona Hoyo. (Foto Aulberto Salinas).

La Prensa/2 de septiembre de 1987

LA CRISIS DEL IHSS

La Junta Directiva en pleno del Instituto Hondureño de Seguridad Social (IHSS), se reunió con el Presidente de la República, para plantearle la urgente necesidad de reformar en profundidad las estructuras y funcionamiento de la citada entidad autónoma, con vistas a evitar su descalabro económico y su eventual extinción.

Los directores del IHSS, que representan a los cuatro sectores ligados a su funcionamiento: sindicalistas, empresarios, médicos y gobierno, plantearon al ciudadano José Azcona la urgente necesidad de reformar no sólo la configuración de la junta directiva, sino la de hacer otras innovaciones que saquen al Seguro de su actual situación de asfixia financiera.

Al englobar los problemas que se viven, los ubicaron en cinco causas básicas: mora impresionante (tanto del Estado como de los patronos), costos cada vez más altos de operación, fallas administrativas y bajo nivel de aportaciones por parte de los derechohabientes.

Respecto de tales dificultades, la junta directiva elaboró un planteamiento que en la oportunidad le fue entregado al mandatario, para que éste lo analice y en el más breve plazo posible, le dé su apoyo.

Actualmente, el gobierno de Honduras debe unos 150 millones de lempiras al Seguro Social, ya que adeuda en parte como Estado y en parte como patrono. Sólo esta cantidad astronómica (para no hablar de los intereses que la misma devengaría en el sistema bancario), da una idea de la gravedad de la crisis.

Por otra parte, alegan los directivos del IHSS, nunca ha habido un incremento de los porcentajes pagados por los trabajadores y empleados, desde que la institución se creó hace un cuarto de siglo.

Respecto de este punto, y como los miembros de la junta administradora no desconocen la tremenda resistencia que generaría la pretensión de aumentar las cuotas, el IHSS, se ha limitado a pedir del presidente Azcona que, al menos se suprima el tipo de seiscientos lempiras como base para el cálculo de la cotización, lo cual generaría un incremento inmediato de recursos que -aunque insuficiente para resolver los problemas- ayudaría a aliviarlos.

Desde que la idea de la seguridad social comenzó a ser debatida en Honduras, en la administración del presidente Villeda Morales, hasta la fecha, ha habido un largo y estéril debate acerca de la forma de tornar rentable (o al menos autosuficiente), a la institución responsable de administrarla.

Son muchas las dificultades y problemas, siendo posiblemente el primero la errónea concepción, formulada y defendida a ultranza por el Colegio Médico, de que el cargo de Director General del IHSS, tiene que recaer en manos de un profesional de la medicina.

La seguridad social es, en esencia, una síntesis de cálculos actuariales, administración de riesgos, gestión financiera y gerencia administrativa dinámica y creativa.

La Facultad de Medicina, con todo y ser bastante buena dentro de su género, no prepara a los facultativos para tales quehaceres ni es su tarea hacerlo.

El IHSS, debiera estar dirigido por alguien que ha hecho carrera en compañías de seguros y en corporaciones financieras.

De otra parte, hay un grave problema que nadie menciona: el desmembramiento del sistema. Mientras en España, Alemania Federal e incluso Costa Rica todos los nacionales del país y los miembros de todas las profesiones, están amparados en un solo programa de seguridad social, en Honduras marchamos -cada día más- hacia la atomización.

Hay un sistema para los maestros, otros para los militares, uno más para los periodistas y pronto vendrán otros, emergiendo como hongos después de una tormenta.

Cada subgrupo de seguridad social que se desprende del IHSS, le resta dinero, lo debilita y lo encarece.

Y, finalmente, resulta un poco extraño -por decir lo menos- que los trabajadores y empresarios, que son quienes mantienen la institución pues son los que realmente pagan, se encuentren en franca minoría y no tengan poder de decisión a la hora de asumir resoluciones importantes en el alto nivel.

"No hay paz duradera sin justicia social, y no hay justicia social sin seguridad social", reza el lema del IHSS, con toda la razón del mundo.

Para alcanzar esa paz y justicia es necesario -en efecto- reformar la institución.

Pero si los cambios han de ser reales y no meramente cosméticos, deben incrementar el papel de los grupos privados (trabajadores y empresarios), amén de propiciar la puesta en marcha de una gerencia profesional, alejada de los gremialismos estrechos y del sectarismo político.

Si se asume con esa mentalidad, la restructuración traerá frutos positivos. De lo contrario, será el preámbulo de una nueva frustración…

*La Prensa/*3 de septiembre de 1987

AZCONA OFRECE PAVIMENTAR TRAMO DE SIGUATEPEQUE A LA ESPERANZA

El presidente José Azcona Hoyo prometió a los habitantes del departamento de Intibucá hacer las gestiones necesarias, para que en su periodo de gobierno se pavimente la carretera que va desde Siguatepeque a La Esperanza.

Este ofrecimiento fue hecho por el mandatario durante la inauguración del tramo carretero Siguatepeque-Jesús de Otoro y de los puentes sobre el Río Grande de Otoro y las quebradas Santa Cruz y Grande de Otoro, obras que en conjunto tienen un valor de 20 millones de lempiras.

Sin embargo, Azcona aclaró que no sólo en el departamento de Intibucá se están construyendo este tipo de obras, señalando al mismo tiempo que en la actualidad el gobierno de la República está invirtiendo 50 millones de lempiras en el Bajo Aguán.

"Pero hay algo que es importante que los pueblos entiendan, dijo el presidente, y es que lo que no han recibido en 60 años no lo pueden recibir en 6 u 8 años. Pero hay que reconocer el esfuerzo que éste y el anterior gobierno han hecho por comunicar estos departamentos hasta ahora olvidados".

El titular del Ejecutivo indicó también que se está ejecutando por administración la carretera entre Santa Rosa de Copán y Gracias, la que unida al tramo inaugurado formará parte de la nueva Carretera Panamericana que unirá a Tegucigalpa, Siguatepeque, La Esperanza, Gracias, Santa Rosa de Copán y Ocotepeque.

"Estamos construyendo en este momento carreteras por más de 200 millones de lempiras y todavía se dice que no estamos haciendo nada, o que nuestro gobierno no ha arrancado", comentó.

Igualmente, Azcona dijo que se hacen y harán millonarias inversiones en proyectos de electrificación rural, especialmente en los departamentos de Olancho, Yoro, Comayagua, El

Paraíso, Copán, Lempira e Intibucá, anunciando la próxima inauguración del sistema eléctrico de Jesús de Otoro.

Al acto de inauguración también se hicieron presentes el presidente del Congreso Nacional, Carlos Montoya, el ministro de Gobernación, Romualdo Bueso Peñalba, el viceministro de Obras Públicas, Bayardo Pagoada y el director general de Caminos, Alex Leiva.

La Tribuna/3 de septiembre de 1987

EN REUNIÓN AZCONA Y AMNISTÍA INTERNACIONAL

TEGUCIGALPA.- Un grupo de representantes de "Amnistía Internacional" se entrevistaron ayer con el presidente de la República, José Azcona Hoyo, en el marco de una visita oficial que realizan a Honduras.

Este organismo, que vela por el respeto de los derechos humanos en el mundo, tiene jurisdicción en 70 naciones y fue fundado en el año de 1962.

Los visitantes se negaron a dar declaraciones a LA PRENSA arguyendo que los estatutos internos se los prohíben y sólo manifestaron que sus inquietudes acerca de la situación de los derechos humanos en Honduras, se la plantearon al gobernante Azcona Hoyo.

Integran la delegación de "Amnistía Internacional", que tiene su sede en Londres, Inglaterra el español Jaime Miralles, los británicos Sebastián Brett y Gay Richards y el norteamericano Roma Wertz.

La Prensa/3 de septiembre de 1987

GLORIA
AZCONA OFRECE 75 MILLONES AL MAGISTERIO

Dirigentes del Frente Unido Magisterial Hondureño (FUMH) anunciaron ayer al término de la reunión con el presidente José Azcona, que éste les hizo una propuesta económica consistente en 15.000.000 de lempiras anuales durante cinco años, lo que representaría un total de 75.000.000 para el magisterio nacional.

Al respecto, la presidenta del Colegio de Profesores de Enseñanza Media de Honduras (COPEMH), Normanda Martínez, declaró que el FUMH analizará esta propuesta tras consultar con el magisterio nacional para determinar si aceptan esa cantidad.

Destacó que también le plantearon al mandatario algunas preocupaciones e inquietudes del magisterio nacional a nivel de Educación Media, así como el atraso de salarios que les adeudan, hasta por siete meses, comprometiéndose al Jefe del Ejecutivo a subsanar esa anómala situación.

De igual manera, dijo, le expusieron el problema del Instituto "Aguilar Paz", con respecto al terreno y la construcción del edificio, por lo que se comprometió a hablar con la Asesoría Jurídica para solucionar definitivamente el problema.

La dirigente magisterial puntualizó que el presidente Azcona se mostró muy cordial y anuente, "por lo que vemos en él una apertura y un amplio espíritu de diálogo al entender nuestra situación, quedando en convocarnos la próxima semana, también para darnos a conocer los últimos detalles de la oferta económica".

La Prensa/3 de septiembre de 1987

75 MILLONES PARA AUMENTOS OFRECE AZCONA AL MAGISTERIO

TEGUCIGALPA.- El presidente José Azcona Hoyo le reveló ayer a los dirigentes del Frente de Unidad Magisterial Hondureño (FUMH) que su gobierno está dispuesto a otorgar 75 millones de lempiras en aumentos salariales a los maestros, distribuidos en 15 millones anuales durante cinco años consecutivos.

La presidenta del Colegio de Profesores de Educación Media (COPEM), Normanda Martínez, dijo que el presidente Azcona presentará formalmente esa oferta salarial la próxima semana, cuando se reúna nuevamente con los dirigentes magisteriales, puesto que todavía continúa siendo analizada por la comisión técnica, integrada por representantes de los ministerios de Educación Pública y Hacienda, Secretaría de Planificación, Coordinación y Presupuesto (SECPLAN) y la Comisión de Educación del Congreso Nacional.

Martínez indicó que el FUMH consultará con el magisterio nacional si está de acuerdo con esa oferta salarial, "ya que es el magisterio que en última instancia decidirá si acepta o no ese aumento", agregó.

Señaló que el FUMH le expuso también al presidente Azcona sus preocupaciones en torno a algunos puntos del Estatuto del Docente, pero el mandatario sugirió que se plantearán mejor a la Comisión de Dictamen del Congreso Nacional.

Asimismo, el presidente Azcona prometió a los dirigentes del FUMH que dará instrucciones a la ministra de Educación, Elisa Valle de Martínez, para que agilice el pago de los salarios de algunos maestros de Educación Media, que desde hace 7 meses no reciben sueldos. (TDG).

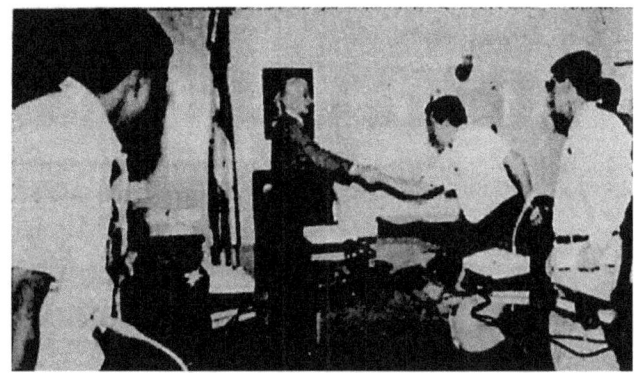

El presidente Azcona Hoyo recibe a los dirigentes del FUMH, para informarles que el gobierno concederá aumentos salariales en un monto de 75 millones de lempiras pagaderos en un plazo de 5 años.

*Tiempo/*3 de septiembre de 1987

AZCONA LANZARÁ MENSAJE AL LIBERALISMO

- ***Desafortunadas las declaraciones de "Ruma" Bueso, dice presidente de la Comisión Nacional Electoral***

La Comisión Nacional Electoral del Partido Liberal se reunió ayer con el presidente José Azcona, en lo que calificaron de "una visita de cortesía" en su doble calidad de jefe del Poder Ejecutivo y como líder de ese instituto político.

El presidente de la comisión, Armando Aguilar Cruz, destacó que la visita tenía por objeto ponerlo al tanto en una forma oficial de cómo marcha el proceso de las elecciones internas del Partido Liberal a celebrarse el próximo domingo.

Precisó que hablaron con el mandatario de la necesidad de que él como liberal haga una comparecencia pública llamando al liberalismo a concurrir a las urnas electorales y en ese sentido ha estado anuente, porque se tratará de un acto puramente personal en su condición de liberal.

Ese llamado lo hará desde su casa de habitación, posiblemente mañana o el sábado, precisó.

Aguilar Cruz reiteró que en la comisión "han sostenido que este es un evento del Partido Liberal y que en el mismo deben participar única y exclusivamente los liberales, ya que los nacionalistas, demócratas cristianos y los pinuistas no tienen absolutamente nada que hacer en este proceso".

Expresó que la plática con el presidente Azcona fue muy general, "no entramos a particularidades, y tanto él como nosotros esperamos que el evento se realice dentro de los cánones de la normalidad, en un ambiente de libertad y de democracia, porque esperamos que después de este proceso electoral el liberalismo salga unificado, fortalecido y listo para dar la gran batalla en las elecciones de autoridades supremas de 1989".

En respuesta a si están listos por cualquier reclamo o recursos de Amparo o Declaraciones de nulidad, Aguilar contestó que "esperamos que no haya necesidad de esos recursos extraordinarios, ya que tenemos confianza de que el liberalismo en toda la república va a actuar apegado estrictamente a la Ley Electoral y al reglamento aprobado por la Comisión Nacional Electoral, de suerte que después del proceso electoral todo el mundo debe y tiene la obligación de aceptar los resultados".

Cuando se le preguntó si existía contradicción con lo expuesto por el presidente del Consejo Central Ejecutivo (CCEPL), Romualdo Bueso Peñalba, de que los nacionalistas puedan ir a votar, Aguilar expresó:

"Yo creo que las declaraciones de Bueso Peñalba no han sido muy afortunadas; quizá ha sido un enfoque muy teórico de parte de él, pero que políticamente no resultaron, repito, muy afortunadas".

Empero, dijo que es verdad lo que él dice de que expresamente una ley no prohíba que un militante de un partido vote en las elecciones internas de otro, "pero esa es una verdad que por sabida debe callarse".

Finalmente, expresó que "el presidente Azcona es un hombre que entiende muy bien toda esta trama política de las elecciones de su partido, el Partido Liberal; Azcona confía en sus correligionarios, confía en el pueblo liberal que va a dar una demostración de altura, de madurez y de comportamiento cívico, que sea realmente ejemplo para los otros partidos que posteriormente irán también a iguales procesos internos".

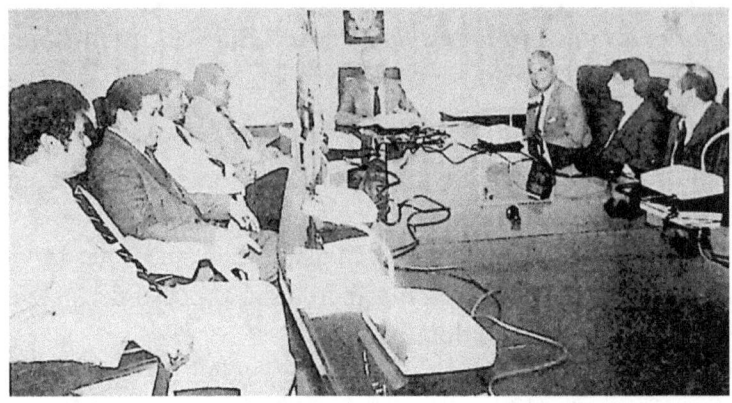

Los miembros de la Comisión Nacional Electoral del Partido Liberal en su reunión con el presidente José Azcona. (Foto de Aquiles Andino).

*La Tribuna/*3 de septiembre de 1987

En Cadena Nacional:
AZCONA EXHORTARÁ A LIBERALES A VOTAR

TEGUCIGALPA. Los miembros de la Comisión Nacional Electoral del Partido Liberal se reunieron ayer con el presidente José Azcona Hoyo, para informarle sobre los preparativos de las elecciones internas del Partido Liberal que se llevarán a cabo el domingo próximo.

El presidente de dicha comisión, abogado Armando Aguilar Cruz, expresó que la visita hecha al ingeniero Azcona fue en su calidad de presidente de la República y dirigente del Partido Liberal.

Dijo que la comisión le planteó al presidente Azcona la necesidad de que él, como liberal, "haga una comparecencia pública llamando al liberalismo a concurrir a las urnas electorales".

El abogado Aguilar indicó que el mandatario aceptó hacer "el llamamiento desde su casa de habitación", posiblemente el viernes o sábado, a través de una cadena nacional de radio y televisión.

Sobre las denuncias de que algunos funcionarios están presionando a los empleados nacionalistas para que participen en las elecciones internas del Partido Liberal, Aguilar Cruz manifestó que "nosotros hemos sostenido en la Comisión Nacional Electoral de que este es un evento del Partido Liberal, y que los nacionalistas, los demócratas cristianos y los pinuistas, no tienen absolutamente nada que hacer en este proceso".

Agregó que tanto el presidente Azcona como la Comisión Nacional Electoral espera que "el evento se realice dentro de los cánones de la normalidad, en un ambiente en libertad, de democracia, porque esperamos que después de este proceso el liberalismo salga unificado, fortalecido y listo para dar la gran batalla en las elecciones de autoridades supremas de 1989".

Finalmente, dijo que Azcona Hoyo "confía en el pueblo liberal que va a dar una demostración de altura, de madurez, de comportamiento cívico, que sea realmente ejemplo para los otros partidos políticos que posteriormente irán también a iguales procesos internos". (TDG).

Tiempo/3 de septiembre de 1987

PRESIDENTE PIDE A MAESTROS PONGAN FIN A DISCREPANCIAS IDEOLÓGICAS

TEGUCIGALPA.- El presidente José Azcona Hoyo exhortó ayer a los dirigentes del Frente de Unidad Magisterial Hondureño (FUMH) que busquen la unidad del magisterio nacional, para velar por los intereses de los maestros y poner fin a las discrepancias ideológicas.

El exdirigente del Colegio Profesional Superación Magisterial Hondureño (COLPROSUMAH) Ambrosio Sabio, dijo que el presidente Azcona ratificó su posición de no intervenir en los asuntos internos de las organizaciones magisteriales, "y nosotros creemos que es una posición correcta, porque no debe volverse al pasado", expresó.

Sabio manifestó que los dirigentes del FUMH están empeñados en unificar el magisterio nacional, y consideran que los problemas internos de las organizaciones "habría que dilucidarlos conforme a la legislación del país, y nosotros estamos en la disposición de ello". (TDG).

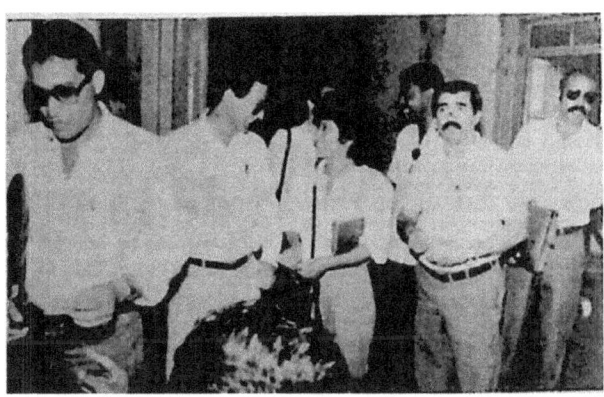

Dirigentes de FUMH al momento de salir de una reunión con el presidente Azcona Hoyo, en la cual el mandatario les pidió deponer las discrepancias ideológicas y buscar la unidad del gremio.

Tiempo/3 de septiembre de 1987

AZCONA LLAMARÁ A LA CORDURA A PRE-CANDIDATOS LIBERALES

El presidente José Azcona Hoyo hará una comparecencia pública para llamar a la cordura a los militantes de los siete movimientos internos del Partido Liberal que participarán en las elecciones programadas para el próximo domingo.

Azcona fue invitado ayer por la Comisión Electoral del partido de gobierno a dirigirse a sus correligionarios para evitar que continúen el tono subido de la campaña política, según informó el candidato a la presidencia del Consejo Central Ejecutivo, Ramón Villeda Bermúdez.

Villeda Bermúdez fue el único de los siete candidatos que asistió a la reunión con el presidente Azcona en vista de que integra la Comisión Electoral en representación de su movimiento político.

¨Le hicimos una visita de cortesía al presidente para informarle sobre el proceso electoral interno del partido y como hay que estimular la calma entre los liberales, le pedimos que participara como ciudadano liberal en una comparecencia pública por radio y televisión para contribuir a mantener calmados los ánimos", dijo Villeda Bermúdez.

Añadió que el presidente aceptó participar y que la comparecencia se llevará a cabo el día sábado, pocas horas antes de que se inicie la votación.

Villeda Bermúdez expresó que los liberales "somos polémicos por excelencia", pero que en las últimas horas "se ha visto que la campaña de televisión ha cambiado el tono moderado para pasar al ataque".

"Eso preocupa y es preciso cambiar el tono para evitar que las heridas que se puedan producir en las últimas 72 horas no vayan a restañar y nos afecten en las elecciones de 1989", dijo Villeda Bermúdez.

El aspirante presidencial sostuvo que el gobernante está satisfecho de la forma en que se ha conducido el proceso a pesar de que se forzaron algunas etapas.

"A Villeda Morales se le criticó porque no participó en la campaña electoral y a Suazo Córdova también se le criticó porque participó. Entonces, el presidente Azcona ha entendido que la crítica es más dura cuando se toma partido y prefirió marginarse para respaldar al candidato que surja de la voluntad popular", concluyó RAVIBER.

El Heraldo/3 de septiembre de 1987

L.75 MILLONES EN CUATRO AÑOS OFRECE AZCONA AL MAGISTERIO

El presidente José Azcona Hoyo propuso ayer al gremio magisterial un aumento global de salarios por el orden de los 75 millones de lempiras que serían pagados en cinco años, a razón de 15 millones por año.

La propuesta le fue formulada directamente a la dirigencia del Frente de Unidad Magisterial Hondureño (FUMH), en entrevista celebrada en la Casa de Gobierno.

Hace unos días, el Movimiento Nacional del Magisterio de Honduras (MONAMAH), la otra facción en que está dividido el gremio de mentores, demandó del gobierno un aumento global de 136 millones, o sean 61 millones más de la cantidad que ofreció ayer el mandatario.

Azcona citó a los dirigentes del MONAMAH para una reunión el próximo lunes en la que les daría a conocer la propuesta oficial, pero prefirió hacerlo ayer ante los representantes del FUMH.

La presidenta del Colegio de Profesores de Educación Media de Honduras COPEMH, Normanda Martínez, dijo que el FUMH reunirá a sus bases en todo el país para estudiar la propuesta formulada por el presidente Azcona y que la próxima semana tendrán una respuesta oficial.

La dirigente magisterial sostuvo que previamente desean reunirse con la Comisión de Educación del Congreso de la República para discutir lo referente a la futura discusión y eventual aprobación del Estatuto del Docente, en el cual estaría incluida la cláusula salarial.

Martínez aseguró que oficialmente no conocen la posición del MONAMAH con respecto al Estatuto del Docente, pero señaló que esa facción no tiene ningún peso dentro del magisterio "tal como quedó demostrado en las acciones de huelga que promovieron hace unos días".

Los dirigentes del FUMH aprovecharon la audiencia con el presidente Azcona para plantearle el caso de la representación del magisterio y el reconocimiento que hace el gobierno de la facción que dirige el MONAMAH.

Según Normanda Martínez, no era necesario crear una organización magisterial paralela al FUMH tal como lo hicieron los dirigentes del MONAMAH.

El mandatario saluda a uno de los dirigentes del FUMH, mientras observan Ambrosio Sabio, (Izq.) y Normanda Martínez, presidenta del COPEMH.

Por otra parte, el presidente Azcona prometió al FUMH agilizar los pagos a los maestros de Educación Media que llevan varios meses sin recibir sueldo y girar las órdenes pertinentes para que se investigue el caso de la construcción del edificio en que funcionará el instituto Jesús Aguilar Paz.

En términos generales, la dirigencia del FUMH calificó como "un éxito" la reunión con el presidente Azcona por considerar que "se trata de una apertura al diálogo con la verdadera representación del magisterio".

El mandatario prometió recibirlos nuevamente la próxima semana para continuar dialogando sobre los problemas del magisterio.

El Heraldo/3 de septiembre de 1987

AZCONA, INVITADO A REUNIÓN EMPRESARIAL EN ESTADOS UNIDOS

SAN PEDRO SULA.- El 22 y 23 de octubre una comisión de empresarios del país, acompañados por el presidente de la República, José Azcona Hoyo, viajará a Mobile, Alabama, y al Estado de Michigan, Estados Unidos, a fin de promover el intercambio comercial entre ambos países.

Aunque el mandatario, todavía no confirma su asistencia, ejecutivos de la Cámara de Comercio e Industrias de Cortés (CCIC) de esta ciudad afirmaron que la comisión de empresarios sí asistirá a tal reunión.

El gerente ejecutivo de la CCIC, Carlos Flores Inestroza, informó que el presidente Ronald Reagan envió una misiva al presidente de la comisión Honduras-USA en Mobile, Alabama, Artur Tonsmeire, la cual tradujo así: "Es placentero para mí escuchar de sus esfuerzos en el sector privado para promover y expandir las relaciones de negocios entre Estados Unidos y Honduras".

Continúa la carta del presidente norteamericano: "Como usted sabe, nosotros estamos trabajando muy de cerca con los líderes de Honduras para promover la paz y democracia, así como el desarrollo de esa nación".

"El Consejo de Desarrollo Honduras- Estados Unidos es un complemento bienvenido en nuestra política regional para promover las inversiones de Estados Unidos en Centro América".

Flores Inestroza, informó que él recibió, vía télex, parte de la carta enviada por el presidente norteamericano a Tonsmeire, quien le confirmó que en la cita del 22 y 23 de octubre en aquella ciudad del norte estarán esperando a la comisión de hondureños el secretario de Comercio de USA, William Verity, el gobernador de Mobile, de apellido Hunt, el alcalde de esa ciudad y varios miembros del Congreso norteamericano.

Expuso el representante de la Cámara que la empresa privada espera que el presidente Azcona se haga presente a ese compromiso. Expuso que también viajarán a Michigan para visitar a algunos empresarios norteamericanos que están interesados en invertir en el país.

Refiriéndose a la privatización de empresas por parte de la CONADI, Flores Inestroza opinó que habrá que reformar la Ley de Privatización porque como está ahora "tiene muchas trabas que impiden que las ventas de las empresas se realicen rápidamente.

"En esa ley se prohíbe la promoción de las empresas a rematar. No se puede vender sin promover el producto. Pienso que la CONADI debería crear un Departamento de Mercadeo para que promocionen profesionalmente y proyectar las empresas a todo el mundo", opinó Flores.

El Heraldo/4 de septiembre de 1987

VIVIENDAS INAUGURA HOY AZCONA HOYO

TEGUCIGALPA.- El presidente de la república, José Azcona Hoyo, inaugurará hoy 327 viviendas que constituye la etapa final del proyecto habitacional de la colonia "Hato de Enmedio", que representa un costo de siete millones de lempiras.

Estas casas, que tendrán un costo de 18 mil lempiras con financiamiento hasta los 20 años, están distribuidas en los sectores nueve y diez, según informó el gerente del Instituto Nacional de la Vivienda (INVA), Mario Pinto, organismo a través del cual se materializó el proyecto.

A los actos de inauguración asistirán, además del gobernante, los funcionarios del INVA.

Pinto informó que las casas del sector nueve ya están ocupadas y este día se les entregarán las llaves a los demás beneficiados.

El funcionario anunció que para evitar problemas de presupuesto al Ministerio de Educación Pública el INVA se hará cargo de construir la escuela y un parque de recreación.

La Prensa/5 de septiembre de 1987

A VOTAR EXHORTA EL PRESIDENTE AZCONA

TEGUCIGALPA. (Por Faustino Ordóñez Baca).- El presidente José Azcona Hoyo, al exhortar al liberalismo ayer para que acuda a las urnas, declaró que los comicios de mañana tendrán "las mayores garantías posibles".

Azcona Hoyo compareció en cadena nacional de radio y televisión a las siete de la noche pidiendo a sus correligionarios que concurran a ejercer el sufragio para "hacer una demostración de civismo".

"Faltan pocas horas para la culminación del proceso electoral interno de nuestro instituto político, más complejo y más controvertido en la historia del mismo", dijo el presidente de los hondureños.

"En este día, añadió, queremos excitarles para que concurramos todos a las urnas electorales para que los esfuerzos que se han hecho para este proceso, culminen con la demostración de que el Partido Liberal de Honduras sigue siendo la fuerza política mayoritaria en nuestro país".

El mandatario dijo a los liberales que es necesario que acudan todos a las urnas, para que con este voto fortalezcamos la democracia en nuestro país.

Azcona hizo un llamado especial a los jóvenes liberales, "esos jóvenes que por primera vez van a tener la oportunidad de hacer un ejercicio cívico, depositando su voto y que necesitan esa experiencia para que concurran en el año de 1989 con motivo de las elecciones generales".

Los liberales deberán llegar a las urnas "con alegría y entusiasmo", recomendó el gobernante.

"El presidente también hizo un reconocimiento público a la Comisión Nacional Electoral que tuvo a su cargo la preparación y regulación del proceso y a los miembros del Tribunal Nacional de Elecciones por su labor de supervisión y contribución para hacer "posible la fiesta cívica del Partido Liberal".

VOTARÁN EN PUEBLO NUEVO

El jefe del ejecutivo ejercerá el sufragio a las once de la mañana en la escuela "República de Costa Rica" del barrio "Pueblo Nuevo", a inmediaciones de su residencia.

La Prensa/5 de septiembre de 1987

AZCONA ENTREGA VIVIENDAS EN COLONIA HATO DE ENMEDIO

TEGUCIGALPA.- El presidente José Azcona Hoyo inaugurará hoy, a las 10 de la mañana, 327 viviendas construidas por el Instituto Nacional de Vivienda (INVA) en la colonia Hato de Enmedio de Tegucigalpa.

Las nuevas viviendas, en cuya construcción se invirtieron alrededor de 7 millones de lempiras constituyen la última etapa de la colonia Hato de Enmedio, y la mayoría de ellas ya fueron asignadas a personas de escasos recursos económicos.

El gerente del INVA, ingeniero Mario Pinto, dijo que cada una de las viviendas tiene un costo de 18 mil lempiras y serán financiadas a un plazo de 20 años. (TDG).

Tiempo/5 de septiembre de 1987

LOS SIETE "MAGNIFICOS" DEL LIBERALISMO

El pueblo hondureño es el mejor testigo de la tremenda lucha interna en que se debaten las huestes que antaño rectoraran con genuina veta de líderes, José Ángel Zúñiga Huete, Ramón Villeda Morales y Modesto Rodas Alvarado, todavía no superados, si nos remitimos a su indiscutible magnetismo personal en la conducción del Partido Liberal de Honduras.

Mañana domingo finalmente medirán sus fuerzas los siete hondureños, que pretenden dirigir el Consejo Central Ejecutivo de su partido, llamados por decirlo así, o por el origen de sus aspiraciones, los siete "magníficos", cada uno de ellos, según sus perfiles doctrinarios, predestinados a unificar un partido dividido en una serie de fracciones, jamás registrada en los anales de la historia nacional.

El pueblo, desde luego, se muestra un poco inquieto por los giros que pudiese tomar la lucha interna en el seno del liberalismo, en la cual la inmadurez de algunos y la prepotencia de otros, podría originar trastornos que ni sus más encarnizados adversarios, los nacionalistas, verían con buenos ojos.

El pueblo hondureño aún con sus frustraciones y sus heridas, quiere que la tranquilidad reine en sus contornos y que el sistema democrático con todas sus naturales imperfecciones, se mantenga incólume.

Por otra parte, la hondureñidad cree que la decencia, es un arma laudable, para dirimir conflictos, como el que en la actualidad confronta el liberalismo.

Y, es que ese mal presupone que, al salir el triunfador, del evento cívico del domingo seis de septiembre, los demás contendores, en compañía de sus fuerzas simpatizantes, se plegarán de manera incondicional a la toma de decisiones de las nuevas autoridades, que rectorarán la cúpula del partido gobernante. La verdad es que en el liberalismo se perfila un fenómeno de diálogo y persuasión política nunca observada en partido hondureño.

No hacerlo significa el planteamiento de preguntas tormentosas en el destino de la agrupación política, de la cual fueron simpatizantes figuras cimeras de la historia nacional, como el general Morazán y su leal soldado José Trinidad Cabañas.

Por otra parte, se derivaría la segura división y en consecuencia le franquearía el paso a su más feroz rival para la gesta del año 1989, el Partido Nacional de Honduras.

Esos siete "magníficos" que aspiran a conducir al Partido Liberal, previa a la campaña electoral para elegir al próximo magistrado de la nación, tiene sus atributos especiales, tanto en militancia, como en capacidad organizativa y aunque es cierto que unos aventajan a otros, por causas harto conocidas, se deduce que al final de cuentas, la lucha tendrá sus naturales acaloramientos.

Carlos Orbin Montoya y Flores Facussé, y Jorge Roberto Maradiaga, conforman el triángulo de una juventud prometedora, dentro de las huestes denominadas "eternamente jóvenes", la presencia de Jorge Arturo Reina, se deriva de luchas replanteadas en épocas pretéritas, mientras tanto los tres restantes Ramón Villeda Bermúdez, Enrique Ortez Colindres y William Hall Rivera, forman la trilogía veterana en militancia y acción, dentro de las campañas de activistas en el liberalismo.

Desde luego que los siete ciudadanos que se disputan el Consejo Central de su partido, no estarán a la cabeza de la discutida y ambicionada cúpula, y en ese sentido, la masa votante tendrá que decidirse por uno solo, a quien le tocará la dificilísima tarea de aglutinar a un partido fragmentado, desde el mismo instante que ascendió al poder el ciudadano presidente de la República José Azcona Hoyo.

Algunos analistas afirman que la disidencia en el seno del partido que en fecha lejana dirigiera Policarpo Bonilla y otros connotados políticos, se debe específicamente a la falta de un liderazgo, y se parte del mismo hecho de que no existe una con alcance dimensional, para unir un instituto político de indiscutible fuerza mayoritaria.

Otros consideran que la pugna encarnizada entre liberales de diferente perfil generacional, obedece a las desenfrenadas ambiciones personales, alimentadas por la euforia de los recientes triunfos del partido gobernante.

Sin embargo, sobre cualquier fenómeno que gire la crucial batalla de las elecciones internas para agenciarse la rectoría del Partido Liberal, el pueblo hondureño se ha dado cuenta del entusiasmo y la bien orquestada motivación, a través de los principales medios de comunicación, en la cual ha aflorado una campaña propagandística, para hacerse entender y sentir en la masa sufragante.

Ahora bien, ¿Quién se alzará con la victoria? ¿Será capaz el elegido de unificar el liberalismo? ¿Se volcará el Partido Liberal por un hombre que sepa equilibrar la balanza, en la hora más tormentosa que vive el partido, que se ha agenciado tres triunfos consecutivos en la presente década?

Las respuestas a estas inquietudes, se presentarán a su debido tiempo.

Lo que sí reiteramos, en nuestra franca posición, porque los aires de la democracia no se vayan a convertir en huracanadas voces, prestas a sembrar el terror en el corazón de la República.

Cualquier intransigencia debe ser superada, para evitar que los manotazos desesperados de los impotentes, le receten nuevas incertidumbres a un pueblo que todavía cree en la fiesta cívica de la democracia.

El Heraldo/5 de septiembre de 1987

LAS ELECCIONES LIBERALES UN HITO EN NUESTRA HISTORIA

Por primera vez en nuestra historia habrá elecciones internas para escoger las autoridades nacional, central, departamentales y locales de un partido político, en este caso el Liberal, las cuales se realizarán mañana, primer domingo del Mes de la Patria, bajo la supervisión y control - y ésta es precisamente la novedad- del Tribunal Nacional de Elecciones (TNE), organismo autónomo e independiente con jurisdicción y competencia en toda la República.

Las elecciones primarias o internas, como procedimiento básico para democratizar las organizaciones políticas y hacer de los diversos procesos electorales políticos un mecanismo de efectiva participación y pluralismo ideológico en la sociedad hondureña, fueron establecidas en Honduras -también por vez primera- en el artículo 17 de la Ley Electoral y de las Organizaciones Políticas de 1979, y cuya concepción y redacción original fue obra del abogado -y actualmente diputado liberal- Edmond L. Bográn.

A partir de la vigencia de este artículo, modificado posteriormente en sucesivas asambleas legislativas para neutralizar su efecto democratizador, la historia política -electoral cambió en nuestro país al establecerse mecanismos contralores independientes de los partidos -el TNE- como instancia legal para dirimir conflictos internos de otra manera irresolubles y, al mismo tiempo, confiriéndole a los documentos de identidad de los votantes la categoría de documentos públicos, cuya falsificación es penada duramente por la ley, a fin de impedir el fraude electoral.

Durante la famosa crisis institucional de marzo/mayo de 1985, fue unánime el clamor nacional exigiendo las elecciones internas para superar los problemas del caciquismo y el ventajismo al interior de los partidos políticos. Fue así como, excepcionalmente, se llegó a la "Alternativa B", de origen uruguayo, en que se combinó para su realización simultánea la elección primaria y la general.

La reacción popular generalizada en demanda de la institucionalización efectiva de las elecciones internas -bajo control del Tribunal Nacional de Elecciones y con los mismos requisitos y procedimientos de las elecciones generales- obligó a las camarillas de los partidos tradicionales, principalmente, a comprometerse a regañadientes con la consolidación y aplicación de este sistema, que ahora empieza realmente a dar sus pinitos y sus frutos tempraneros.

No es una casualidad que sea el Partido Liberal la primera institución política que se acoge al nuevo sistema. En nuestro país el liberalismo es y ha sido siempre de vocación electoral, de movimiento de masas, de acción abierta y directa, confiando en el pueblo, lo cual marca una de las ahora escasas diferencias con su contrincante histórico, el conservadurismo aglutinado en el Partido Nacional.

Sin embargo, es justo y necesario señalar que -en la actualidad- el nacionalismo ha adquirido una dinámica muy rápida, no solamente en lo organizativo (donde siempre ha sido más eficaz que el liberalismo) si no en la adecuación a las nuevas formas de hacer política, imbricándose en las organizaciones sociales y empleando métodos de propaganda modernos con utilización masiva de medios de comunicación social.

Este último punto es, sin duda, uno de los aspectos más notorios del proceso electoral interno liberal, que tiene como base una costosísima campaña electoral por medios electrónicos y prensa, no para vender o crear la imagen de un efectivo liderazgo político -de trascendencia y profundidad- sino para vender productos comerciales rápidamente y en gran escala, pero de escaso valor político.

En las elecciones de mañana, domingo, son siete los candidatos que luchan, ciertamente, por la candidatura para la Presidencia de la República, con vista a los comicios de 1989, aunque estas elecciones solamente son para integrar los cuadros del Partido Liberal. De acuerdo con la ley, tendrán lugar posteriormente otras elecciones internas para escoger los candidatos para presidente, designados, diputados y miembros de las corporaciones municipales que integrarán las planillas de los partidos en las elecciones generales.

De los siete candidatos integrantes de la planilla, solamente dos tienen un volumen considerable de votantes: Carlos Flores Facussé y Carlos Orbin Montoya. Lo importante en esto es que, cualquiera de los dos que gane, tendrá ante sí una perspectiva difícil, en tanto el margen se mira en la víspera muy apretado, y ello implicará un redoblamiento del esfuerzo proselitista para conservar o ganar la ventaja en los comicios para elegir, realmente, el candidato liberal a la Presidencia de la República.

La cuestión es así, en gran medida, porque ahora ya no existe la facilidad -como en el reciente pasado- de hacer fraude y llenar las urnas electorales desde una posición de poder, o sea el control del Consejo Central Ejecutivo y los consejos locales, para asegurar el triunfo oficialista, como sucedió en las elecciones internas de 1981 y 1983, cuando así el rodismo mantuvo fuera del juego liberal a la ALIPO (Alianza Liberal del Pueblo), que en 1985 hizo posible y garantizó el ascenso a la Presidencia de la República del ingeniero José Simón Azcona del Hoyo.

A propósito del presidente Azcona, a partir del lunes 7 de septiembre, su situación será un tanto diferente a la que hasta ahora ha tenido como mandatario y en el seno del partido. Esto es así porque el candidato triunfador, cualquiera que sea, será visto por los liberales como el futuro candidato y jefe político del partido, dado el tipo de campaña que se ha hecho, y, como se dice popularmente, todos se irán a la cargada para estar bien con el que viene, y no con el que se va.

El mundo es así, sobre todo en política. Mientras tanto, los liberales irán a votar.

*Tiempo/*5 de septiembre de 1987

PN PIDE A AZCONA HOYO NO DESPEDIR A QUIENES NO VOTEN

El Comité Central del Partido Nacional pidió ayer al presidente de la República, José Azcona Hoyo, que no sean despedidos los nacionalistas que trabajan en las instituciones del Estado por el hecho de no ejercer el sufragio en los comicios liberales.

Durante la semana se denunció que en muchas dependencias del gobierno se estaba amenazando a los empleados nacionalistas para que fueran a votar mañana en favor del aspirante Carlos Orbin Montoya.

Ante esas denuncias y el temor de muchos empleados de perder su trabajo, el Comité Central envió la siguiente carta al mandatario José Azcona Hoyo.

"Señor Presidente:

Cumpliendo instrucciones del Comité Central del Partido Nacional de Honduras, en forma atenta y respetuosa me dirijo a usted con el objeto de someter a su consideración lo siguiente:

Como es sabido, para el próximo domingo 6 de los corrientes, los ciudadanos afiliados al Partido Liberal, han sido convocados a elecciones internas con el objeto de seleccionar a sus nuevas autoridades; en dichas elecciones y de conformidad con el artículo 228 reformado de la Ley Electoral y de las Organizaciones Políticas y los reglamentos legalmente emitidos, la tarjeta de identidad del votante será perforada o sellada, en una de las esquinas, una vez que el ciudadano haya ejercido el sufragio.

La circunstancia antes apuntada, evidenciará que los ciudadanos que tengan su tarjeta de identidad con una perforación o sello, han participado en el proceso eleccionario interno de referencia, situación ésta que hace que los servidores públicos pertenecientes al Partido Nacional de Honduras, sientan el temor de ser despedidos de sus cargos por el hecho de no haber participado en el acto comicial y no poder acreditar que su tarjeta de identidad ha sido perforada ante los titulares de las instituciones respectivas en las que laboran, de las cuales además de acuerdo con denuncias públicas están presionándoles para que ejerzan el sufragio.

En virtud de lo anteriormente expuesto, el Comité Central del Partido Nacional le exhorta, muy respetuosamente, a girar las instrucciones pertinentes tendientes a que tales presiones cesen y a no materializar el despido de ningún servidor público por esta causa, dando estrictamente cumplimiento a las garantías prescritas en los artículos 37, 127, 256 y 257 de la Constitución de la República, tales como: Optar a cargo públicos, al trabajo, a la protección dentro de la carrera administrativa y en especial a la garantía de permanencia y estabilidad en el cargo."

Esta carta le fue enviada al presidente Azcona Hoyo desde el dos del presente mes.

El Heraldo/5 de septiembre de 1987

A VOTAR CON ALEGRÍA LLAMA AZCONA

El presidente José Azcona Hoyo excitó anoche al pueblo liberal para que concurra mañana a las urnas electorales con alegría y entusiasmo a depositar su voto por el candidato preferido, porque "con eso le estaremos dando no solamente un beneficio a nuestro partido político, sino lo que es más importante, al fortalecimiento democrático de Honduras".

El mensaje del presidente Azcona, pronunciado a través de una cadena nacional de radio y televisión, es el siguiente:

Liberales:

Faltan pocas horas para la culminación del proceso electoral interno de nuestro instituto político, más complejo y más controvertido en la historia del mismo. Pero vale la pena resaltar, que si este proceso ha sido complejo y controvertido; también al mismo se le ha revestido de las mayores garantías posibles para que el resultado del mismo sea el producto de la voluntad espontánea del liberalismo de Honduras.

Pero en este día, queremos excitarles para que concurramos todos a las urnas electorales, para que los esfuerzos que se han hecho para este proceso, culminen con la demostración de que el Partido Liberal de Honduras sigue siendo la fuerza política mayoritaria en nuestro país.

También es necesario, que concurramos todos a las urnas para que con ese voto fortalezcamos la democracia en nuestro país. Queremos hacer un llamado especial a la juventud liberal de Honduras; esos jóvenes que por primera vez van a tener la oportunidad de hacer un ejercicio cívico depositando su voto, esos jóvenes que necesitan esta experiencia para que concurran en el año de 1989 a depositar el voto por el gran Partido Liberal en elecciones generales.

Por todo ello, repito, debemos los liberales hacer una demostración de civismo el próximo domingo, concurramos a las urnas con alegría, con entusiasmo a apoyar el candidato de nuestra preferencia, y con eso le estaremos dando no solamente un beneficio a nuestro partido político, sino lo que es más importante, al fortalecimiento democrático de Honduras.

Para terminar, quiero hacer un reconocimiento a la comisión electoral del Partido Liberal, que con su trabajo extraordinario va a hacer posible la fiesta liberal del próximo domingo y también nuestro reconocimiento al Tribunal Nacional de Elecciones, ya que en todo momento ha apoyado a la comisión electoral del Partido Liberal y que con eso indudablemente, ha contribuido al fortalecimiento democrático de Honduras.

Tiempo/5 de septiembre de 1987

Presidente Azcona
"SALDRÁ UN CENTRAL EJECUTIVO FUERTE"

TEGUCIGALPA.- (Por Faustino Ordóñez Baca).-El presidente de la República, José Azcona Hoyo, exhortó ayer a los perdedores de los comicios electorales a que respeten los resultados, porque es necesario acatar la voluntad y decisión del liberalismo que ahora se prepara para iniciar otra etapa política y garantizar el triunfo en las elecciones generales de 1989.

Azcona depositó su voto en la escuela "República de Costa Rica", del barrio "Pueblo Nuevo". Se lamentó de la campaña injuriosa que a última hora practicaron algunos candidatos y sostuvo que pese a estos enfrentamientos personales su gobierno no se vio debilitado. El gobernante no reveló a quien de los siete candidatos favoreció con su voto, acto al que se hizo acompañar de su esposa, Miriam de Azcona.

En la escuela donde el mandatario ejerció el sufragio a las 11 de la mañana hubo poca actividad, pero el presidente estimó que en todo el país acudirían a las urnas por lo menos "medio millón de liberales".

"Saldrá un Central Ejecutivo fuerte, con la autoridad suficiente como para dictar normas y pautas a todo el partido", declaró el presidente.

Los comicios de ayer, a juicio de Azcona, son un evento necesario para llegar unidos a las elecciones generales de 1989.

Azcona mostró su descontento con algunas radioemisoras que durante la transmisión se dedicaron a preguntar, en algunos casos, a los ciudadanos por quién votaron.

Según Azcona, quien ahora tendrá el control del organismo rector de las ejecutorias del liberalismo, tiene la obligación de "atraer a los otros miembros, como primer paso, para unificarse y prepararse para la siguiente ronda".

El presidente calificó los comicios de ayer como "una fiesta de alta honestidad política" que servirá de "experiencia" en otras jornadas similares.

En alusión a una nota que le hizo llegar el dirigente nacionalista Rafael Callejas, pidiéndole estabilidad para sus simpatizantes que laboran en el estado, el gobernante dijo que "no había necesidad de que Callejas me enviara esta petición".

En el actual gobierno liberal "no estamos enfermos de sectarismo político", respondió Azcona al líder nacionalista, quien teme que sus correligionarios sean objeto de represalias por no haber ejercido el sufragio.

"Sería engañarnos nosotros mismos", dijo el mandatario, sosteniendo que en ninguna forma su gobierno hubiera permitido que los nacionalistas fueran coaccionados para que votaran por alguno de los candidatos liberales.

MI GOBIERNO ES MÁS FUERTE

Cuando se le preguntó si su gobierno se ha visto debilitado últimamente, el mandatario dijo: "Yo he dicho y lo voy a sostener no ha habido presidente en Honduras que sea más fuerte que Azcona", "Yo soy el más fuerte porque no he tenido compromisos con nadie, ni con el poder legislativo ni el judicial".

Dijo el mandatario que la fortaleza de un gobernante "depende de su grado de libertad y en tal sentido, no ha habido presidente en Honduras que haya tenido más libertad para trabajar que José Azcona".

El dignatario que fue entrevistado varias veces en este fin de semana, afirmó que los "partidos pequeños (democracia Cristiana) y PINU, son políticos las 24 horas, contrario al liberal que somos políticos electorales".

A juicio del jefe del ejecutivo, "la política en Honduras ha evolucionado enormemente, pues ahora hay un enorme respeto entre los partidos, porque hasta el momento no ha habido muertos".

NO LE TEME A SUAZO

El expresidente Roberto Suazo Córdova aún tiene todo el derecho de ser líder en su departamento y participar activamente en la política, dijo el ingeniero Azcona. "No tengo temor que retorne el suazo-cordovismo, porque actúo dentro de la ley y dentro de la Constitución de la República. Jamás actuaré en mi gobierno bajo presión que así uno no actúa libremente", concluyó Azcona.

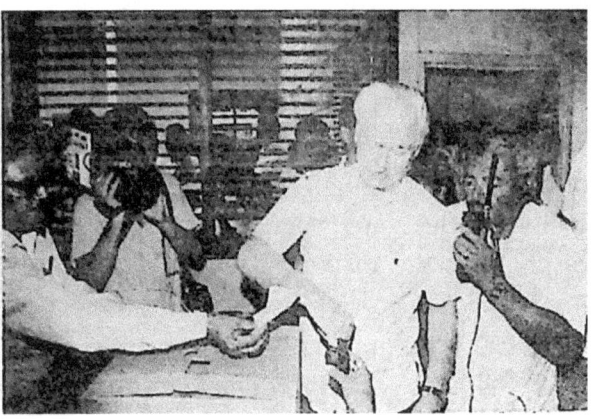

El presidente José Azcona Hoyo, al ejercer el sufragio.

*La Prensa/*7 de septiembre de 1987

ÓSCAR MELARA ES UN ABUSIVO: AZCONA

TEGUCIGALPA.- (Por: Faustino Ordóñez Baca).- El secretario del Congreso Nacional, Óscar Melara; reveló por la radio una plática privada con el presidente de la república, José Azcona; donde el mandatario le daba un virtual triunfo al licenciado Carlos Montoya, en las elecciones que se practicaron ayer, hecho que provocó una reacción enérgica en el gobernante.

Según Melara, que habló para HRN en horas de la tarde del sábado, Azcona Hoyo estimó que, del total de votantes, un 32 por ciento lo harían a favor del Presidente del Congreso, otro 28 por ciento para Carlos Flores y la diferencia quedaría distribuida entre los cinco candidatos restantes de los cuales Jorge Maradiaga sacaría mayoría ocupando un tercer lugar en el conteo general.

El secretario del Congreso mostró un papel que contenía, según aseguró, los apuntes hechos por el Presidente de la República, durante la reunión que sostuvieron minutos después que el gobernante inauguró un proyecto de viviendas en la colonia "Hato de Enmedio".

UN ABUSIVO

El mandatario, en entrevista exclusiva para LA PRENSA, se mostró visiblemente molesto con el secretario del Congreso, por haber revelado la plática que sostuvo con él.

"Mire, yo creo que cuando se tienen conversaciones privadas, en cualquier terreno, hay que ser cuidadoso y no lanzarlas a la prensa", admitió Azcona Hoyo.

"Estuvimos hablando, con Melara, sobre las elecciones luego de la inauguración de las viviendas del INVA, y… hablamos de algunas cosas, de porcentajes, pero yo no estoy afirmando nada, ni he tomado una participación activa en este proceso", dijo el Presidente.

"No estoy de acuerdo en que el licenciado Melara esté dando declaraciones, poniéndome a mí en esa forma. No le he dado autorización para publicar esos datos, cómo va ser posible que yo, que me he mantenido al margen de la actividad del Partido Liberal, a última hora me voy a involucrar en estas cosas", dijo.

"Yo creo que Melara es abusivo y ha actuado con ligereza", contestó Azcona al preguntarle como calificaba las revelaciones del diputado Melara, uno de los principales activistas del licenciado Montoya.

Óscar Melara

La Prensa/7 de septiembre de 1987

GOBIERNO ENSAYARÁ LEY DE PROPIEDAD VERTICAL

TEGUCIGALPA.- El Gobierno practicará ahora un nuevo ensayo en la construcción de vivienda basándose en la Ley de Propiedad Vertical, que será sometida al Congreso Nacional para hacerle algunas modificaciones.

El presidente José Azcona Hoyo, reveló lo anterior en el marco de la inauguración de un proyecto habitacional en la colonia "Hato de Enmedio" el sábado por la mañana.

El gobernante declaró inauguradas 583 viviendas en los sectores nueve y diez que constituyen la finalización total de este extenso proyecto del INVA en el "Hato de Enmedio" cuyas primeras casas comenzaron a construirse a principios de la presente década.

Del total de las habitaciones construidas, 256 ya fueron entregadas, la diferencia se les otorgó las llaves a sus dueños ese mismo día sábado. Cada una tiene un costo de 18 mil lempiras al contado pero la mayoría de la gente las adquirirá a plazos de 10 y 20 años lo que significará un aumento sustancial, según se informó.

A los actos asistieron los funcionarios del INVA, representantes del Congreso Nacional, algunos ministros y del Cuerpo Diplomático.

El presidente afirmó que existen algunos factores "extraordinariamente negativos" para solucionar totalmente el problema de la vivienda en Honduras.

Entre ellos, citó el crecimiento demográfico, la emigración del campo a la ciudad, la topografía irregular de los terrenos y el "alto costo del dinero" que el Estado consigue con los organismos internacionales para financiar los proyectos habitacionales.

Sin embargo, dijo el Gobernante, este último factor se ha ido reduciendo con los nuevos préstamos de los bancos extranjeros que han sido más consecuentes con este país.

"Recuerdo que, en un Congreso Centroamericano del Nivel de Desarrollo Urbano, celebrado en 1974, actuando como presidente de la mesa de vivienda este servidor, se tomó la decisión de la cual se buscaba construir viviendas bajo la ley de propiedad vertical", relató el presidente Azcona Hoyo.

El presidente Azcona en compañía del gerente del INVA, Mario Pinto; la ministra de Educación Eliza Valle de Martínez y el director de AID, John Zambrailo cuando cortaba la cinta. (Foto Daniel Toledo Meza).

Aspectos generales de la inauguración en la colonia Hato de Enmedio.- (Foto Daniel Toledo).

"En Honduras, subrayó, existe la Ley de Propiedad Vertical, por lo que hay que buscarla, pues no va a ser posible en Honduras seguir extendiéndonos en viviendas usando terrenos que son aptos para la agricultura como se está haciendo en San Pedro Sula, y otras ciudades lo que causa problemas al SANAA y a las municipalidades".

Un proyecto en base a esta ley de propiedad vertical significaría la construcción de "viviendas multifamiliares" o sean apartamentos en una misma casa.

"Todas las ciudades europeas, dijo el presidente de la República, están construidas en base a la ley de verticalidad por lo tanto no sería nada nuevo que los hondureños adoptemos este modelo".

"Es importante, de una vez por todas, iniciar, mediante la vía del experimento, la construcción de viviendas de este tipo en nuestro país" dijo el Gobernante.

El gerente del INVA, Mario Pinto, dijo que el déficit habitacional en Honduras asciende unas 400 mil viviendas y aunque manifestó sentirse satisfecho por la inauguración del proyecto en el Hato de Enmedio, declaró que se sentía "defraudado" por la incapacidad de la institución en resolver totalmente el problema en el país.

La Prensa/7 de septiembre de 1987

Al inaugurar 583 casas del Hato de Enmedio:
J. Azcona ordena construir viviendas multifamiliares

TEGUCIGALPA. - El presidente José Azcona Hoyo recomendó al Instituto Nacional de la Vivienda (INVA) iniciar la construcción de viviendas en forma vertical (multifamiliares) en vista de que en Honduras ya no va a ser posible seguir construyendo unidades habitacionales utilizando terrenos aptos para la agricultura.

Azcona inauguró el sábado pasado 503 viviendas en la colonia Hato de Enmedio, correspondiente a los sectores 9 y 10, construidas por el INVA a un costo total de 7 millones de lempiras.

El mandatario expresó que "hay factores extraordinariamente negativos para lograr la solución del problema de la vivienda, no solamente en Honduras, sino que en todos los países en vías de desarrollo. El primer factor negativo es el enorme crecimiento demográfico que tenemos en estos países y, el segundo factor, la migración del campo a las ciudades".

"Pero hay un factor muy importante que contribuye enormemente para que las viviendas fueran siendo reducidas en su tamaño, ese factor es el alto costo del dinero a que fuimos sacrificados los países que necesitábamos préstamos en los últimos 10 años", agregó.

Señaló que, debido a los altos intereses de los préstamos, las "cuotas niveladas resultan onerosas y fuera de la capacidad de los derecho-habientes, ese factor ha ido reduciéndose en beneficio de los derecho-habientes y por eso tal vez el INVA ya en esta etapa ha podido hacer casas, aunque sea de una sola habitación".

"El gobierno de la República está vivamente interesado en solucionar el problema de la vivienda, pero no es posible conseguir logros espectaculares en este campo", añadió.

Según el mandatario, el déficit habitacional en el país es de 400 mil viviendas, pero que eso no es nuevo porque tiene más de 20 años, y desmintió al gerente del INVA, ingeniero Mario Pinto, de que no existe la Ley de Propiedad Vertical, "hay que buscar esa ley, porque sí existe, y legalmente podemos construir vivienda vertical, o sea, apartamentos", expresó.

"No va ser posible que en Honduras sigamos extendiéndonos con viviendas usando terrenos aptos para la agricultura, como se está haciendo en San Pedro Sula y en otras ciudades, extendiendo los servicios, creándole problemas al SANAA, a la municipalidad, etcétera", apuntó.

"Tenemos que empezar a construir vivienda vertical como ya se construía en el siglo pasado en Europa, eso no es nada nuevo que los hondureños vamos a descubrir, ni vamos a innovar, eso está en los países socialistas y capitalistas; por lo tanto, creo que el INVA debe iniciar un proyecto en base a propiedad vertical", recalcó.

El presidente Azcona insistió que, si la Ley de Propiedad Vertical no es suficientemente clara y ágil para permitir el desarrollo urbano, "pues habrá que llevarla al Congreso Nacional para que sea modificada, pero es importante, de una vez por todas, iniciar, por lo menos por la vía de experimento, la construcción de vivienda en forma vertical". (TDG).

El presidente de la República, José Azcona Hoyo, corta la cinta simbólica dando por inaugurado más de 500 viviendas en la colonia Hato de Enmedio. Observa el director de la AID, J. Sambrailo; la ministra de Educación, Elisa Valle de Martínez y el titular de la Secretaría de Trabajo, Adalberto Discua.

Adjudicatarios y vecinos de la colonia Hato de Enmedio asistieron a la ceremonia de inauguración.

Vista de la colonia Hato de En Medio, más de 500 casas fueron inauguradas el sábado.

*Tiempo/*7 de septiembre de 1987

TESTIFICA DIRECTOR DE PROBIDAD QUE AZCONA VOTÓ POR MONTOYA

TEGUCIGALPA. - El director de Probidad Administrativa, Licinio Elpidio Brizzio, aseguró ayer que el presidente José Azcona Hoyo, votó por el aspirante presidencial Carlos Orbin Montoya, porque él está consciente de la labor que hizo el titular del Congreso Nacional, para que llegara a la casa de gobierno.

Elpidio Brizzio manifestó que su corriente había trabajado "para ganar y no para perder" luego de agregar que las encuestas realizadas en las cuales se tiene como favorito a Carlos Flores Facussé son "dudosas".

"Las encuestas en varios países las practican, pero se ha demostrado que hay ocasiones donde han fallado y por esa razón es que no determinan el ganador", criticó Brizzio.

Finalmente, aconsejó que mejor es esperar los resultados finales porque antes sólo se puede especular. (FRE).

BRIZZIO

Tiempo/7 de septiembre de 1987

En Hato de En medio:

ENTREGO 583 VIVIENDAS

En un esfuerzo por resolver el problema agudo de la vivienda en Honduras, el presidente José Azcona inauguró el sábado 583 viviendas construidas por el INVA en dos nuevos sectores, 9 y 10, de la colonia Hato de Enmedio.

La construcción de estas nuevas viviendas están distribuidas así: 256 en el sector 9 y 327 en el sector 10.

Al respecto, el mandatario significó que "nos sentimos felices porque estamos inaugurando un proyecto habitacional y porque una gran parte de nuestra vida la dedicamos precisamente a buscar la solución al problema habitacional de Honduras".

Empero, agregó que hay factores extraordinariamente negativos para lograr solucionar el problema de la vivienda, no solamente en Honduras, sino que en todos los países en vías de desarrollo.

El primer factor negativo, dijo: es el enorme crecimiento demográfico que tenemos en estos países, y, el segundo, la migración del campo a las ciudades, existiendo además en Tegucigalpa otros factores negativos: la topografía, el problema de los servicios básicos del agua y del alcantarillado, etcétera, etcétera.

Señaló que hay un factor muy importante que contribuyó enormemente para que las viviendas fueran siendo reducidas en su tamaño, el factor es, dijo, el alto costo del dinero a que fuimos sacrificados los países que necesitamos los préstamos en los últimos diez años.

Azcona enfatizó que el gobierno está vivamente interesado en solucionar el problema de la vivienda, pero no es fácil conseguir logros espectaculares en este campo, como no ha sido tampoco posible para ningún gobierno de Latinoamérica.

Tras afirmar que en Honduras existe la Ley de Propiedad Vertical, o sea que legalmente se pueden construir apartamentos, expresó que no va a ser posible en Honduras seguir extendiéndonos con viviendas, usando terrenos aptos para la agricultura como se está haciendo en San Pedro Sula y en otras ciudades, extendiendo los servicios, creándole problemas al SANAA y a las municipalidades.

Por tanto, anunció: podemos empezar a construir vivienda vertical. Por tanto, puntualizó, el INVA debe de iniciar un proyecto en base a propiedad vertical, ya que la ley existe y si esta no es lo suficiente clara y ágil para permitir ese desarrollo urbano, pues habrá que llevarla al Congreso Nacional para que sea modificada.

Pero es importante, concluyó, iniciar de una vez por todas, por lo menos por vía de experimento, la construcción de vivienda en forma vertical.

Momentos en que el presidente José Azcona corta la cinta simbólica de la inauguración de 583 viviendas en dos sectores de la colonia Hato de Enmedio. Lo acompañan, entre otros, el director de AID, John Sambrailo, el director del INVA, y ministros de su gobierno. (Foto de Mario Fajardo).

El presidente José Azcona al momento en que abandonaba la colonia Hato de Enmedio. Al fondo se observa las viviendas que minutos antes había inaugurado. (Foto de Mario Fajardo).

La Tribuna/7 de septiembre de 1987

EDITORIAL
SE IMPUSO LA ABSTENCIÓN Y EL VOTO-CASTIGO

La principal característica de las elecciones internas del Partido Liberal realizadas ayer para elegir las autoridades de esta organización política, actualmente en el poder, fue la enorme abstención posiblemente superior al 50 por ciento, en relación con los comicios generales de 1985, y el voto-castigo al famoso "pactito" de Unidad Nacional (PUN).

Aunque no se conoce la totalidad de los resultados en los municipios del país, la tendencia marcada con las informaciones preliminares es hacia la supremacía del Movimiento Liberal Florista, liberado por el ingeniero Carlos Flores Facuseé, sobre el movimiento ALCOM, del licenciado Carlos Orbin Montoya, quienes tienen, al parecer el primero y segundo lugar en el conteo de los votos emitidos.

La reacción general es de que, en el fondo, sólo hay un ganador neto: el abstencionismo, como resultado de diversos factores que han desilusionado a los liberales, siempre movidos por los principios democráticos-electorales, entre ellos la no realización de las elecciones municipales, que por ley deberían tener lugar en noviembre de este año, y por la suscripción del PUN que, en la práctica, cercenó considerablemente el poder obtenido por el liberalismo en las urnas en 1985 para ponerlo en manos del Partido Nacional, su tradicional adversario.

El establecimiento de esa camarilla pumpunera ha sido determinante en la votación de ayer domingo, lo mismo que el desencanto por una administración que, a los casi dos años de vigencia, no ha demostrado estar a la altura de las necesidades, expectativas y aspiraciones del pueblo hondureño.

Naturalmente, hay otros factores menores en el abstencionismo liberal de ayer. Posiblemente la novedad del voto domiciliario -o sea la votación en aldeas y caseríos-, así como la perforación de la tarjeta de identidad anulando la secretividad del voto, y la confusión y falta de estructuración del liderazgo liberal, son algunos de estos elementos negativos.

En algunos casos, por otra parte, estas elecciones internas han venido a confirmar la importancia que tuvo la Alianza Liberal del Pueblo (ALIPO) para darle el triunfo, prácticamente al ingeniero José Azcona del Hoyo en las elecciones generales de 1985. Sin la participación de ALIPO el suazocordovismo habría sido mayoritario en aquella elección.

Otro aspecto significativo es que en San Pedro Sula un sector de la ALIPO se organizó -por encima de las instrucciones de la cúpula y a última hora- para trabajar por la candidatura del doctor Ramón Villeda Bermúdez, lo que fue decisivo para la victoria de éste en esta ciudad.

Por otra parte, es importante señalar que la legitimidad del resultado de estas elecciones primarias se deriva del hecho de que, por primera vez en nuestra historia, se han realizado bajo la supervisión y control del Tribunal Nacional de Elecciones (TNE), con los mismos procedimientos y requisitos establecidos en la Ley Electoral y de las Organizaciones Políticas para las elecciones generales.

Fue Diario TIEMPO, el Diario de Honduras, y la Alianza Liberal del Pueblo, bajo la coordinación del licenciado Jorge Bueso Arias, quienes lucharon tenazmente para incorporar este sistema a la práctica electoral hondureña.

Durante las conversaciones para resolver la crisis institucional de marzo/mayo de 1985, ALIPO insistió en la adopción de las elecciones internas supervisadas por TNE -con papeleta única y la tarjeta de identidad como documento de identificación del votante-, manteniendo la tesis planteada desde 1978.

Dado lo escaso de la votación, en relación con los votos liberales emitidos en las elecciones generales de 1978, es evidente que ninguno de los precandidatos participantes tiene posibilidades de darle el triunfo al Partido Liberal frente a un Partido Nacional nucleado alrededor de Rafael Leonardo Callejas, máxime si, como se perfilan las cosas, se mantendrá un divisionismo militante en lo venidero.

De tal manera que el liberalismo hondureño, en base a los resultados de estas elecciones, tiene ahora la ingente necesidad de buscar un candidato capaz de unificarlo. Un candidato que haya sostenido los puntos básicos del anhelo liberal de realizar elecciones municipales y que haya sostenido el rechazo a la suscripción del PUN, por ejemplo.

Los liberales han votado principalmente para castigar la prepotencia, el abuso de poder, la improvisación y la falta de responsabilidad frente a los grandes problemas nacionales. Lo han hecho así conscientes de que, con el aviso, bien pueden cambiar el rumbo del Partido Liberal para llevarlo al triunfo otra vez en 1989.

*Tiempo/*7 de septiembre de 1987

COMICIOS LIBERALES FORTALECEN LA DEMOCRACIA: AZCONA

• *Integración del Central Ejecutivo servirá de apoyo al gobierno*

El presidente José Azcona expresó que por primera vez se realiza un proceso electoral revestido de todas las garantías, para que los resultados del mismo sean el producto espontáneo de la voluntad del pueblo liberal.

Precisó que lamentaba que haya habido ese juego cruzado entre candidatos, "lo que yo creo que no debería de ser, y suponemos que el día de hoy todo eso terminará y el partido entrará en una verdadera organización, donde habrá una integración del Consejo Central Ejecutivo que, indudablemente, servirá de apoyo al gobierno, para que garanticemos el triunfo el último domingo de noviembre de 1989".

En respuesta a la excitativa del presidente del Comité Central del Partido Nacional, Rafael Leonardo Callejas, de que esperaba que después de las elecciones internas del Partido Liberal no hubieran persecuciones políticas, el mandatario afirmó categóricamente que "yo le puedo decir al licenciado Callejas que he dado muestras extraordinarias de ser un hombre no sectario".

Destacó que necesariamente el Consejo Central Ejecutivo va a quedar integrado, ya que "no creo que nadie puede ganar todos los miembros, pero eso al fin de cuentas va a resultar en la unidad del partido".

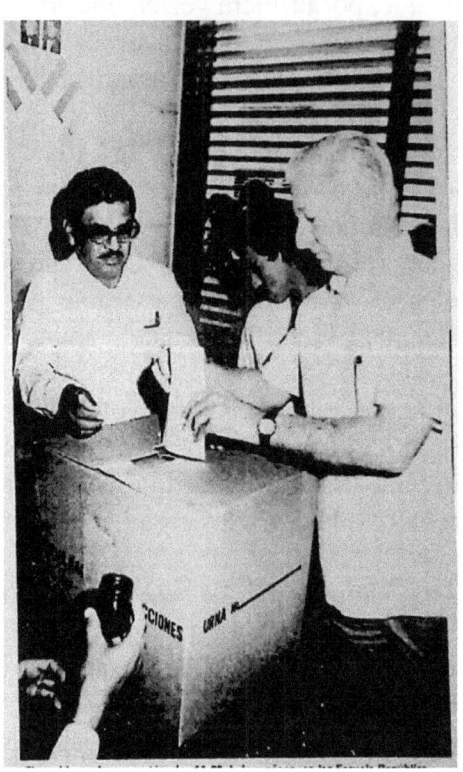

El presidente Azcona votó a las 11:00 de la mañana, en la Escuela República de Costa Rica, del barrio Pueblo Nuevo, de Tegucigalpa.

Dijo que con estas demostraciones se fortalece la democracia, agregando que habrá situaciones en que tendrán que dialogar entre los líderes liberales para que no lleguemos a una situación como la de 1985, que se realicen las elecciones primarias para la escogencia de los candidatos con suficiente tiempo para que el candidato que salga pueda arreglar cualquier problema o restañar cualquier herida que haya quedado como producto de esa confrontación que va a haber en las elecciones primarias.

Al señalarle la profusión de panfletos injuriosos dijo que "yo estoy en contra del insulto entre liberales y entre ciudadanos, ya que nunca he insultado a nadie ni estoy de acuerdo con eso".

"Yo soy amigo personal de todos los candidatos", fue la respuesta cuando se le preguntó que como amigo personal de Carlos Montoya lo había favorecido con su voto.

Mientras, puntualizó que después de conocerse los resultados de las elecciones "tal vez tenemos un arreglo con todos los candidatos".

La Tribuna/7 de septiembre de 1987

SOBERBIA INAUDITA TENÍAN SUAZOCORDOVISTAS: AZCONA

El presidente José Azcona Hoyo dijo que cuando triunfó en los comicios presidenciales pasados, la dirigencia liberal anterior se comportó con una "soberbia inaudita", a tal grado que amenazaron con pagarle la deuda política a plazos dejándolo "ensartado" con una deuda millonaria, la que si no hubiera podido pagar "me hubiera tenido que pegar un tiro".

El mandatario hizo la afirmación ayer, tras un diálogo telefónico que sostuvo en la emisora capitalina Radio América, en el que rechazó acusaciones de que su administración emprendió una persecución contra los miembros del gobierno de Roberto Suazo Córdova y que fueron formuladas por Byron Suazo, hijo del ex-mandatario hondureño.

Byron había atacado la administración de Azcona Hoyo, y entre las acusaciones denunció que el teléfono de la residencia particular del doctor Roberto Suazo Córdova estuvo desconectado durante cuatro meses, además de otros actos.

El actual presidente dijo que jamás emprendió campaña alguna contra un ciudadano, menos un liberal, y jamás lo haría contra un ex-presidente de su partido.

El mandatario dijo que de la suma de un millón 600 mil lempiras que le correspondían por la deuda política y que el Consejo Central Ejecutivo pretendía pagarle en partes, equivalía a los compromisos económicos que contrajo para su campaña, por lo cual me "dejaban ensartado con el Banco de Occidente, Banco Continental, con la televisora, con Zeus Publicidad, con Río Lindo por las banderas y con todos los líderes departamentales".

Azcona Hoyo consideró la conducta que asumieron los viejos dirigentes rodistas como "canalladas con un presidente electo", que a su juicio constituía un acto de soberbia inaudita.

Además de indicarle que no tendría derecho a la deuda política, los dirigentes del partido le manifestaron que no asumiría el control del partido y que incluso lo habían despojado de su condición de convencional por el movimiento rodista.

SE RESTAÑARÁN LAS HERIDAS ANTES DEL 89

Opinando sobre los comicios internos de su Partido Liberal, el mandatario manifestó que los comicios son una prueba de la movilización del organismo partidario y de su carácter democrático. Además, señaló que de haber una votación superior al millón de votos, se demostrará que continúa siendo el primer partido de Honduras.

Asimismo apuntó que la movilización de ayer da pie para que el último domingo de noviembre de 1989 los liberales vuelvan a triunfar sobre el nacionalismo, ya que daría tiempo para restañar las heridas que queden de los comicios primarios.

En ese sentido, Azcona Hoyo señaló la importancia de que los comicios se hagan con tiempo para que el candidato triunfador resuelva en el camino las diferencias que queden pendientes, de ahí que el espacio debe ser amplio.

"Desgraciadamente yo no tuve ese espacio, porque salí electo en las elecciones primarias y las elecciones generales fueron al mismo tiempo, eso me restó la posibilidad de haber arreglado cualquier cosa", dijo.

NADIE ME IMPUSO LOS MINISTROS

Azcona Hoyo dijo que así como él respeta al resto de liberales, también merece respeto y se quejó que los parciales de Suazo Córdova siempre afirman que para cada paso que debe dar pide permiso o consulta con el dirigente de la oposición, Rafael Leonardo Callejas, y lo anterior lo consideró falso.

El mandatario indicó que los dos ministros nacionalistas en su administración están en esos puestos porque él los colocó, asimismo señaló que los embajadores del partido azul están por su disposición. En todo caso, afirmó, en la administración de Suazo Córdova había más diplomáticos nacionalistas que en la suya.

NO SABÍA QUE SUAZO CÓRDOVA ESTABA SIN TELÉFONO

El presidente indicó que le preocupaban los reclamos de Byron, especialmente que la residencia particular del padre de éste estaba sin línea telefónica.

Aclaró que él, ni su ministro de Comunicaciones han dado órdenes para que le corten el teléfono, recordando que HONDUTEL está a cargo de los militares y que ello lo sabía muy bien Suazo Córdova.

El Heraldo/7 de septiembre de 1987

JURA MONTOYA QUE AZCONA VOTÓ POR ÉL

TEGUCIGALPA. - El presidente José Azcona, su esposa Miriam y sus parientes, depositaron su voto a favor de Carlos Montoya reveló el político aspirante a controlar el partido de gobierno.

"Él y sus parientes han votado por mí", dijo Montoya, mientras Azcona al ser entrevistado cuando depositó su voto se negó a revelar por quién lo hacía.

Óscar Melara Murillo aseguró ayer que el "triunfo de Montoya es de él, de Azcona".

Azcona hasta ahora se ha mantenido públicamente al margen de la lucha política de su partido que aparentemente culminará hasta en 1989 cuando se elija al nuevo mandatario.

Tiempo/7 de septiembre de 1987

Azcona Hoyo:

ES PREFERIBLE LA GUERRA POR RADIO QUE LA DE LOS BALAZOS

- **Sin embargo, condenó la belicosa campaña electoral de las últimas horas**

El presidente José Azcona Hoyo depositó su voto en la urna 81, ubicada en la Escuela República de Costa Rica en el barrio Pueblo Nuevo, cerca de su casa de habitación. Le acompañaba su esposa, Miriam.

El gobernante no quiso divulgar el nombre del candidato por el que sufragó porque, según explicó, no quiere que se le involucre como factor de lucha en la contienda interpartidaria.

Al preguntarle si favoreció al presidente del Congreso Nacional, Carlos Montoya, por ser su amigo personal respondió: "Soy amigo personal de todos los candidatos".

Azcona Hoyo sostuvo que no se pierde la secretividad del voto con la perforación de la tarjeta de identidad pues igual procedimiento se utilizará en las elecciones internas de los restantes partidos.

En relación al desarrollo del proceso electoral, dijo que le parecía muy bien y esperaba que más de medio millón de liberales acudieran a las urnas.

Según el mandatario, el Consejo Central Ejecutivo quedará integrado por miembros de las distintas corrientes porque es improbable que un solo candidato logre mayoría absoluta.

Azcona Hoyo aseguró que la economía del país no se ve afectada por la agitación electoral y añadió que "es preferible la guerra de radio a que en Honduras ocurran hechos lamentables como en otros países donde los mismos connacionales dirimen sus diferencias a tiros".

Sin embargo, condenó el nivel de confrontación alcanzado por la campaña en las horas previas a la celebración de los comicios y deploró que a un candidato (Carlos Flores Facussé) se le haya sacado su origen porque "a mí me atacaron por el mismo motivo".

Lamentó igualmente que a otro candidato (Carlos Montoya) se le haya atacado por las opiniones que ha expresado con respecto a algunos temas de la política exterior del país.

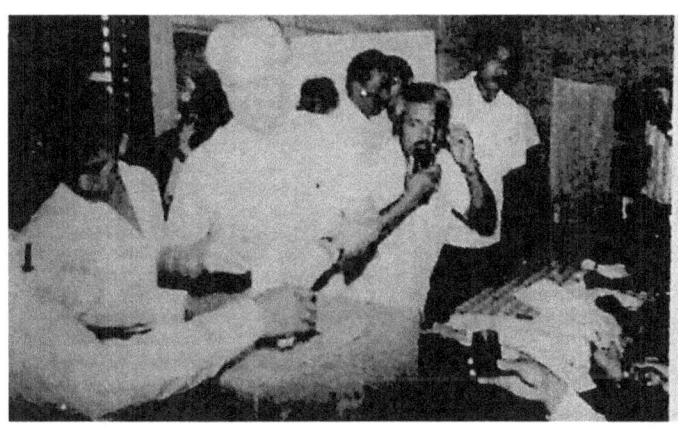

El Presidente cuando depositaba su voto ayer en la capital. No quiso decir por quién se había decidido. (Foto Sabillón).

NO ESTOY SOLO

El presidente sostuvo que es el gobernante más fuerte que ha tenido el país en los últimos años porque no tiene compromisos con nadie como ocurría con los titulares del Poder Ejecutivo en el pasado.

"Mi único compromiso es con mi partido y con la ciudadanía", reiteró, para señalar más adelante que tampoco tiene compromisos con los Estados Unidos, como aseguran algunos de sus opositores.

"Cualquier presidente que tenga el país tiene que mantener nexos con los Estados Unidos porque la ayuda no nos va a venir de Rusia", explicó.

*El Heraldo/*7 de septiembre de 1987

75 millones de lempiras
GOBIERNO REITERA OFERTA AL MONAMAH

TEGUCIGALPA. - El gobierno ofreció a los dirigentes del Movimiento Nacional de Maestros (MONAMAH), la misma suma de 75 millones de lempiras que reveló al Frente de Unidad Magisterial (FUMH), con quienes se reunió la semana anterior.

Tal y como se había programado, el presidente Azcona dialogó ayer con los conductores del Colegio Profesional Superación Magisterial (COLPROSUMA), el Unión Magisterial y el Colegio de Profesionales de la Docencia (SINPRODOH) y dirigentes obreros de la Central General de Trabajadores (CGT).

Similar oferta, consistente en la distribución de 75 millones de lempiras en cinco años, que significan aumentos de 25 lempiras anuales sobre la base de 375, fue la que ofreció oficialmente el presidente al MONAMAH.

El Estatuto del Docente, cuya aprobación es la bandera de lucha de los maestros, incluye 135 millones de lempiras que representan un incremento de la base a 700 mensuales para los docentes de Educación Primaria. Los profesores de Educación Media que ganan seis lempiras por hora clase, tendrían un aumento a diez lempiras, según el Estatuto.

Los dirigentes del MONAMAH informaron que analizarán las bases del ofrecimiento del mandatario y que dentro de tres días, como máximo, estarán respondiendo si aceptan, o de lo contrario, continuarán con su lucha.

El presidente del COLPROSUMAH, Nery Rodrigo Paredes, dijo que "no podemos, los maestros, determinar así nomás un plazo para responder al gobierno, sino que creemos que debe ser en un tiempo prudencial, porque el magisterio nacional tiene necesidades enormes y naturalmente está dispuesto a negociar".

La misma oferta que reveló al FUMH, consistente en la aprobación de 75 millones de lempiras, ofreció el presidente Azcona a los dirigentes del MONAMAH, en la reunión de ayer. (Foto Salinas).

"El magisterio está atento a las decisiones que nosotros tomemos y vendrán acciones a seguir si el gobierno no nos satisface", advirtió el dirigente magisterial.

La titular del SINPRODOH, Magdalena de Burgos, manifestó su desacuerdo con la proposición del gobierno y anuncio también que harán las consultas con las bases, advirtiendo a la vez que si el magisterio no acepta, sus 15 mil afiliados están dispuestos a proseguir la lucha.

La Prensa/8 de septiembre de 1987

OFERTA DEL PRESIDENTE A MAESTROS ES DEFINITIVA

TEGUCIGALPA. - La ministra de Educación Pública, Elisa Valle de Martínez, declaró que la propuesta del gobierno a los maestros, es definitiva.

La funcionaria, que también participó en la cita con los docentes del MONAMAH, dijo que la reunión "fue muy positiva" al igual que las anteriores dentro de las cuales está una, sostenida con la dirigencia del Frente de Unidad Magisterial Hondureño (FUMH), a quienes cl gobierno les ofreció primeramente los 75 millones de lempiras.

Estos 75 millones cambiarán el esquema actual del Estatuto del Docente, que ya fue introducido al congreso pero que está en manos de la comisión dictaminadora, una vez. que sean aceptados por los mentores.

La ministra de Educación reveló que "el señor presidente fue franco y categórico con los maestros, pues su propuesta está de acuerdo a la capacidad del estado".

"Quiero decirles que el gobierno no tiene ninguna negociación con los profesores, es una propuesta que les ha hecho. lo único que se puede hacer", subrayó la titular de Educación Pública.

La oferta gubernamental estará contemplada, este año, en el Estatuto del Docente, que entraría en vigencia a partir del próximo año, reveló Martínez Pavetti.

En la reunión participaron, por parte del gobierno, el presidente Azcona; la ministra de Educación y el viceministro de Planificación, Coordinación y Presupuesto, y los dirigentes de los tres colegios magisteriales afiliados al Movimiento Nacional de Maestros (MONAMAH).

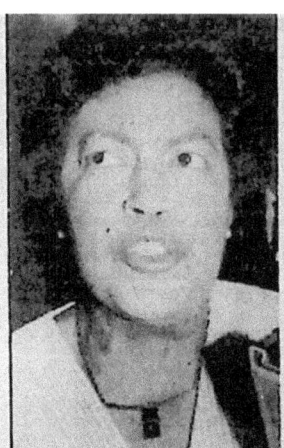

Elisa Valle de Martínez

*La Prensa*8 de septiembre de 1987

"NO ES NEGOCIABLE", DICE AZCONA UN INCREMENTO MAYOR A MAESTROS

TEGUCIGALPA. - El presidente José Azcona Hoyo advirtió ayer a los dirigentes del Movimiento Nacional Magisterial Hondureño (MONAMAH) que el aumento salarial de 75 millones de lempiras que el gobierno propone a los maestros, no es negociable, según comunicó la ministra de Educación, Elisa Valle de Martínez.

La licenciada Valle, que también participó en la reunión con los directivos del MONAMAH, expresó que el presidente Azcona fue "franco y categórico, en el sentido de que el Estado no tenía capacidad para otorgar un aumento salarial que sobrepasara los 75 millones de lempiras"

Asimismo, dijo que a los dirigentes del MONAMAH se les explicó que esa propuesta salarial no es negociable. "Porque no es un contrato colectivo, ni nada parecido. El presidente Azcona lo explicó claramente allí, que no es ninguna negociación, sino la propuesta que el Estado puede hacer conforme a la capacidad que tiene".

La ministra de Educación indicó que el presidente Azcona ha dado las instrucciones a las autoridades de la Secretaría de Planificación, Coordinación y Presupuesto (SECPLAN) para que incluyan en el presupuesto general de la República del año próximo el aumento salarial que le corresponde al magisterio nacional, que serían 15 millones de lempiras. (TDG)

Tiempo/8 de septiembre de 1987

Afirma Azcona:
SOY EL PRESIDENTE MÁS FUERTE Y LIBRE QUE HA TENIDO HONDURAS

TEGUCIGALPA. - El presidente José Azcona Hoyo aseguró ayer que en Honduras no ha habido presidente más fuerte y libre que él, porque no tiene compromisos absolutamente con nadie, como lo tenían los anteriores gobernantes.

Azcona se refirió a las críticas en el sentido de que él se ha debilitado como gobernante por la división que existe dentro del liberalismo y porque no tiene el apoyo de la mayoría del pueblo hondureño.

"Aquí se confunde la fuerza con el garrote, yo he dicho una y otra vez, y lo voy a sostener, que no ha habido presidente más fuerte en Honduras que José Azcona, y es el presidente más fuerte porque no tiene compromisos absolutamente con nadie. Todos los presidentes que han habido en Honduras han tenido compromisos en uno u otro sentido", expresó.

El mandatario dijo que el funcionario que comete actos deshonestos en su gobierno, tendrá que "irse a la calle", y que el respeto y fortaleza de un gobernante "depende de su grado de libertad, y no ha habido presidente más libre en Honduras que José Azcona".

Aclaró que su compromiso es únicamente con el pueblo hondureño y el Partido Liberal. "pero compromisos que hagan que José Azcona pueda realizar actos fuera de sus atribuciones estrictamente, no tengo compromisos con nadie", agregó.

Asimismo, dijo que no tiene compromisos con el gobierno de los Estados Unidos, pero "somos leales amigos, y no hay que dudar ni engañarse, de que cualquier gobernante que haya en

Honduras, tendrá nexos con el gobierno de los Estados Unidos, porque la ayuda no nos va a venir de Rusia, la ayuda nos viene de los Estados Unidos", apuntó (TDG).

AZCONA HOYO

*Tiempo/*7 de septiembre de 1987

<u>**EDITORIAL**</u>

UNA VOTACIÓN LIBERAL A MANERA DE PLEBISCITO

Faltando todavía por computar 11 municipios en el momento de hacer este comentario, extraoficialmente los resultados de la votación del domingo anterior, tomando como base los datos de Radio América, llegaba a los 540,000 votos, lo cual significa un 69,8 por ciento de la votación obtenida por el Partido Liberal en las elecciones generales de 1985.

De acuerdo con las proyecciones del electorado liberal para este año, de aproximadamente 1,2 millón de votantes, la cifra preliminar de 540,000 sufragios hasta ayer, al atardecer, la votación sería de 45,5 por ciento en relación con dicha estimación.

En las elecciones generales de 1985 el Movimiento Azconista -con los sufragios de ALIPO- obtuvo alrededor de 417,000 votos. En esta ocasión, los votos sumados de los azconistas participantes en las elecciones internas -Montoya (128,000)/Maradiaga (68,000)/Hall (22,000)- sumaban, siempre en este cómputo incompleto, 218,000 votos, o sea sólo un 57 por ciento de aquella votación.

Esto significa, por otra parte, hasta ese momento, el 40,3 para el azconismo, y una votación del 28,2 por ciento en relación con los casi 773,000 votos obtenidos por el Partido Liberal en 1985.

El Movimiento Florista, a su vez, tiene 200,000 votos en ese cómputo preliminar e incompleto, o sea el 37,0 por ciento de los 540,000 votos. También, esta cifra significa el 81,0 por ciento de los votos (247,515) obtenidos por el rodismo-suazocordovismo en las elecciones generales de 1985.

La comparación de estos datos puede, en algún momento -y si se mantiene la tendencia hasta el final- interpretarse como un plebiscito para el gobierno del presidente Azcona, en el sentido de que los votos juntos de los tres azconistas solamente han logrado un 57,0 por ciento de los votos de 1985, mientras el Florismo ha mantenido incólume, prácticamente, su votación en aquel mismo torneo.

Por lo demás, pese a las apreciaciones iniciales, va quedando clara la fortaleza del Partido Liberal, que se ha movilizado en estas elecciones internas, aunque se ha tenido la impresión de un marcado abstencionismo. Si ya están computados 540,000 votos, faltando 11 municipios, es posible que la cifra se acerque a los 600,000 votos. Esto significaría una abstención del 50 por ciento en relación con la votación de 1,2 millones ponderada para este año, pero un 77,6 por ciento comparada con la votación de los liberales -en elecciones generales- en 1985.

Normalmente, en elecciones generales es universalmente normal una abstención del 20 por ciento. Asimismo, es normal una abstención del 50 por ciento. De tal manera que el volumen de votos del domingo anterior, de conformidad con los últimos datos disponibles, reflejan una fuerza creciente del liberalismo que, en esta ocasión, dio un voto-castigo hacia la administración y hacia el Movimiento ALCOM, percibido éste como oficialista.

Esta visualización se desprende del hecho de que el Movimiento Florista ha ganado en 16 de los 18 departamentos del país -con excepción de Ocotepeque-, donde ganó Hall, y de Valle, donde ganó Villeda Bermúdez-, y en la gran mayoría de los municipios del país. La extensión del voto-castigo a lo largo y ancho del país es, sin duda, demostrativo de una opinión unánime de los liberales militantes.

Esto trae de la mano otras consideraciones, por ejemplo el de que el Movimiento Florista tuvo que esforzarse por demostrar su independencia del ex-presidente Suazo Córdova para poder evitar el rechazo persistente de los liberales hacia ROSUCO.

Asimismo, que la victoria del Movimiento Florista en la casi totalidad de los departamentos y de los municipios -además de que otras corrientes ganan municipios sin ser de extracción azconista- hace las veces de una deslegitimación de las actuales corporaciones municipales en aquellos municipios que no ganó Oscar Mejía Arellano.

De tal manera que ahora, para abundamiento, sería imposible prorrogar el mandato de las municipalidades azconistas en donde ganó el Florismo u otra corriente, como es el caso de San Pedro Sula, que fue ganada nuevamente por la Alianza Liberal del Pueblo.

Por cierto que los alipistas dieron en San Pedro Sula una demostración de madurez electoral. No se polarizó, y empleó su fuerza para buscar una tercera posición, más de acuerdo con su idiosincrasia y los intereses de la comunidad.

*Tiempo/*8 de septiembre de 1987

SE PARA EN TREINTA AZCONA CON LOS 75 MILLONES PARA MAESTROS

- **Ellos exigen L. 136 millones**

El presidente José Azcona Hoyo reiteró ayer ante los dirigentes del Movimiento Nacional del Magisterio de Honduras (MONAMAH), que su gobierno únicamente aprobará 75 millones de lempiras en aumentos salariales para los docentes.

La oferta gubernamental es la misma que el presidente le hizo la semana anterior al Frente de Unidad Magisterial de Honduras (FUMH), cuya dirigencia prometió estudiar la propuesta y dar una contestación esta semana.

El presidente del Colegio Profesional Superación Magisterial Hondureña (COLPROSUMAH), Nery Rodrigo Paredes, dijo que ellos también informarán a sus bases para definir la respuesta que le darán al mandatario.

Sin embargo, Paredes recordó que la demanda del MONAMAH consiste en un aumento salarial de 136 millones de lempiras, y que si esa propuesta no es satisfecha reanudarán las medidas de presión contra el gobierno.

"Lo que ofrece el presidente Azcona no satisface las pretensiones del magisterio pero, como estamos en un proceso de negociación, es posible que el presidente decida subir su oferta", dijo el dirigente magisterial.

Añadió que los 75 millones únicamente representarían un aumento de 25 lempiras anuales para cada maestro y que esa suma no llena las aspiraciones del gremio.

Paredes informó que no hay un plazo para que los maestros decidan si aceptan o no la proposición del gobierno, pero señaló que "debe ser un tiempo prudencial porque el magisterio tiene necesidades enormes y no puede esperar tanto".

Es una conquista amplia

Por su parte, la ministra de Educación, Elisa Valle de Martínez, sostuvo que la propuesta del presidente Azcona "es una conquista amplia que debe ser aceptada por los maestros".

"En el mundo nunca habrá nada que satisfaga a nadie porque siempre queremos un poquito más, pero el presidente fue franco y categórico y está ofreciendo de acuerdo a la capacidad económica del Estado", continuó la funcionaria.

Agregó que la propuesta de Azcona es definitiva, porque han sido analizadas todas las posibilidades y se ha determinado la suma que el Estado puede dar.

La ministra Valle aseguró que el gobierno no está involucrado en ninguna negociación con los maestros, porque no se trata de la suscripción de algún Contrato Colectivo o documento parecido.

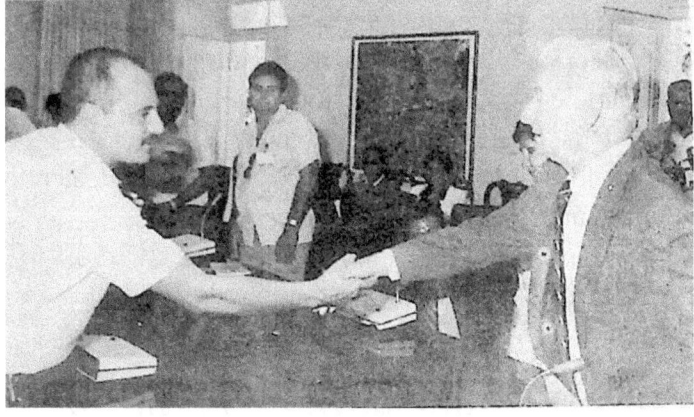

*El presidente recibe con amabilidad a los maestros; sin embargo, dejó claro que no les dará más de 75 millones de lempiras en aumento salarial.

"El presidente fue muy claro en la reunión al decir que no se trata de ninguna negociación, sino que es la propuesta que el Estado puede hacer conrme la capacidad que tiene y conforme las necesidades de los demás sectores sociales que reclaman la atención económica del gobierno", explicó la funcionaria.

La ministra dijo que el ofrecimiento a los maestros será incluido en el Presupuesto de la Nación para 1988 y que además será una conquista que se incluirá en el Estatuto del Docente.

Finalmente, indicó que no cree que los maestros adopten nuevas medidas de presión, porque "todos somos hondureños y sabemos la situación en que está nuestro país".

*El Heraldo/*8 de septiembre de 1987

SALUD, "A TRES PUYAS"

- *"Le reventó ayer otro paro de labores"*

El Ministerio de Salud enfrenta otro paro de labores, esta vez provocado por laboratoristas de todo el país que demandan, entre otras cosas, incrementos salariales y la reapertura de una escuela de capacitación que fue cerrada por falta de presupuesto.

Los laboratorista, se constituyen así en el tercer grupo que impone exigencias al ministro Rubén Villeda Bermúdez, al grado de emplazarle para que en el término de 18 días les autorice un sustancial mejoramiento económico.

Hace unos 15 días los sindicalistas del Hospital de Área de El Progreso, decretaron un paro progresivo exigiendo la destitución de la jefe de personal, Santa Peña, y al movimiento se sumaron varias seccionales del SITRAMEDHYS, sobre todo de la zona norte.

Luego, los de la División de Control de Vectores les imitaron presionando por el retiro del jefe, Carlos Pineda, a quien acusan de muy drástico por despedir a dos empleados por faltas que no ameritaban destitución. El acusado señala que una joven fue retirada del cargo que tenía por haberse llevado, sin autorización, un vehículo estatal a su casa. El otro destituido es un empleado que no reportó un tanque para agua en una vivienda.

Ahora, los de los laboratorios exigen que se reabra un centro de capacitación a fin de que continúe entrenando personal de ese sector sanitario, y que se les otorguen incrementos salariales en el plazo de 18 días.

Su paro, de ayer, fue de dos horas, y anunciaron que con los días incrementarán el tiempo no trabajado hasta llegar al indefinido si no se les atiende pronto.

*La Tribuna/*8 de septiembre de 1987

PRESIDENTE DE COLPROSUMAH: LOS 75 MILLONES SON NADA

El presidente José Azcona mantuvo ayer su propuesta de un incremento salarial de 75 millones de lempiras para el magisterio nacional durante cinco años, anunció el dirigente del MONAMAH y presidente del COLPROSUMAH, Nery Rodrigo Paredes.

Ante esa oferta, se irán esta semana a una consulta con las bases para, en definitiva, traer una respuesta categórica sobre nuestra posición ya que el MONAMAH demanda un incremento de 136

000 000 para el magisterio nacional, que tienen enormes necesidades, por lo que está dispuesto a negociar.

Tras sostener que el magisterio está atento a las decisiones que se tomen, amenazó con que "vendrán las acciones a seguir si no satisface los requerimientos", sin precisar qué clase de acciones.

Mientras, dijo que "nosotros vamos a estudiar la oferta del presidente Azcona para luego negociar", agregando que "como en todo negocio hay que estirar y encoger".

Paredes enfatizó que "nosotros consideramos que la oferta no satisface en general las pretensiones del magisterio, pero creemos que como hay un proceso de negociación, puede subir".

Aclaró que con esa posición del gobierno sólo se aumenta en la escala del Estatuto del Docente 25 lempiras anuales al sueldo base.

Entretanto, anunció que quedaron de reunirse nuevamente con el mandatario "cuando nosotros presentemos la contraoferta, que será posiblemente el jueves o viernes de la próxima semana".

Por su parte, la titular de Educación Pública Elisa Valle, calificó como "muy positivos" los resultados de la reunión del presidente José Azcona con el MONAMAH, ya que los 75 millones es la propuesta que el Estado puede hacer conforme a su capacidad económica.

Finalmente, no cree la funcionaria que el MONAMAH ejerza presiones, "porque todos somos hondureños y todos sabemos la situación en que está Honduras, y esta ya es una conquista bastante amplia que se tiene, mas no lo que se aspira ni lo que se desearía darles, pero es bastante".

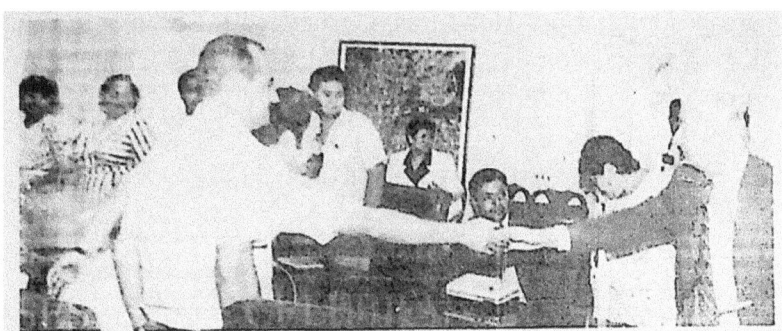

Dirigentes del MONAMAH y de la CGT saludan ayer al presidente José Azcona, antes de la reunión en que el mandatario reafirmó su oferta de 75 millones para el magisterio. (Foto de Aquiles Andino).

La Tribuna/8 de septiembre de 1987

TEGUCIGALPA.- El congresista republicano Jack Kemp, aspirante a la presidencia de Estados Unidos, se reunió ayer con el mandatario José Azcona Hoyo a fin de obtener su opinión sobre la decisión de la administración Reagan de continuar proporcionando ayuda a los contrarrevolucionarios nicaragüenses. Kemp encabeza una delegación de 50 personas en gira por Honduras, Costa Rica y El Salvador, para promocionar la concesión de 310 millones de dólares en ayuda militar a la "contra".

*Tiempo/*9 de septiembre de 1987

Dijo Azcona, según precandidato Kemp:

ACUERDO DE GUATEMALA NO OBLIGA A CONGRESO DE EEUU A SUSPENDER AYUDA A LOS REBELDES

TEGUCIGALPA. El congresista republicano Jack Kemp, aspirante a la nominación presidencial de Estados Unidos, se reunió ayer con el presidente José Azcona Hoyo, para conocer la posición del gobierno hondureño sobre la decisión de la administración Reagan de continuar proporcionándole ayuda militar a los "contras" nicaragüenses.

Kemp encabeza una delegación de 50 personas que visita Honduras, Costa Rica y El Salvador, para promocionar la concesión de 310 millones de dólares en ayuda militar norteamericana a los contras.

El aspirante presidencial norteamericano, que ha instado al presidente Ronald Reagan a rechazar cualquier plan de paz en Centroamérica que excluya a los contras, llegó a la Casa Presidencial acompañado por el embajador de los Estados Unidos, Everett Briggs, y otros funcionarios estadounidenses.

Jack Kemp, en sus declaraciones en inglés que dio a la prensa, dijo que la reunión con el presidente Azcona fue "cordial y franca", y que ha sido un placer para él reunirse "con los líderes fuertes de la democracia centroamericana".

Azcona aseguró, según Kemp, que el acuerdo de paz de Guatemala no establece la obligatoriedad de que el Congreso de los Estados Unidos suspenda la ayuda a los "luchadores de la libertad de Nicaragua, y que no se cree que los sandinistascomunistas cumplan con sus promesas".

"El presidente Azcona expresó su apoyo a la propuesta de paz, pero a la vez expuso sus dudas y reservaciones de que el gobierno sandinista dé cumplimiento a lo acordado en ese plan de paz", recalcó.

"Contestando una pregunta nuestra, el presidente Azcona dijo que el Plan de Paz de Guatemala no debe ser usado en los Estados Unidos por los opositores a la ayuda a la resistencia nicaragüense", agregó.

Kemp dijo que al mandatario hondureño le manifestaron de que "es muy importante que él diga al pueblo estadounidense, sobre todo al Congreso, que no haga nada para impedir los esfuerzos del presidente Regan para llevar la democracia en Nicaragua". (TDG).

El congresista republicano Jack Kemp, aspirante a la nominación presidencial de Estados Unidos, visitó ayer en la casa de gobierno al mandatario José Azcona Hoyo para conocer la posición de Honduras sobre la decisión de la administración Reagan de continuar con la ayuda militar a los "contras".

*Tiempo/*9 de septiembre de 1987

AZCONA SE REÚNE CON LOS DIRIGENTES DE LA CONTRA

TEGUCIGALPA. - Existe mucha similitud entre los cuatro presidentes de las "democracias centroamericanas" y la Resistencia Nicaragüense (RN) en cuanto a la aprobación de un nuevo paquete de ayuda a los contras por parte de Estados Unidos, afirmó ayer Alfredo César, uno de los seis directores máximos de los rebeldes.

El ingeniero, de 36 años de edad, dijo en una entrevista exclusiva a TIEMPO que han habido reuniones privadas con los cuatro presidentes, José Azcona, de Honduras, Vinicio Cerezo, de Guatemala, José Napoleón Duarte, de EI Salvador y Oscar Arias Sánchez, de Costa Rica.

"Pero es un tema que hemos discutido en privado y tiene que permanecer en privado porque ese es el compromiso nuestro con ellos, y no habrá ninguna expresión pública de ellos", señaló.

El líder del grupo armado Bloque Opositor del Sur (BOS) que ha decidido organizarse en partido político señaló que los gobernantes "no están interesados en hablar tanto de ese asunto (de la ayuda) si no en darle un chance al Plan de Esquipulas II".

"Pero puedo adelantar -añadió-- que hay una gran comprensión y mucha similitud en las posiciones entre la Resistencia Nicaragüense y las cuatro democracias del área"

Recordó que la posición de la agrupación antisandinista es que la administración Reagan les apruebe un nuevo paquete de ayuda, "que la parte humanitaria siga fluyendo y la parte letal se mantenga en reserva".

Es decir que los implementos bélicos se enviarían en la eventualidad que los sandinistas incumplan el Acuerdo de Paz firmado por los cinco gobernantes de la zona.

César definió que con respecto al Acuerdo de Guatemala hay tres sectores fácilmente identificables, unos que "mantienen escepticismo que es imposible que fructifique, que es la posición de los sectores duros, y otra posición de los ingenuos que creen que ya hay paz en Centroamérica".

La tercera posición, "la que ha tomado la Resistencia Nicaragüense es la del centro, la más realista, vamos a darle un verdadero realce al Plan, pero no vamos a caer en la trampa de minar la fuerza combatiente nuestra".

"Son actos que no caen ni en el escepticismo destructivo ni en la ingenuidad de los que creen que ya todo está resuelto", dijo César, quien aclaró que no se excluye del directorio de la RN.

Explicó que el BOS es uno de los sectores agrupados en la Resistencia Nicaragüense que "es la entidad nacional que agrupa a todas las organizaciones que resisten el esfuerzo totalitario de los sandinistas".

Dentro de la RN "estamos un amplísimo espectro político, desde los conservadores hasta los revolucionarios democráticos como nosotros", añadió. "Y el Bloque Opositor del Sur se transformó en partido político con miras hacia un futuro de actividades políticas en Nicaragua".

Sin embargo, dijo. "la presencia del BOS en Nicaragua está basada en dos aspectos:

En primer lugar, somos seis los directores de la Resistencia y todas las decisiones las tomamos en conjunto, de manera que no hay decisiones unilaterales. En segundo lugar, en la eventualidad que el directorio considerara conveniente, dentro de la estrategia, que una delegación hiciera presencia en Nicaragua para juntar los esfuerzos con la oposición interna".

Alfredo César dijo que no descarta la posibilidad que el directorio opte por enviar una delegación que lleve a cabo un esfuerzo unitario con la oposición interna, pero personalmente "no tengo ningún plan de ir a Managua".

Pero en todo caso, sería decisión del directorio porque "estamos actuando como cuerpo monolítico" y aseguró que en la misma forma están actuando en relación con las decisiones que se han tomado en torno al Acuerdo de Esquipulas II.

Dijo que en un "acto de flexibilidad política y de responsabilidad, hemos dicho que no necesariamente la Resistencia exige un diálogo cara a cara, pero que tiene que haber negociaciones entre el Frente Sandinista y nosotros".

"Entonces -añadió- se ha explorado en varias ocasiones, en reuniones con el presidente Oscar Arias, la semana pasada, que haya un grupo de personas de buena voluntad que puedan hacer ese trabajo de diplomacia mediadora".

Indicó que a Arias le expusieron preocupaciones porque no hay avances en el cumplimiento de los acuerdos, sobre todo en lo relativo al cese del fuego, "y a ver si él lograba empujar el asunto del diálogo que conduzca al cese de las hostilidades".

"Y el presidente Arias va a hacer un intento para ver si tiene éxito", apuntó. Luego indicó también que entre las posibilidades que han visto para integrar el "grupo de trabajo de diplomacia mediadora" han incluido a la Cruz Roja.

Subrayó que "la disposición de la Resistencia es iniciar un diálogo que pueda conducir al cese del fuego para abrir un chance al proceso de democratización interna en Nicaragua".

Hasta la fecha los sandinistas sólo han dado pasos "encaminándose a un cumplimiento cosmético del Acuerdo de Esquipulas, y están interpretando como les conviene".

Como ejemplo citó, que el Acuerdo establece una amplia amnistía "y el Frente Sandinista está comenzando a decir que los miembros de la Resistencia que han cometido delitos no están incluidos" (NL).

ÓSCAR ARIAS

*Tiempo/*9 de septiembre de 1987

Mientras Nicaragua no cumpla...
AZCONA DE ACUERDO EN NO SUSPENDER AYUDA A CONTRAS

TEGUCIGALPA. - El congresista republicano y aspirante a la nominación presidencial Jack Kemp, se entrevistó ayer con el gobernante hondureño José Azcona Hoyo como parte de la gira que realiza por algunos países centroamericanos.

El político norteamericano no ahondó en detalles sobre los resultados de la cita con el presidente hondureño por la falta de un traductor oficial y por la rapidez en que salió de la casa de gobierno.

"El señor presidente no habló directamente de la ayuda adicional a los Contras, pero sí dijo explícitamente que de ninguna manera hay una obligación en el Acuerdo de Paz de Guatemala, en suspender la ayuda si Nicaragua no cumple", fue lo único expresado por el congresista Kcmp, de acuerdo a una traducción.

Kemp se hizo acompañar del embajador de Estados Unidos en Honduras Everett Briggs, y de otros políticos cercanos a su movimiento.

Realiza un viaje por El Salvador, Honduras y Costa Rica, según las informaciones procedentes de Washington, con el propósito de promocionar una ayuda adicional de 310 millones de dólares a La Contra y que estará solicitando próximamente al Congreso de los Estados Unidos.

El proyecto será presentado a la cámara una vez que haya concluido su gira por el istmo.

El 18 de agosto anterior, Kemp expresó su oposición al Plan Arias y anunció la realización de la gira por estos países.

Según se ha informado, no visitará Nicaragua porque los comandantes se opusieron a una solicitud suya de reunirse con "los verdaderos líderes" de esta nación.

El presidente Azcona cambió impresiones ayer con el aspirante a la nominación y la presidencia de Estados Unidos por el Partido Republicano, Jack Kemp, quien efectúa una gira por la zona. En la gráfica aparece el embajador norteamericano Everett Briggs.

*La Prensa/*9 de septiembre de 1987

AZCONA RECIBE HOY AL MONAMAH

El presidente José Azcona Hoyo recibirá esta mañana a la dirigencia del Movimiento Nacional del Magisterio de Honduras MONAMAH, para hacerle saber la contrapropuesta del gobierno en relación al incremento salarial que se incluirá en el Estatuto del Docente.

El mandatario dijo ayer que los maestros deben ser favorecidos con su Estatuto porque cumplen una labor de gran beneficio para el país, pero demandó que no deben excederse en sus peticiones porque hay otros sectores nacionales que también tienen derecho al apoyo gubernamental.

El MONAMAH se reunió hace dos semanas con el presidente, a quien le solicitaron un aumento global de 136 millones de lempiras.

Sin embargo, Azcona ofreció 75 millones para un período de cinco años a razón de 15 millones anuales. El ofrecimiento lo hizo a la dirigencia del Frente de Unidad Magisterial de Honduras FUMH, en reunión celebrada la semana anterior.

Se presume que igual oferta le hará hoy al MONAMAH porque, según aseguró ayer, no hay la suficiente disponibilidad económica en el gobierno para satisfacer las demandas magisteriales.

*El Heraldo/*9 de septiembre de 1987

AZCONA ORDENA AGILIZAR PRÉSTAMO PARA BOMBEROS

El presidente José Azcona Hoyo ordenó al ministro de Hacienda, Efraín Bú Girón, que agilice los trámites del préstamo dispuesto por el gobierno argentino para dotar de equipo al Cuerpo de Bomberos de Honduras.

El gobierno de Argentina ofreció 1.5 millones de lempiras en calidad de préstamo para que los bomberos puedan superar los problemas de falta de equipo por los que actualmente atraviesan.

En el Cuerpo de Bomberos los oficiales indicaron que si préstamo se hace efectivo lo primero que se hará es adquirir unidades contra incendios.

El encargado de relaciones públicas de los bomberos, Frank Medina, dijo que "la verdad es que necesitamos urgentemente más unidades puesto que las que tenemos en servicio ya dieron su vida útil, y en caso de una gran conflagración sólo nos quedaría rogar a Dios para que nos ayude a salir adelante".

*La Tribuna/*9 de septiembre de 1987

EUA PUEDE SEGUIR AYUDANDO A LOS CONTRAS, DICE AZCONA

- **No hay ninguna obligación en el Acuerdo de Guatemala que lo impida mientras Nicaragua no cumpla, dijo el gobernante a candidato presidencial norteamericano.**
*Jack Kemp visitó ayer los campamentos de los rebeldes en Honduras acompañado por el líder de la Resistencia Nicaragüense, Adolfo Calero.

TEGUCIGALPA (AP/Redacción). - El presidente José Azcona Hoyo le dijo ayer al congresista norteamericano y candidato a la presidencia de su país, Jack Kemp, que no hay ninguna obligación en el Acuerdo de Paz firmado en Guatemala para que se suspenda la ayuda a los "contras" de Nicaragua.

Kemp llegó ayer a Tegucigalpa con el fin de promover la aprobación de una nueva ayuda de 310 millones de dólares a los "contras" mediante un proyecto de ley que presentará el próximo nueve de septiembre en el Congreso.

"El presidente Azcona no habló directamente de mi propuesta, pero dijo explícitamente que de ninguna manera hay una obligación del Acuerdo de Guatemala para la suspensión de la ayuda a los "contras" si Nicaragua no está en pleno cumplimiento del plan", dijo Kemp.

Añadió que, en lo personal, espera que Nicaragua cumpla con su parte del plan, pero sostuvo que tiene sus dudas al respecto.

Kemp, el representante Beau Boulter, republicano por Texas, y unos 80 dirigentes y activistas conservadores realizaron una visita de ocho horas a Honduras antes de continuar el viaje a El Salvador donde se reunirían con el presidente José Napoleón Duarte.

Hoy continuarán viaje a Costa Rica para entrevistarse con el presidente Oscar Arias, autor del acuerdo de paz firmado por los cinco presidentes centroamericanos el 7 de agosto.

Jack Kemp (tercero desde la izquierda) dialoga con el presidente Azcona, ayer en la Casa de Gobierno. Atento a la conversación aparece el embajador de EUA, Everett Briggs. (Foto Serrano).

La visita de Kemp surge una semana después que el senador Robert Dole de Kansas, quien también busca la candidatura presidencial por el Partido Republicano, presidió una delegación legislativa en una gira centroamericana que incluyó una visita a Nicaragua y un debate público con el presidente Daniel Ortega. El grupo de Kemp no visitará Nicaragua.

Poco después de su llegada ayer por la mañana Kemp y algunos otros miembros de su grupo, fueron transportados a un campamento rebelde en el sur de Honduras para una reunión con el comandante militar coronel Enrique Bermúdez, del Frente Democrático Nicaragüense, FDN, el mayor grupo rebelde.

Entre los que acompañaron a Kemp estuvo Adolfo Calero, presidente del FDN y miembro del directorio de la Resistencia Nicaragüense.

No se permitió a los periodistas acompañar al congresista norteamericano porque el gobierno de Honduras oficialmente niega la existencia de las bases rebeldes en su territorio

*El Heraldo/*9 de septiembre de 1987

El presidente José Azcona recibe al senador norteamericano y candidato a suceder a Ronald Reagan, Jack Kemp (centro) ayer en la Casa de Gobierno. El visitante dilo al salir de la cita que el gobernante hondureño le manifestó que el Acuerdo de Guatemala no impide que Estados Unidos siga ayudando a los "contras". (Foto Serrano).

*El Heraldo/*9 de septiembre de 1987

FLORES: CENTRAL EJECUTIVO RESPALDARÁ GESTIÓN DE AZCONA

TELEGRAMA URGENTE
Tegucigalpa, D.C., 9 de septiembre de 1987
Ingeniero
JOSÉ AZCONA HOYO
Presidente de la República
Tegucigalpa, D.C.,
Estimado amigo:
Nuestro movimiento reconoce su postura imparcialidad debate interno liberal. Nuestro contingente Central Ejecutivo orientado respaldar su gestión liberal en actividades y acciones se traduzcan beneficio colectivo y bienestar pueblo hondureño.
Afectísimo,
CARLOS ROBERTO FLORES FACUSSE
*La Tribuna/*10 de septiembre de 1987

AZCONA: COMICIOS TIENEN TODAS LAS GARANTÍAS DE QUE SERÁN HONESTOS

El presidente José Azcona se dirigió anoche, en cadena de radio y televisión, a los miembros del Partido Liberal para invitarlos que concurran a las urnas mañana, y aseguró que dichas elecciones tienen todas las garantías de que serán honestas y el fiel reflejo de la voluntad de los liberales. A continuación el texto íntegro de la intervención del mandatario:

LIBERALES:

Faltan pocas horas para la culminación del proceso electoral interno de nuestro Instituto Político más complejo y más controvertido en la historia del mismo. Pero vale la pena resaltar, que si este proceso ha sido complejo y controvertido, también al mismo se le ha revestido de las mayores garantías posibles para que el resultado del mismo sea el producto de la voluntad espontánea del liberalismo de Honduras.

Pero en este día queremos excitarles para que concurramos todos a las urnas electorales, para que los esfuerzos que se han hecho para este proceso, culminen con la demostración de que el Partido Liberal de Honduras sigue siendo la fuerza política mayoritaria en nuestro país.

También es necesario que concurramos todos a las urnas para que con ese voto fortalezcamos la democracia en nuestro país. Queremos hacer un llamado especial a la juventud liberal de Honduras, esos jóvenes que por primera vez van a tener la oportunidad de hacer un ejercicio cívico depositando su voto, esos jóvenes que necesitan esta experiencia para que concurran en el año de 1989 a depositar el voto por el gran Partido Liberal en elecciones generales.

Por todo ello, repito, debemos los liberales hacer una demostración de civismo el próximo domingo, concurramos a las urnas con alegría, con entusiasmo a apoyar el candidato de nuestra preferencia, y con eso le estaremos dando no solamente un beneficio a nuestro partido político, sino lo que es más importante, al fortalecimiento democrático de Honduras.

Para terminar, quiero hacer un reconocimiento a la Comisión Electoral del Partido Liberal, que con su trabajo extraordinario va a hacer posible la fiesta liberal del próximo domingo y también nuestro reconocimiento al Tribunal Nacional de Elecciones, ya que en todo momento ha apoyado a la Comisión Electoral del Partido Liberal y que con eso indudablemente, ha contribuido al fortalecimiento democrático de Honduras.

MUCHAS GRACIAS

El Heraldo/5 de septiembre de 1987

AZCONA PIDE A CONGRESISTAS DE "EU" APOYAR POLITICA REAGAN EN NICARAGUA

El aspirante a la nominación presidencial de Estados Unidos, el congresista republicano Jack Kemp, declaró ayer tras reunirse con el mandatario José Azcona, que éste le manifestó que de ninguna manera hay una obligación para suspender la ayuda a los contras, si Nicaragua no da pleno cumplimiento a lo establecido en el Acuerdo de Paz.

Aunque deseó que el gobierno sandinista cumpla con ese compromiso, dijo que él tiene sus dudas.

Durante la reunión que sostuvo con el mandatario hondureño, el congresista republicano se hizo acompañar del embajador de Estados Unidos en Honduras, Everett Briggs, y numerosas personas, absteniéndose de brindar mayores declaraciones por la falta de un intérprete.

De acuerdo a despachos de Washington, la visita de Jack Kemp a tres países centroamericanos (Honduras, El Salvador y Costa Rica), tienen como objetivo "promocionar la concesión de 310 millones de dólares de ayuda militar para los contras nicaragüenses".

El presidente Azcona envió con Kemp un mensaje a los congresistas americanos para que no se opongan a los esfuerzos de Reagan para democratizar Nicaragua. Uno de esos puntos es la ayuda a los contras.

Durante una hora la misión del Congreso norteamericano dialogó con el presidente José Azcona.

Jack Kemp (centro), acompañado por el embajador norteamericano Everett Briggs.

Kemp señalan los cables expresó el pasado 18 de agosto su oposición al Plan Arias para la paz en Centroamérica, e instó al presidente Ronald Reagan a rechazar cualquier plan de paz que excluya a los contras.

Asimismo, anunció que presentará al Congreso un proyecto de ley para que Estados Unidos conceda a los contras, antes del 30 de septiembre, 310 millones de dólares en concepto de asistencia militar.

Horas antes de partir de los Estados Unidos Kemp canceló una proyectada visita a Nicaragua, país que había incluido en su gira a Honduras, El Salvador y Costa Rica.

Kemp y una delegación de 150 personas visitaron por la mañana los refugiados de Jacaleapa y partió ayer mismo a El Salvador, y hoy saldrá a Costa Rica.

*La Tribuna/*9 de septiembre de 1987

PLÁTICAS SECRETAS TUVO AZCONA CON FUNCIONARIO NORTEAMERICANO

TEGUCIGALPA. - El presidente José Azcona Hoyo sostuvo ayer una reunión secreta con el sub-asistente del secretario de Estado Adjunto para Asuntos Interamericanos, Morris Busby, quien es mencionado como el futuro embajador itinerante de los Estados Unidos en Centroamérica, en sustitución de Philip Habib.

En la reunión participaron también el canciller Carlos López Contreras y el embajador de los Estados Unidos, Everett Briggs, quienes junto a Morris Busby salieron por la puerta de atrás de la Casa Presidencial para evitar dar declaraciones a los periodistas.

El vocero de la Embajada de los Estados Unidos Charles Barclay, dijo que la visita que realiza Busby a los presidentes de los países demócratas de Centro América, es una más de los altos funcionarios del Departamento de Estado para intercambiar sus puntos de vista sobre la situación de la región.

Indicó que la reunión con el presidente Azcona fue privada porque así lo decidió la Casa Presidencial, el embajador Briggs y el Departamento de Estado, pero que de ninguna forma tenía el carácter de secreta.

Señaló que probablemente Busby habló con el presidente Azcona sobre la necesidad de que en Nicaragua exista una democracia real, y de apoyar el proceso de pacificación en Centroamérica, y que de ninguna forma se trata de boicotear el acuerdo de paz de Guatemala. (TDG).

*Tiempo/*10 de septiembre de 1987

POR MÁS DE DOS HORAS DIALOGAN AZCONA Y FUNCIONARIO DE EE.UU.

Un funcionario de cuarta categoría del gobierno norteamericano tuvo ayer el privilegio de dialogar por más de dos horas con el presidente José Azcona Hoyo, sin que trascendieran los temas abordados en la entrevista.

Se trata del señor Morris Busby, subasistente del Subsecretario de Estado para Asuntos Interamericanos, Elliott Abrams, quien lleva a cabo una gira por Guatemala, El Salvador, Honduras y Costa Rica, considerados los países aliados de Estados Unidos en la región.

Busby ingresó a la Casa de Gobierno en compañía del embajador de su país, Everett Briggs, y del canciller Carlos López Contreras. Todos ellos salieron por la puerta de atrás para no enfrentar a los periodistas.

El vocero de la Embajada de Estados Unidos, Charles Barclay, aceptó dialogar con los periodistas ante la falta de voceros oficiales hondureños.

Barclay dijo que Azcona y Busby habían intercambiado puntos de vista sobre la situación centroamericana como parte de una gira que el funcionario de su país planificó hace algún tiempo.

El informante aseguró que la llegada de Busby al país no tiene nada que ver con la presencia de la dirigencia de los contras nicaragüenses, los cuales también se acaban de entrevistar con el presidente Azcona, según informaron ellos mismos.

Barclay dijo que la visita de Busby procura reforzar la posición de apoyo de su país al Plan de Paz Esquipulas II, especialmente en lo que se refiere a su aplicación.

Añadió que la posición de Estados Unidos, la cual es compartida por algunos gobernantes del área, se basa en que "debe haber una democracia real en Nicaragua" y negó que la intención de su gobierno sea boicotear los acuerdos presidenciales de Guatemala.

Busby ha sido mencionado últimamente como posible sustituto del Subsecretario Abrams, a quien los congresistas ya no quieren ver "ni pintado" porque los engañó con las operaciones secretas de ventas de armas a Irán.

El Heraldo/10 de septiembre de 1987

VICEPRESIDENTE NICARAGÜENSE SE REÚNE MAÑANA CON AZCONA

El vice presidente de Nicaragua, Sergio Ramírez Mercado, sostendrá una audiencia privada con el presidente José Azcona Hoyo mañana viernes en esta capital, informó ayer el Sub secretario de Prensa, Marco Tulio Romero.

Ramírez llegará a Tegucigalpa para participar en la reunión de vicepresidentes centroamericanos que tendrá como punto único de agenda la discusión de las bases del futuro parlamento regional, añadió el funcionario.

Sergio Ramírez Mercado se reunirá mañana con Azcona en una reunión privada.

Señaló que Ramírez se comunicó con el designado presidencial, Alfredo Fortín Inestroza, para confirmarle su presencia en la reunión y solicitarle una audiencia con el presidente Azcona.

"Ramírez pidió la audiencia y le ha sido concedida para las once de la mañana, una vez que se haya instalado la reunión de vicepresidentes en la Casa de Gobierno", dijo Romero.

Simultáneamente, se reunirán en Tegucigalpa las comisiones técnicas del Parlamento Centroamericano que integran dos representantes por cada una de las cancillerías y Congresos Legislativos de la región.

Romero aseguró que el gobierno de Honduras ya tiene listas las observaciones al documento de constitución del Parlamento Regional y que será el designado Fortín el encargado de presentarlas.

El arribo de los vicepresidentes del área se iniciará precisamente hoy cuando, en horas de la tarde, llegue al país el vicepresidente de Guatemala, Roberto Carpio Nicolle. Por su parte, Ramírez Mercado llegará mañana en vuelo privado y regresará el mismo día a Managua.

El Heraldo/10 de septiembre de 1987

NIÑOS DEL LACTARIO VISITARON AL PRESIDENTE

Los niñitos que son asistidos en el Lactario del Centro de Desarrollo de la Junta Nacional de Bienestar Social visitaron al presidente de Honduras, ingeniero José Azcona.
Los infantes fueron acompañados por la directora de este centro que funciona en la Colonia La Esperanza, Gloria Mejía de Rodríguez. (Foto Salinas).

La Prensa/10 de septiembre de 1987

188

EL PRESIDENTE DEL TNE ANUNCIA UN ATROPELLO

El presidente da la Corte Suprema de Justicia, abogado Salomón Jiménez Castro, ha dicho que todavía no ha sido firmada por todos los magistrados la resolución del alto tribunal sobre el recurso de amparo interpuesto por los partidos Demócrata Cristiano (PDCH) y de Innovación (PINU) contra el decreto de anulación de las elecciones municipales emitido por el Tribunal Nacional de Elecciones (TNE).

El recurso de amparo PINU/PDCH fue presentado en la corte el 31 de julio de este año, pero hasta el momento nada se sabía sobre el fallo. Sin embargo, el expresidente del TNE, Roberto Callejas -representante del Partido Nacional y primo del licenciado Rafael Leonardo Callejas- anunció en San Pedro Sula el domingo anterior, con bombo y platillos, que el jueves 3 del presente mes la Corte Suprema de Justicia había fallado el caso denegando el amparo.

El presidente de la Corte, Jiménez Castro, reaccionó inmediatamente: "No se puede hablar de eso por los momentos -recalcó-, porque falta la firma de algunos magistrados en la sentencia, y mientras ellos no hayan firmado no se puede decir nada oficial".

"El pueblo hondureño -agregó- debe estar seguro que aquí no recibimos instrucciones de nadie, y únicamente nos apegamos a la ley".

Por su parte, el representante legal del PINU, abogado German Leitzelar, sorprendido por el anuncio hecho por el expresidente del Tribunal Nacional de Elecciones se apersonó en la Corte el lunes anterior para establecer la verdad y al mismo tiempo notificarse del fallo, encontrándose con que el secretario Otilio Banegas le informó que "hasta la fecha no hay una resolución oficial".

El dirigente del PINU y, a la vez, su representante legal, sacó públicamente estas conclusiones al respecto: "Si el fallo fuera cierto, al final, es de preocuparse pues eso indica que todas las sentencias están siendo dictadas fuera del Poder Judicial. Pero si es falso, también la información de Roberto Callejas es irresponsable y peligrosa porque está comprometiendo la honorabilidad de la Corte Suprema de Justicia".

Este asunto es sumamente importante, pues se trata nada menos de un punto en que la nación entera se ha pronunciado ya exigiendo el cumplimiento de la Constitución de la República, de la Ley Municipal y de la Ley Electoral y de las Organizaciones Políticas, a efecto de que se realicen las elecciones municipales en noviembre de este año para mantener el orden constitucional.

La realización de las elecciones municipales significa, sin duda, la legitimidad del poder municipal, del proceso democrático y del gobierno mismo del presidente José Simón Azcona del Hoyo. Esto se ha reforzado, todavía más, con el resultado de las elecciones internas del Partido Liberal -partido de gobierno-, en donde la facción adversa al "pactito" de Unidad Nacional (PUN) y, por lo tanto, a la anulación de las elecciones municipales, ganó en el 85 por ciento de los municipios y en 16 de los 18 departamentos del país.

El nuevo Consejo Central Ejecutivo del Partido Liberal (CCEPL), surgido de estas elecciones, tendrá que ser consecuente con su posición de exigir las elecciones municipales, ya que éste fue uno de los temas que le concitó el favor del electorado liberal y, a contrario sensu, marcó la derrota del movimiento ALCOM, entendido por el público como oficialista.

El presidente de la Corte Suprema de Justicia, al tocar el tema, pide a la ciudadanía hondureña confianza en la verticalidad e independencia del Poder Judicial. Infortunadamente las declaraciones del expresidente del TNE -que tiene acceso a información calificada y es de la tetilla del PUN-, dada su investidura no pueden ser pasadas por alto.

La realidad es que la integración de la Corte Suprema de Justicia y la distribución de los cargos en el Poder Judicial son consecuencia del "pactito" y, de esta suerte, el Poder Judicial en Honduras ha quedado sectarizado en función de la camarilla pumpunera.

Es más: parte del "pactito" -y muy importante, por cierto- fue el acuerdo entre el azconismo y el callejismo, a insistencia del callejismo, de no hacer elecciones municipales en 1987. A partir de allí, en cumplimiento de este compromiso, se siguió una ruta dilatoria y obstruccionista para evitar esos comicios, situación que culminó con el decreto de anulación de las elecciones por parte del TNE, -que no tiene facultades legales para hacerlo- y el consecuente recurso de amparo interpuesto por el PDCH/PINU.

Mientras se mantiene la incógnita, la preocupación crece por las consecuencias para la vida institucional y el orden legal en Honduras. Este es un punto que, de consumarse el atentado a la ley, tendría que ser también objeto de la Comisión Nacional de Reconciliación establecida en el Acuerdo de Guatemala, pues evidentemente concierne al tema de la democratización y libertad electoral en proceso de atropello en nuestro país.

Tiempo/10 de septiembre de 1987

HOY RESPONDE EL MONAMAH A OFERTA DE AZCONA

La dirigencia del Movimiento Nacional del Magisterio elevará hoy ante el presidente José Azcona su respuesta a la propuesta del mandatario sobre el incremento salarial que se aprobará con el Estatuto del Docente.

Las cabezas del MONAMAH sesionaron ayer casi todo el día para discutir 10 alternativas, de entre las que sacarían las más viables de negociación porque consideran que el aumento propuesto es insuficiente, ya que para los educadores de primaria será de apenas 25 lempiras por año hasta totalizar 125 en los cinco en que se definirá la cantidad ofrecida.

En sectores magisteriales se afirma que este incremento anual totaliza apenas alrededor de nueve millones de lempiras y que los profesores de enseñanza medían resultarán más beneficiados, por cuanto sus dirigentes propugnan porque se les eleve en L. 1.50 el sueldo por hora-clase, dando un total aproximado a los 140 lempiras mensuales.

La dirigencia del MONAMAH rechaza los 25 lempiras por año ya que sólo en 1986 les otorgaron incrementos de 55 lempiras, aparte de que los maestros recién incorporados apenas devengan salarios de 375 y los que están por jubilarse reciben 506 lempiras.

La Tribuna/9 de octubre de 1987

HOY EMPIEZAN A ARRIBAR VICEPRESIDENTES DE C.A.

Tres vicepresidentes centroamericanos (Guatemala, El Salvador y Costa Rica), llegarán hoy a Tegucigalpa en la víspera de la anunciada reunión para analizar el documento de la creación del Parlamento Centroamericano, que surge como iniciativa del gobierno de Guatemala y que fue incluido en el acuerdo de paz.

Al respecto, el jefe de Prensa de Casa de Gobierno, Marco Tulio Romero, apuntó que el vicepresidente de Guatemala, Roberto Carpio Nicolle, arribará hoy a las 3:00 de la tarde en un vuelo privado, estimando que también podrían llegar Jorge Dengo, de Costa Rica y Roberto Antonio Castillo Claramount, de El Salvador.

Mientras, destacó que el vicepresidente de Nicaragua, Sergio Ramírez Mercado, llegará en las primeras horas de la mañana del viernes, señalando de paso que este sostendrá una reunión privada con el presidente José Azcona, la que previamente había sido solicitada, por lo que será recibido a las 11:00 de la mañana.

Romero manifestó que ya Honduras tiene las observaciones sobre el documento de la creación del Parlamento Centroamericano, y que ha sido también debidamente estudiado por parte del representante del gobierno de Honduras en esta gestión, el designado presidencial Alfredo Fortín.

Asimismo, fue analizado por Orlando Gómez Cisneros, que representa al Congreso Nacional y preside la Comisión Técnica y el asesor de la Cancillería, Virgilio R. Gálvez.

Entretanto, anunció que hoy llegará el canciller salvadoreño, Ricardo Acevedo Peralta, quien estará presente en un acto especial en el cual se condecorará al canciller hondureño, Carlos López Contreras.

La Tribuna/10 de septiembre de 1987

SEGUNDO DE ABRAMS DIALOGA CON AZCONA

El subsecretario norteamericano de Estado Adjunto para Asuntos Latinoamericanos, Morris Busby, reiteró ayer al presidente José Azcona la posición de los Estados Unidos de enfatizar en la democratización de Nicaragua como punto básico del Acuerdo de Paz suscrito en Guatemala.

Busby realiza una gira por la región, excepto Nicaragua, para intercambiar puntos de vista y "demostrar el apoyo del gobierno norteamericano" al Plan de Paz firmado el 7 de agosto en Guatemala, dijo el agregado de Prensa de la embajada de los Estados Unidos, Charles Barcley.

El portavoz aseguró que el viaje de Busby "no es parte de un plan de boicot de los Estados Unidos al Acuerdo de Paz", contrario a lo informado en despachos de prensa procedentes de Washington.

Barcley, quien se negó a precisar los temas específicos que analizaron el presidente Azcona y Busby, dijo que éste "enfatizó nuestra posición de que Nicaragua debe cumplir el papel que prometió en Guatemala, comenzando con una democratización real en su país".

El portavoz rechazó que la visita de Busby tenga alguna "coincidencia" con la reunión de la cúpula de la contra, el martes y el miércoles en Tegucigalpa y aseguró que el funcionario no se entrevistará con los líderes de la resistencia nicaragüense.

La Tribuna/10 de septiembre de 1987

MISTERIOSA REUNIÓN AZCONA-BUSBY

Durante dos horas dialogaron ayer en Casa de Gobierno el presidente Azcona y el enviado especial del presidente Ronald Reagan, Morris Busby, quien realiza una gira por los países centroamericanos para conocer los progresos realizados después de la firma del acuerdo de paz de Guatemala. El asistente del secretario de Estado para Asuntos Interamericanos, Elliot Abrams, estaba acompañado del embajador estadounidense en esta capital, Everett Briggs. - (Foto Salinas).

La Prensa/10 de septiembre de 1987

AULAS ESCOLARES INAUGURA AZCONA

Nueve aulas escolares en las colonias La Sosa y Villanueva fueron inauguradas ayer por el presidente José Azcona Hoyo.

A la ceremonia se hicieron presentes el director de la oficina de Desarrollo Rural, Oscar Acosta, ejecutor de las obras y el viceministro de educación, José Cecilio Silva.

La Escuela "José María Casco" de la colonia La Sosa, tendrá ahora seis nuevas aulas, en tanto que la "Roberto Maradiaga" de Villanueva, tres. Ambas están ubicadas en la periferia de la ciudad.

La ampliación y construcción de centros escolares en Tegucigalpa y Comayagüela se están haciendo con fondos recaudados como producto de la cancelación de ciertos gastos innecesarios que en otros gobiernos se venían practicando, explicó el presidente José Azcona.

Prometió el gobernante que durante su gestión administrativa, en Honduras no "va a quedar escuela sin terminar" y dijo que las dotará de suficiente mobiliario para que los niños "no continúen sentados en bloques y piedras".

"En la campaña presidencial prometimos apoyar la educación, estamos cumpliéndolo" dijo Azcona.

"Sin educación básica los pueblos no podrán superarse aunque tengan las mejores universidades y los mejores profesionales", agregó, indicando que "es necesario apoyar primero a la educación primaria y después a la secundaria".

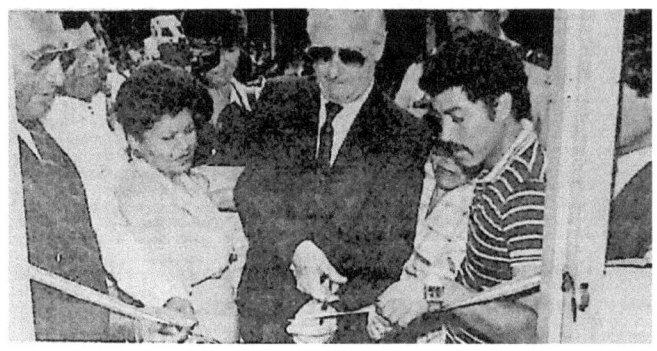

El presidente corta la cinta simbólica dando por inauguradas las aulas de la escuela "José María Casco".

La Prensa/11 de septiembre de 1987

MISTERIOSA REUNIÓN DE AZCONA HOYO CON ENVIADO DE REAGAN

TEGUCIGALPA. - En misterio se convirtió una larga reunión sostenida por el presidente José Azcona Hoyo y el candidato a ocupar el cargo de embajador itinerante en Centro América por parte del gobierno norteamericano, Morris Busby.

Busby y Azcona dialogaron por casi dos horas en Casa Presidencial, sin trascender lo tratado, en virtud de que el visitante para eludir a los periodistas salió por la puerta de atrás de la sede del Ejecutivo, en compañía del embajador estadounidense en Honduras, Everett Briggs.

El alto funcionario del gobierno de Reagan se desempeña actualmente como asistente del Secretario de Estado para Asuntos Interamericanos, Elliot Abrams, y se le considera como un candidato potencial para sustituir a Philip Habib que anunció días después de la firma del acuerdo de Guatemala como embajador itinerante para asuntos centroamericanos, según confirmaron portavoces de la embajada norteamericana.

El vocero de la representación diplomática, Charles Barclay, explicó que Busby realiza una gira por el istmo para visitar a los presidentes democráticos ya que es un buen conocedor de la religión y de los problemas políticos militares que atraviesa esta parte del mundo.

El portavoz de la embajada dijo desconocer por qué del hermetismo del enviado de Reagan, pero explicó que posiblemente esa sea la posición del Departamento de Estado.

Precisó Barclay que Busby tenía, "hace mucho tiempo", planificado el viaje a Centro América. Añade que el visitante figura como uno de los candidatos a ocupar el cargo dejado por Habib, empero se ha resuelto nada.

El enviado de Reagan, Morris Busby se reunió ayer con el presidente Azcona. - (Foto Salinas).

La Prensa/10 de septiembre de 1987

VICEPRESIDENTES LOGRAN ACUERDO PARA CREAR EL PARLAMENTO CENTROAMERICANO

El Parlamento Centroamericano, que tendrá su sede en la capital de Guatemala, constará de 100 diputados electos en forma libre, secreta y democrática por los cinco pueblos de la región, según decisión tomada ayer por los vice presidentes del istmo.

Los cinco dignatarios dieron a conocer, en conferencia de prensa, los acuerdos a que arribaron para darle vigencia al Parlamento Regional, de conformidad con el compromiso adquirido en Guatemala por los presidentes del área.

El designado presidencial de Honduras, Alfredo Fortín, Anunció que los vice presidentes lograron un acuerdo común para darle vida al foro regional y aseguró que sólo falta una reunión final para concluir el Proyecto de Constitución del Parlamento.

Reunión sostenida por los representantes de los gobiernos del istmo, ayer en Casa Presidencial. En la cita se logró el acuerdo de darle vigencia al Parlamento Centroamericano.

Vicepresidentes centroamericanos cuando se aprestaban a celebrar una conferencia de prensa ayer en la casa de Gobierno. Desde la izquierda aparecen Sergio Ramírez Mercado de Nicaragua, Roberto Carpio Nicolle de Guatemala, Alfredo Fortín de Honduras, Rodolfo Castillo Claramount de El Salvador, y Jorge Manuel Dengo de Costa Rica. (Foto Sabillón).

Ramírez Mercado (centro), acompañado por el vicecanciller nicaragüense José León Talavera, cuando conversaban con el mandatario hondureño. (Foto Sabillón).

El Heraldo/12 de septiembre de 1987

UN PEDAZO DE PAPEL Y EL HONOR REGIONAL

Por haber aparecido con algunas omisiones, reproducimos el editorial publicado en la edición de ayer.

Para el congresista republicano (Texas, USA), Beau Bolter, el Acuerdo de los presidentes centroamericanos para pacificar América Central firmado en Guatemala el 7 de agosto/87 es un simple "pedazo de papel".

El congresista tejano vino a Tegucigalpa integrando una delegación de legisladores norteamericanos encabezada por el senador Jack Kemp, también republicano, cuya misión ha sido -a lo largo de Centroamérica- satanizar el Acuerdo de Guatemala bajo la calificación de "gran error", y así darle un espacio a la maniobra en el congreso norteamericano para que la administración Reagan obtenga más ayuda militar para sus "contras".

La definición del Acuerdo de Guatemala como "pedazo de papel" es, sin duda, ofensiva para los presidentes de América Central y para los pueblos de esta región. Los presidentes firmaron en nombre de los Estados y sus respectivas naciones, interpretando el pensar y sentir del conglomerado.

Esto demuestra el valimiento que tienen los presidentes centroamericanos a los ojos de los legisladores republicanos, y, para los hondureños, es todavía más vergonzoso porque tal declaración -hecha en San Salvador- fue dada horas después de entrevistarse con el presidente José Simón Azcona del Hoyo, quien, según el senador Kemp, manifestó su respaldo al presidente de los Estados Unidos, señor Ronald Reagan, en su afán de continuar la guerra en Centroamérica.

El senador Kemp es un aspirante a la candidatura del Partido Republicano a la presidencia de los Estados Unidos, y expresó en Tegucigalpa, al salir de Casa Presidencial, que el presidente Azcona considera que los sandinistas no están dispuestos, a cumplir con los compromisos contraídos en Guatemala.

Por lo tanto, aprovechó el viaje del senador Kemp para enviarle el presidente de Honduras un mensaje a los congresistas norteamericanos: que no se opongan a los esfuerzos del presidente Reagan para democratizar Nicaragua, por la vía de la guerra, o sea de la ayuda militar a los "contras".

Paralelamente a esto, el presidente Azcona se reunió con la cúpula completa de los "contras", y es obvio que en esta confraternización les expresó su misma posición que la declarada por el senador Kemp.

La discrepancia entre el espíritu y la letra del compromiso contraído con la firma del Acuerdo de Guatemala -consistente en pacificar América Central y democratizarla, impidiendo la continuación de la asistencia militar y el uso de territorio de los países centroamericanos para apoyar a los "contras"- y la conducta del presidente de Honduras, salta a la vista.

Mientras se maximizan las hipótesis sobre el no cumplimiento por parte de Nicaragua, el gobierno de Honduras descaradamente viola el Acuerdo de Guatemala y prosigue una abierta maniobra para entorpecer el buen suceso del Plan concertado en Esquipulas II, con lo cual Honduras profundiza su aislamiento en la comunidad internacional, incluyendo importantes centros de poder de los Estados Unidos, como lo es el Congreso, con mayoría demócrata que respalda el Acuerdo de Guatemala.

Para muestra, un botón concretado en un despacho de la Agencia EFE, desde Washington: "El presidente norteamericano, Ronald Reagan, está "decepcionado"

por las críticas que ha recibido su plan de paz para Centroamérica, dijo el jefe de gabinete de la Casa Blanca, Howard Baker".

"El portavoz advirtió que si la izquierda y derecha políticas no lo entienden, es imposible que la iniciativa avance".

En la misma información se cita al presidente de la Cámara de Representantes, Jim Wright, quien inicialmente apoyó el contra-plan Reagan para sustituir el Plan Arias, pero que luego se echó para atrás al aprobarse el Acuerdo de Guatemala y, también, conocer un anexo de 21 puntos que un colaborador de Wright señaló como maniobra "siniestra".

"El plan de paz aprobado por los centroamericanos -dice ahora Wright- engloba todos los aspectos esenciales del plan avanzado entre Reagan y yo. No pretendíamos dictar los términos a los gobiernos centroamericanos. Es un problema suyo, son sus países y creo que hicieron un trabajo espléndido".

Ese trabajo espléndido es para la misión del senador Kemp "un pedazo de papel". Quienes lo firman, entonces, estarían a ese mismo nivel de desprecio.

¿Y el presidente Azcona como se califica a sí mismo y en relación con el compromiso que firmó en representación de Honduras? Eso es interesante verlo, sobre todo en estos momentos en que están en Tegucigalpa los vicepresidentes de Centroamérica para implementar una parte del Acuerdo, el Parlamento centroamericano.

RECHAZAN MAESTROS OFICIALISTAS PROPUESTA SALARIAL DE AZCONA

TEGUCIGALPA. - Ante unos 50 de sus afiliados, la dirigencia del Movimiento Nacional Magisterial Hondureño (MONAMAH) expresó ayer en una asamblea su desacuerdo al incremento salarial propuesto al gremio por el presidente José Azcona Hoyo.

La reunión magisterial se llevó a cabo en la Escuela Estados Unidos de esta ciudad, en la cual los dirigentes de ese movimiento informaron a sus pocos agremiados allí presentes, la propuesta que les hiciera recientemente el titular del Poder Ejecutivo.

Azcona Hoyo prometió a los maestros un aumento salarial de 75 millones de lempiras, cantidad que sería distribuida en los próximos cinco años.

Nery Rodrigo Paredes, presidente del MONAMAH manifestó que no están de acuerdo con la propuesta gubernamental en cuanto a la estructura salarial en el Estatuto del Docente.

"Nosotros hemos hecho una contraoferta al gobierno que es de 700 lempiras sueldo base más sus respectivos colaterales, sólo podemos negociar el tiempo en que se repartiría el incremento, pero no la base" afirmó el dirigente magisterial.

Anunció que tienen una estrategia de lucha a concretar si el presidente Azcona Hoyo no plantea una alternativa satisfactoria para los educadores.

Preguntado sobre el ausentismo de los afiliados en la asamblea. Paredes lo justificó argumentando que por los momentos los maestros están ocupados en la celebración del Día del Niño y festividades patrias.

En cuanto a una posible alianza con el Frente de Unidad Magisterial de Honduras (FUMH) a fin de luchar en forma unificada por la aprobación del Estatuto del Docente, contestó que "nosotros aspiramos a la unidad del magisterio, pero ambos grupos tendrán que deponer algunas situaciones de interés personal si se piensa materializar esta alianza" … (FG).

*Tiempo/*12 de septiembre de 1987

EMBAJADOR COLOMBIANO PRESENTA CREDENCIALES

TEGUCIGALPA. - El presidente José Azcona Hoyo recibió ayer las cartas credenciales del nuevo embajador de Colombia en Honduras, Miguel Durán Ordóñez, quien sustituye al general José Gonzalo Forero Delgadillo.

Los actos ceremoniales se llevaron a cabo en el salón Rosado de la Casa Presidencial a las 10 de la mañana, con la entonación de los himnos nacionales de Honduras y Colombia.

Durán Ordóñez, quien después de la ceremonia colocó una ofrenda floral a la estatua de Francisco Morazán, en el Parque Central, se desempeñó anteriormente como embajador en Egipto e Israel. (TDG).

Tiempo/11 de septiembre de 1987

José Azcona Hoyo:

NO HE LOGRADO EL APOYO DEL LIBERALISMO

- *Dice el mandatario que, si no hay unidad en el Partido Liberal, difícilmente ganarán las elecciones generales.*

TEGUCIGALPA. - (Por Faustino Ordóñez Baca). - El presidente de la República, José Azcona Hoyo, advirtió ayer que, si no hay unidad en su partido alrededor de dos o tres candidatos para las elecciones primarias, difícilmente esta agrupación política podrá ganar los comicios generales de 1989.

El mandatario, tras revelar que felicitó telefónicamente a Carlos Flores por haber ganado el proceso electoral interno del domingo anterior, confesó su preocupación por el destino que pueda deparar al Partido Liberal ahora que muchos de los mismos candidatos han anunciado que seguirán su lucha por la nominación presidencial.

Azcona dijo que Carlos Flores tuvo un "triunfo legítimo y relativo", sostuvo el presidente que él no ha perdido liderazgo político al interior del partido que lo llevó al poder en virtud de que fue cauteloso al no revelar simpatías por determinado movimiento.

"Ya felicité al ingeniero Carlos Roberto Flores porque tuvo un triunfo legítimo, pero quiero decirles que como liberal me siento bastante preocupado, no por el resultado de las elecciones, sino porque estamos viendo cómo se están desarrollando las cosas internas de nuestro partido", declaró Azcona.

"Debemos de ser totalmente realistas, no va a ser posible asegurar un triunfo del Partido Liberal de Honduras si en la próxima confrontación interna del mismo no sale un ganador absoluto", sentenció.

Explicó el gobernante que si en las elecciones primarias que posiblemente se efectúen en los primeros meses de 1989, acuden cuatro o cinco candidatos buscando la candidatura única, esto tendrá como resultado "que cl partido seguirá fragmentado".

"Debemos reflexionar los liberales que si vamos a las elecciones primarias en 1989 a escoger un candidato con cinco precandidatos, difícilmente habrá un ganador con mayoría absoluta", reiteró Azcona.

A juicio del jefe del ejecutivo, el partido en el poder, para garantizar una nueva victoria no debe de cobijar en su seno más de tres candidatos y con ellos "habría un verdadero triunfador para que obtenga entre el 50 y 60 por ciento del total de los sufragios".

Recordó el presidente de la República que en el proceso electoral anterior el sacó un 56 por ciento de los votos liberales y "aun así, no he podido obtener un apoyo firme del Partido Liberal en mi gobierno".

"Creíamos, dijo cl gobernante refiriéndose a las recientes elecciones, que estas servirían para medir fuerzas y para un proceso eliminatorio, pero como están las cosas esto no va a resultar porque hemos escuchado a la mayoría de los participantes que van a lanzar su candidatura presidencial".

NO HE PERDIDO LIDERAZGO

El ciudadano presidente rechazó que con el triunfo del Movimiento Florista, grupo considerado opositor a su gobierno, por los vínculos con el suazocordovismo, haya perdido liderazgo en el Partido Liberal.

"Yo le puedo decir que no di un paso ni moví un dedo a favor de ninguno de los precandidatos, yo di plenas libertades, prueba de ello es que del Movimiento Azconista salieron tres candidatos para el central ejecutivo", observó Azcona.

Aclaró a Villeda Bermúdez quien dijo no haber tenido durante su campaña vínculo con el Movimiento Azconista" que el alcalde de San Pedro Sula, que le apoyó en su recorrido político, "sigue siendo amigo del presidente y sigue gozando del apoyo que el gobierno ha dado a San Pedro Sula.

"En este grupo de Villeda Bermúdez hay mucha gente que apoyó la candidatura de José Azcona", dijo el presidente, quien agregó, que la verdad de las cosas es que "yo no perdí absolutamente nada en las elecciones del domingo, aunque se haya querido decir lo contrario".

DEBE HABER ENTENDIMIENTO

El presidente propone que haya entendimiento entre los precandidatos pues así "el Partido Liberal ganará las próximas elecciones y, por qué no, puede ganar las subsiguientes".

Sugirió "no ofuscarse" por lo que sucede en estos momentos y exhortó a los aspirantes presidenciales a que tengan paciencia y que se dediquen a hacer carrera política cuatro años como lo señala la Constitución de la República cuatro años como período para presidente pasan rápido, por lo tanto, "pueden llegar".

"Me parece", dijo en alusión al presidente del Congreso, "que los triunfalismos no caben, y creo que en eso el ingeniero Flores Facussé ha sido muy inteligente, se ha mantenido muy ecuánime y ponderado".

Debido a la gran atomización que ha sufrido el partido muchos municipios no podrán tener delegados a la convención, y "esto no es beneficioso", precisó Azcona.

LO POSITIVO DE LAS ELECC1ONES

Lo que sí resultó "altamente positivo" de las elecciones del domingo fue la "demostración que dio el Partido Liberal de que es el mayoritario en Honduras", según Azcona.

La pérdida de Carlos Montoya ante Flores no es producto del Pacto de Unidad Nacional (PUN), porque si esto hubiera sido "Flores hubiese sacado 300 mil votos", aclara el presidente a uno de sus designados, el abogado Pineda Gómez, que dijo que esa fue la causa por la que perdió Montoya.

Reiteró Azcona que el PUN no existe porque lo que hubo antes de tomar posesión de su cargo fue un "acuerdo político" porque los liberales "somos muy reacios a entendernos".

Ahora que el central ejecutivo estará encabezado por el ingeniero Flores Facussé, debe mostrar una política, "muy consecuente" con el gobierno de la República dijo Azcona, para luego afirmar que la presencia del exministro de la presidencia como máxima autoridad no afectará a su gobierno.

ELECCIONES MUNICIPALES

Azcona reiteró su apoyo a las elecciones municipales y dijo que el desarrollo de estas quedará sujeto a lo que diga el Congreso Nacional y la nueva cúpula del Central Ejecutivo del Partido Liberal.

"'Yo lo dije una vez, y lo voy repetir, que por falta de apoyo del gobierno al Tribunal Nacional de Elecciones no se dejarán de celebrar elecciones municipales".

No obstante, recordó que las mismas tendrían un costo aproximado de 10 a 15 millones de lempiras, lo que motiva hacer otros análisis como determinar "si hay necesidad de poner alcalde sólo para un año o utilizamos esos 15 millones para crear dos mil plazas de maestros o construir mil aulas escolares".

La Prensa/11 de septiembre de 1987

Presidente de la República

NECESARIO APOYAR CON MÁS FUERZAS EDUCACIÓN PRIMARIA

- *Sin haber alfabetizado, Honduras no puede aspirar a tener premios Nóbel*

TEGUCIGALPA. - Honduras no puede aspirar a tener ˉpremios Nóbel ni eminencias en las diferentes disciplinas profesionales, sin haber primero alfabetizado a toda su población", dijo ayer el presidente José Azcona Hoyo, al inaugurar varias aulas en las escuelas de las colonias marginales La Sosa y Villanueva, de Tegucigalpa.

Azcona, que felicitó a los niños de Honduras por haberse celebrado su día ayer, manifestó que es "necesario apoyar con más fuerza la educación primaria, y eso, es lo que estamos haciendo nosotros".

Señaló que los países del mundo que han logrado altos índices de desarrollo, es porque su población está totalmente alfabetizada, y que por eso, el gobierno actual le está dando prioridad a la educación de los niños.

"Es muy bonito decir que se le enseñó a leer a un anciano de 70 años, pero es más importante que el niño que está en edad de aprender, tenga las posibilidades reales de salir, por lo menos, del sexto grado, para que pueda desempeñarse en cualquier arte u oficio con toda propiedad y con mayores ventajas sobre aquel que no tuvo la oportunidad de aprender a leer y escribir", agregó.

Indicó que, en los cuatro años de su gobierno, se logrará que todos los niños tengan acceso a la educación, "y no van a quedar sin terminar, en este período presidencial, toda escuela que en Honduras esté iniciada su construcción. Vamos hacer un esfuerzo también para dotar de pupitres, de mobiliario necesario, a las escuelas, aunque sean humildes, para que los niños no se sigan sentando en bloques de hierro, en piedras o en cajones, como lo han estado haciendo anteriormente". (TDG).

Tiempo/11 de septiembre de 1987

Hoy
AZCONA INAUGURARÁ 18 ACUERDOS RURALES

TEGUCIGALPA. - El presidente José Azcona Hoyo inaugurará hoy en Siguatepeque 18 acueductos rurales, cuyo costo se estima en un millón 298 mil lempiras y beneficiará a 26 comunidades informó el jefe de prensa, Marco Tulio Romero.

La ceremonia oficial se desarrollará a las diez de la mañana en la comunidad de Potrerillos y asistirán otros funcionarios del gobierno e invitados especiales, dijo el informante.

El costo del proyecto fue financiado con fondos del Banco Interamericano de Desarrollo (BID), con una contraparte del gobierno central y otra de las aldeas beneficiadas.

Romero añadió que el organismo financiero en mención también prestará 24 millones de dólares para construir 200 proyectos de agua en ese departamento de Comayagua, lo que constituirá el inicio de la tercera etapa.

En este proyecto el gobierno pondrá una contraparte estimada en un 10 por ciento y las comunidades beneficiadas colaborarán con un 1.5 por ciento.

Hace tres semanas el presidente de la República inauguró en Siguatepeque el tramo carretero siguatepequense-Jesús de Otoro-La Esperanza.

La Prensa/12 de septiembre de 1987

TRIUNFO DE FLORES FACUSSÉ ES RELATIVO: JOSÉ AZCONA H.

El presidente José Azcona Hoyo, dijo ayer que se siente "preocupado" porque si los precandidatos presidenciales liberales continúan con su revanchismo político, el Partido Liberal no podría tener asegurado un triunfo frente al Partido Nacional en las elecciones generales de 1989.

Azcona es del criterio que para las elecciones primarias que se llevarán a cabo a principios de 1989, para la escogencia de los candidatos a cargos de elección popular, por el Partido Liberal sólo deben participar dos precandidatos para que el que resulte triunfante tenga el apoyo total de los liberales y pueda llevar al Partido Liberal nuevamente al poder en las elecciones generales del último domingo de noviembre de 1989.

Al referirse a las elecciones internas del Partido Liberal del domingo pasado, el presidente Azcona dijo que ya felicitó al ingeniero Carlos Roberto Flores Facussé por el triunfo "legítimo que tuvo, pero quiero decir que como liberal, me siento preocupado, no por el resultado de esas elecciones, sino por lo que estamos viendo de cómo se están desarrollando las cosas dentro de nuestro partido".

"Debemos ser totalmente realistas, que no va ser posible asegurarle un triunfo al Partido Liberal de Honduras si en las próximas elecciones primarias, que supongo serán a principios de 1989, no sale un ganador absoluto", apuntó.

Explicó que si en las elecciones primarias concurren cuatro o cinco de los precandidatos que participaron en las elecciones internas. "va ser muy difícil obtener una mayoría absoluta para cualquiera de esos precandidatos, y el resultado será que el Partido Liberal va a seguir fragmentado".

Azcona expresó que si algo de positivo tuvo las elecciones internas del Partido Liberal, fue la "demostración de pujanza del Partido liberal, en unas elecciones que no se estaba jugando nada extraordinario, porque no era ni siquiera para escoger candidatos a los puestos de elección popular, pero demostró ante la nación entera que es la fuerza mayoritaria de este país y que es un partido amante de la democracia, que los electores concurrieron ordenada y disciplinadamente a depositar sus votos por el candidato que cada quien estimó era el mejor".

El mandatario insistió en que "los liberales debemos reflexionar que si vamos a las elecciones primarias en 1989 con cinco precandidatos para escoger un candidato, difícilmente va haber un ganador con una mayoría absoluta, y eso, va ser profundamente decisivo en las elecciones generales del último domingo de noviembre de 1989. Yo creo que no debería haber en esas elecciones primarias más de dos o, a lo sumo, tres candidatos, para que así haya un verdadero triunfador que obtenga el 55 ó el 60 por ciento de los votos".

El presidente Azcona recordó que en las elecciones generales de 1985, que al mismo tiempo fueron elecciones primarias, "este servidor obtuvo el 56 por ciento de los votos liberales, y así, con ese 56 por ciento de los votos liberales, no he podido obtener un apoyo firme del Partido Liberal a mi gobierno".

"Voy hablar sin resentimiento, sin el ánimo de molestar absolutamente a nadie, pero así ha sido, y así sucederá si el Partido Liberal saca un candidato con el 40 ó 42 por ciento del voto liberal, va ser difícil aglutinar a todo el liberalismo en torno a ese candidato", agregó.

"Por eso -continuó- creíamos que estas elecciones (internas) podrían servir para medir la fuerza y para un proceso eliminatorio, pero los resultados nos dicen que no va ser así y, más aún, cuando hemos escuchado a la gran mayoría de los precandidatos que dicen que ellos van a lanzar su candidatura presidencial, para mí eso es altamente preocupante".

NO HA PERDIDO SU LIDERAZGO

En cuanto a las versiones de algunos políticos de que él habría perdido liderazgo al resultar derrotado en las elecciones internas el licenciado Carlos Orbin Montoya, Azcona manifestó que su liderazgo lo mantiene, y aseguró que "yo no di un paso ni moví un dedo a favor de ninguno de los precandidatos. Yo di plenas libertades, incluso dentro de la gente que me había apoyado".

"La verdad es que el presidente Azcona no perdió en esas elecciones absolutamente nada, aunque se haya querido de muchas maneras decir que hemos perdido; no perdimos porque José Azcona no participó ni directa ni indirectamente, ni era candidato a nada, como debe ser para que un presidente se mantenga un tanto al margen de las luchas internas de su partido", añadió.

El gobernante urgió la necesidad de que exista un entendimiento entre los precandidatos liberales para unificar al Partido Liberal y poder ganar las futuras elecciones generales.

Señaló que la mayoría de los precandidatos son jóvenes que pueden hacer una carrera política larga y tener la posibilidad de llegar a la presidencia de la República porque el periodo de cuatro años que establece la Constitución de la República, "en 20 años son cinco presidentes los que se habrán electo; entonces, no nos ofusquemos y busquemos la unidad del Partido Liberal, para beneficio del partido y de Honduras, porque debemos pensar primero en Honduras, después en el partido y por último en los asuntos personales".

Lamentó que debido a la "gran atomización" del Partido Liberal, algunos municipios importantes del país no van a tener delegados a la convención, y que esa situación no es beneficiosa para los liberales.

NO FUE POR EL PUN QUE PERDIO MONTOYA

En relación a los argumentos de que el licenciado Carlos Orbin Montoya perdió en las elecciones internas porque la mayoría de los liberales no están de acuerdo con el Pacto de Unidad Nacional (PUN), el presidente Azcona expresó que si eso fuera cierto "el ingeniero Carlos Flores Facussé hubiera sacado 300 mil votos, no hubiera sacado el 39 por ciento, sino el 50 y tanto por ciento".

"Eso no es cierto, eso es una propaganda que se está haciendo, ese fue un arreglo político (el PUN) porque los liberales somos muy reacios a entendernos entre nosotros. Esa situación no se hubiera dado si al día siguiente de las elecciones el sector oficialista hubiera ido a hablar con José Azcona, a felicitarlo y haber dicho: bueno, perdimos y aquí estamos dispuestos a unirnos, pero eso no sucedió y todavía no he recibido las felicitaciones del sector oficialista", recalcó.

Sin embargo, dijo que el lunes pasado "agarré el teléfono y felicité al ingeniero Carlos Flores por su triunfo, pero también debemos hablar claramente, y él lo sabe, que es un triunfo relativo, no es un triunfo absoluto".

"Las elecciones internas del domingo no fueron decisivas para decir este es el candidato al que todo el pueblo liberal debe seguir en las próximas elecciones y que nos va a garantizar el triunfo. Se lo dije al ingeniero Carlos Flores, que si él hubiera sacado más del 50 por ciento de los votos, todo el liberalismo tuviera la obligación de seguirlo, y el primero que lo iba a seguir era el presidente de la República".

No obstante, indicó que el nuevo Consejo Central Ejecutivo del Partido Liberal (CCEPL) tendrá que ser más consecuente con el gobierno, que "en vez de resaltar lo poco malo que pueda haber en el gobierno, hay que resaltar lo mucho bueno que está haciendo este gobierno, que lo que le ha faltado ha sido publicidad".

Tiempo

11 de septiembre de 1987

Presenta credenciales embajador de Colombia

TEGUCIGALPA. - El nuevo embajador de Colombia, Miguel Durán Ordóñez presentó ayer sus cartas credenciales al presidente José Azcona Hoyo.

Durán Ordóñez sustituye en   el cargo al general Gonzalo Forero Delgadillo que fungió como tal por espacio de cuatro años y ahora pasa a ocupar otro cargo diplomático.

La ceremonia de entrega de credenciales se realizó en el Salón Rosado de Casa de Gobierno, con los tradicionales actos protocolarios.

Durán Ordóñez últimamente se venía desempeñando como embajador de Colombia en Israel y también ha desempeñado cargos similares en Egipto y la Organización de Estados Unidos Americanos (OEA).

203

El nuevo embajador de Colombia presentó ayer sus cartas credenciales al presidente Azcona.

La Prensa/11 de septiembre de 1987

VICEPRESIDENTES LOGRAN ACUERDO PARA INTEGRAR PARLAMENTO CENTROAMERICANO

Tras la maratónica reunión que sostuvieron ayer por más de cuatro horas los vicepresidentes de Centroamérica coincidieron en afirmar que llegaron a un acuerdo común sobre el proyecto del Tratado Constitutivo del Parlamento Centroamericano.

Al respecto, el designado presidencial Alfredo Fortín significó que "es realmente maravilloso ver cómo el diálogo puede hacer posible tantas cosas, ya que varios puntos fueron fácilmente aclarados, "por la fe que hemos puesto todos en Centroamérica".

El encuentro se inició con dos horas de retraso debido a que el vicepresidente nicaragüense, Sergio Ramírez arribó a Tegucigalpa a las 8:30 a.m. y tenía previsto hacerlo a las 7:45. Enseguida desayunó con un grupo de políticos en el Hotel Honduras Maya y llegó hasta las 10:30 a Casa de Gobierno.

LA CITA ESTABA PREVISTA PARA LAS 9:00 A.M.

Destacó que, en una próxima reunión, a celebrarse en Guatemala en un plazo relativamente corto, posiblemente en la primera semana de octubre, "darán por terminado el estudio del proyecto del Parlamento Centroamericano, para después pasarlo a las distintas instancias hasta llegar al momento final de la ratificación por nuestros congresos nacionales".

Por su parte, el vicepresidente de Nicaragua, Sergio Ramírez Mercado, enfatizó que su gobierno ha respaldado ese tipo de reuniones, señalando que "hemos tenido un diálogo muy franco y cordial, ya que no nos ha costado llegar a las resoluciones que hemos alcanzado".

Agregó que "tenemos ahora un proyecto de tratado para crear el Parlamento Centroamericano con sus objetivos, estructuras y con las formas de elegir a los representantes, llegando a ponernos de acuerdo en que cada país debe elegir a 20 representantes, y que las elecciones de los diputados al nuevo organismo deben ser directas, secretas y democráticas, para que haya un verdadero pluralismo".

Asimismo, recomendaron a los presidentes centroamericanos que la sede del Parlamento sea Guatemala, en reconocimiento a ese país como iniciador de esta idea.

Para la creación faltarán únicamente dos pasos: 1) Presentar este Tratado al Comité Preparatorio, representado por los vicepresidentes, los cancilleres y además cinco diputados por cada parlamento centroamericano.

Una vez conocido ahí, añadió, pasará a conocimiento de los mandatarios centroamericanos en la cumbre presidencial que se efectuará a comienzos del año
próximo o a finales de este año.

2) La ratificación de los congresos nacionales de cada país.

Entretanto, el vicepresidente de Guatemala, Roberto Carpio Nicolle, destacó que el Parlamento Centroamericano es una estructura estable y perenne que corresponde a los cinco países de Centroamérica; "esto significará que a través de este organismo como estructura nos permitirá a los cinco pueblos centroamericanos conducirnos como un gran pueblo para enfrentar el futuro".

Puntualizó que el Parlamento Centroamericano recoge aquellos que servirá para afianzar el destino común. Si esto se enmarca de esa manera veremos el futuro como cinco pueblos en una sola nación, apuntó.

Mientras, el vicepresidente de Costa Rica, Jorge Dengo, recalcó que el Parlamento juega un rol fundamental para Centroamérica, ya que no es por la vía de la violencia armada que se llega a resolver los problemas de la sociedad, sino que son el diálogo y la paz los que permiten en los países de Centroamérica reanudar su ruta hacia el progreso y la consolidación de una sociedad de bienestar futuro. (A.P.G.).

Al término de la cita, los vicepresidentes centroamericanos, dieron una conferencia de prensa en el Salón Rosado de la Casa de Gobierno De izquierda a derecha: Sergio Ramírez Mercado, de Nicaragua; Roberto Carpio Nicolle. de Guatemala; Alfredo Fortín, de Honduras; Rodolfo Castillo Claramount, de El Salvador, y Jorge Dengo, de Costa Rica. (Foto de Aquiles Andino).

La Tribuna/12 de septiembre de 1987

AZCONA JURAMENTA NUEVO VICEMINISTRO DE DEFENSA

TEGUCIGALPA. - El presidente de la República José Azcona Hoyo, juramentó ayer al nuevo viceministro de Defensa y Seguridad Pública, coronel de aviación Carlos Rigoberto Aguirre Corrales, en acto celebrado en Casa de Gobierno en horas de la tarde.

Aguirre Corrales quien lucía su traje militar sustituye en el puesto al teniente Coronel Celan Meza Pineda, trasladado en el departamento de Colón, donde funcionaba el Centro Regional de Entrenamiento Militar (CREM).

El nuevo funcionario castrense es un veterano del conflicto armado entre Honduras y la vecina El Salvador, quien junto al exjefe de las Fuerzas Armadas General (R) Walter López Reyes, penetraron con sus aviones corsarios, los cielos cuscatlecos para bombardear las instalaciones petroleras en el Puerto de El Cuco.

Dentro de su historial, el escogido ha prestado sus servicios profesionales como piloto oficial a varios mandatarios hondureños.

*La Prensa/*12 de septiembre de 1987

AZCONA INAUGURARÁ HOY 18 ACUEDUCTOS RURALES

TEGUCIGALPA. - El presidente José Azcona Hoyo inauguró hoy en Siguatepeque 18 acueductos rurales, cuyo costo se estima en aproximadamente 1.3 millones de lempiras y beneficiará a 8.328 habitantes de 26 comunidades.

Los actos de inauguración se llevarán a cabo a las 10 de la mañana en la comunidad de Potrerillos, y a los mismos asistirán funcionarios del gobierno y representantes de organismos internacionales financieros.

Los 18 acueductos rurales fueron financiados por el Banco Centroamericano de Desarrollo (BID), más la contraparte del gobierno, y en su ejecución contribuyeron las aldeas beneficiadas con mano de obra. (TDG).

*Tiempo/*12 de septiembre de 1987

SI NO HAY UNIDAD, LIBERALISMO NO TRIUNFARÁ EN ELECCIONES DE 1990

Los precandidatos liberales a la Presidencia de la República deben procurar un entendimiento para que sólo dos o tres de ellos se postulen para la nominación presidencial porque, de lo contrario, no será posible ganar nuevamente las elecciones generales de 1989.

La propuesta fue formulada ayer por el presidente José Azcona Hoyo en consideración a que ninguno de los candidatos a la presidencia del Consejo Central Ejecutivo del Partido Liberal obtuvo mayoría absoluta en las elecciones internas del domingo anterior.

"Esas elecciones no fueron decisivas para definir al candidato del partido porque la victoria del Movimiento Florista fue relativa y así se lo hice saber a Carlos Flores Facussé cuando lo llamé para felicitarlo por el triunfo legítimo que obtuvo", dijo el mandatario.

Azcona le aseguró a Flores Facussé, según lo que reveló de la conversación, que si hubiera obtenido más del 50 por ciento de los votos del liberalismo ya lo estuviera apoyando como el candidato del partido al igual que los votantes en general.

"Pero como esa condición no se dio, la lucha va a seguir porque algunos de los candidatos ya anunciaron que buscarán la nominación presidencial, y al sólo retirarse dos de los siete que participaron en las elecciones internas no hay forma de garantizar el triunfo del partido en 1989", observó el gobernante.

Obviamente, el mensaje del mandatario iba dirigido a los candidatos a la presidencia del Consejo Central Ejecutivo que obtuvieron menos votos en las elecciones del domingo y que han manifestado su decisión de seguir adelante en busca de la candidatura liberal.

Son ellos Jorge Roberto Maradiaga, Ramón Villeda Bermúdez y Jorge Arturo Reina, debido a que William Hall Rivera y Enrique Ortez Colindres no han manifestado su decisión de seguir en la brega.

SEGUIREMOS FRAGMENTADOS

Azcona dijo que al existir cinco precandidatos, ninguno alcanzará mayoría absoluta y el resultado será que el Partido Liberal continuará fragmentado.

"Si no hay unidad en torno a dos o tres candidatos, a lo sumo, no habrá ningún triunfo asegurado para el liberalismo", sentenció.

Añadió que si únicamente compiten dos o tres candidatos, el triunfador podría obtener un 55 ó 60 por ciento del voto liberal, lo que le abriría las puertas para unificar al partido en torno suyo.

Azcona recordó que en las elecciones internas de 1985, que fueron simultáneas a las elecciones generales, su candidatura obtuvo el 56 por ciento de los sufragios liberales y aun así no ha podido lograr un apoyo firme del Partido Liberal a su gobierno.

¿Qué sucederá si el candidato ganador de las elecciones internas saca un 40 ó 42 por ciento de los votos?, se preguntó a sí mismo, para responder a continuación: "Va a ser difícil aglutinar a todo el liberalismo en torno a ese candidato".

Para salvar esa situación, el presidente propuso que los precandidatos lleguen a un entendimiento y consideren que la mayoría de ellos son jóvenes "con futuro político y posibilidades, principalmente ahora que los períodos presidenciales son de cuatro años y en 20 años tendremos cinco presidentes.

"No debemos ofuscarnos con lograr la candidatura ahorita sino que debemos preocuparnos por los intereses de Honduras y la unidad del partido antes de pensar en las conveniencias personales", recomendó.

NO HE PERDIDO LIDERAZGO

El titular del Ejecutivo sostuvo que no perdió su liderazgo en las pasadas elecciones internas de su partido.

"No di un paso ni moví un dedo a favor de ninguno de los precandidatos, sino que más bien di amplias libertades, incluso dentro de la gente que apoyó mi candidatura. De esa gente salieron los candidatos Carlos Montoya, Jorge Maradiaga, William Hall e incluso algunos que apoyaron a Ramón Villeda Bermúdez", aseguró.

En el caso de este último precandidato, Azcona dijo que fue apoyado por el alcalde de San Pedro Sula, Jerónimo Sandoval, quien fue electo en las planillas azconistas al igual que el diputado Mario Ramón López, que también apoyo a RAVIBER.

Otros de los militantes azconistas que apoyaron a Villeda Bermúdez fueron Gilberto Aguilar de Alianza, Valle, y Neptaly Montoya, quien coordinó la actividad del movimiento Villedista en La Ceiba, según Azcona.

Entonces, continuó José Azcona, no perdí absolutamente nada en esas elecciones porque no participó ni directa ni indirectamente, ni era candidato a nada como debe ser un presidente que decide mantenerse al margen de las luchas internas de su partido", señaló el gobernante.

EL PUN NO AFECTÓ A MONTOYA

Azcona estima que el llamado Pacto de Unidad Nacional no afectó el resultado electoral obtenido por el presidente del Congreso Nacional.

"Si así fuera, el candidato del Florismo hubiera sacado 300 mil votos y 50 y tantos por ciento del total de sufragios, pero sacó el 39 por ciento, lo que indica que esa versión es pura propaganda política", sostuvo.

Más adelante, explicó que el acuerdo patriótico se suscribió con el Partido Nacional porque "los liberales somos muy reacios a entendernos entre nosotros.

"Esa situación (la firma del pacto) no se hubiera dado si al día siguiente de las elecciones el sector oficialista de aquel entonces hubiera hablado conmigo y me hubieran dicho que habían perdido pero que estaban dispuestos a unir al Partido.

"Pero sucede que el oficialismo todavía no me ha felicitado por el triunfo a pesar de que ya llevamos casi dos años de gobierno. Yo, en cambio, el lunes agarré el teléfono y felicité al ingeniero Flores por su triunfo que, a decir verdad, fue relativo y no absoluto", añadió Azcona.

NO PERSIGUE A SUAZO

Con respecto a la posibilidad de que el expresidente Roberto Suazo Córdova retome el control del partido, el presidente respondió que su antecesor tiene derecho a mantener vigencia política en el departamento de la Paz.

"La actuación del doctor Suazo no la critico como tampoco hemos tomado acciones en su contra, ni de palabra ni de hecho, porque nosotros no perseguimos a ningún liberal sea de la corriente que sea", aseguró.

Azcona también respondió a las opiniones formuladas por el dirigente nacionalista, Rafael Leonardo Callejas, quien sostuvo que el Partido Liberal carece de un verdadero líder.

"Los líderes se hacen a través de la lucha y la lucha está planteada. El propio Callejas no se convirtió en primera figura del nacionalismo de la noche a la mañana, y los liberales tenemos dos años y pico para que cualquiera de los líderes que han demostrado calor popular se alce con el triunfo. Después todos lo apoyaremos para que sea el futuro presidente", dijo Azcona.

El mandatario confía en que el nuevo Central Ejecutivo sea más consecuente que los grupos políticos en lo que se refiere a las acciones del gobierno ya que, según aseguró, las obras se están ejecutando en todos los rincones de Honduras, pero no han tenido la publicidad del caso.

Finalmente, reiteró que el gobierno apoyará materialmente al Tribunal Nacional de Elecciones para que organice y celebre los comicios municipales, pero que la decisión final sobre el particular dependerá del Congreso Nacional y del nuevo Central Ejecutivo.

AZCONA HOYO

El Heraldo/11 de septiembre de 1987

UNA DELEGACIÓN REPUBLICANA Y LA PROPUESTA DEL SENADOR DOLE

Una importante delegación de senadores republicanos de los Estados Unidos, encabezada por el señor Robert Dole, ha estado en Tegucigalpa corno parte de una visita que abarca también Managua y San José de Costa Rica, motivada ésta por el Acuerdo de los presidentes centroamericanos para la paz en nuestra región.

Es probable que en los días venideros llegue también a estos países otra delegación de senadores demócratas, entre los cuales figuraría el señor Christopher Dodd, presidente de la Comisión senatorial para LLatinoamérica, quien siempre ha sido entusiasta respaldo del Plan Arias, o sea la propuesta básica que dio lugar al Acuerdo de Guatemala (Esquipulas II).

La delegación republicana -y particularmente el señor Dole- dijo a la prensa hondureña, después de entrevistarse con el presidente de la República, ingeniero José Simón Azcona del Hoyo, que, no obstante, la preocupación de los Estados Unidos por la amenaza soviética a través de Nicaragua, "a la cita que hubo en Guatemala se le debe dar su oportunidad".

El senador Dole, una personalidad relevante de la política estadounidense al punto de perfilarse como precandidato a la Presidencia de los Estados Unidos dentro del Partido Republicano, con esta declaración pareciera abrir una puerta para el apoyo en el Senado al Acuerdo de Guatemala, en un momento de confusión en el seno de la administración Reagan que más sugiere un alambicado rechazo al consenso presidencial centroamericano.

La visita de esta delegación republicana -cuyos integrantes han votado en el Senado su decidido apoyo a los "contras"- también hay que mirarla de cara a la petición anunciada por el presidente Reagan de solicitar más ayuda económica a los contras en el Congreso de los Estados Unidos.

Este es un asunto de suma trascendencia para la misma aplicación del Acuerdo de Guatemala, pues es obvio que un incremento en la asistencia militar a la contrarrevolución nicaragüense significa la antítesis del propósito pacificador y conciliador inherente a la puesta en escena del Procedimiento para la Paz Firme y Duradera en Centroamérica.

El senador John McCain, miembro de la delegación, fue efusivo en su agradecimiento al presidente Azcona por "la ayuda de Honduras a la lucha de los nicaragüenses por la libertad. Azcona está de acuerdo con esto -dijo. No hay paz duradera sin libertad".

Honduras, por supuesto, tiene ahora -más que nunca- un solemne compromiso en el Acuerdo de Guatemala. Por lo tanto, su actuación tiene que ser seria y sumamente cuidadosa en cuanto a cualquier apoyo a los "contras" en su actuación militar y logística, porque la palabra empeñada obliga a cumplir la ruta negociadora y democratizadora del Acuerdo del 7 de agosto, independientemente de lo que hagan los otros signatarios y las partes interesadas en el problema centroamericano.

Simultáneamente a esta gira, el senador Dole ha enviado una carta abierta al presidente de Nicaragua, comandante Daniel Ortega Saavedra en la que le propone pláticas bilaterales entre el gobierno de los Estados Unidos y el sandinista, en el caso de que el mandatario nica esté "dispuesto a discutir nuestras legítimas preocupaciones", o sea las que el senador Dole le plantea interpretando, según él, al pueblo norteamericano.

Estas preocupaciones son el cierre de La Prensa y de la Radio Católica, reprimidas por el gobierno de Nicaragua, y una supuesta persecución de los judíos en aquel país a tal extremo "que se sintieron compelidos a abandonar su tierra natal".

Asimismo -y pese al Acuerdo de los gobernantes de América Central- "el arresto y maltrato del director de la Comisión de Derechos Humanos, Lino Hernández, y del presidente del Colegio de Abogados, Alberto Seborío", así como que la apertura, por parte del presidente Ortega, de "Nicaragua y América Central a la presencia de tantos miles de tropas soviéticas y de sus aliados y sus consejeros".

Nos ha sorprendido algunas de las revelaciones del senador Dole que, de ser ciertas, justifican la alarma o preocupación de los Estados Unidos, verbigracia la existencia de miles de soldados soviéticos en Nicaragua y, por otro lado, la de una diáspora judía a causa de la persecución sandinista. Estos datos hasta ahora han sido desconocidos en nuestro país, por lo menos.

De cualquier manera, querernos apreciar en la iniciativa del senador Dole un intento de darle una salida a la política de la administración Reagan en América Central, conteste con el sentimiento de los centroamericanos y del resto del mundo que respaldan el Acuerdo de los presidentes firmado en Guatemala.

En este sentido, bienvenida la iniciativa y ojalá ayude al cumplimiento del Procedimiento para la Paz Firme y Duradera en Centroamérica, en el cual la voluntad política de la administración Reagan juega un papel importante, aunque no sea firmante de ese solemne como histórico compromiso.

Tiempo/1 de septiembre de 1987

José Azcona
NO ES CON LAMENTACIONES Y CRÍTICAS QUE VAMOS A DESARROLLAR A HONDURAS

- *Algunos que escriben en periódicos jamás han trabajado por Honduras. Pide esfuerzo colectivo para destruir el subdesarrollo*

POTRERILLOS. (Por Jorge Méndez Carpio, corresponsal). - A un costo de más de ocho millones de lempiras fueron inaugurados el pasado fin de semana por el presidente de la República ingeniero José Simón Azcona Hoyo, un total de 18 acueductos rurales que beneficiarán a una población de aproximadamente 13 mil 606 habitantes.

El mandatario hondureño, quien se hizo acompañar por el ministro asesor de la Presidencia, abogado Carlos Falck, por el comandante del Noveno Batallón de Infantería, coronel German Dole Orellana y por el gerente general del Servicio Nacional de Acueductos y Alcantarillados (SANAA), ingeniero Luis Armando Croos.

A los actos de inauguración también asistieron el representante del Banco Interamericano de Desarrollo (BID), ingeniero Feliciano Paz, el alcalde municipal de la ciudad de Siguatepeque, Juan José Cerna y el diputado por el departamento de Comayagua, Ramón de Jesús Sabillón.

En un discurso improvisado, el presidente de los hondureños manifestó que en Honduras tenemos que hablar de nuestro país, este país al que nosotros los hondureños nos esforzamos muchas veces en poner como el país más subdesarrollado y como el país donde no se puede vivir.

Recalcó que este es nuestro país, este es el país que tenemos y dependerá de nosotros que se desarrolle o que siga sumido en el subdesarrollo, agregó que no es con lamentaciones, no es con críticas que vamos a desarrollar el país. Lo tenemos que desarrollar con trabajo, honestidad, rectitud y con dedicación, afirmó.

Dijo, además que cuando le entregué la personalidad jurídica al presidente pro desarrollo de esta comunidad, le recomendé que todos ustedes deben de cuidar este acueducto rural, para que le sirva a todos los que requieran de este preciado líquido, expresó el mandatario al dirigirse a la concurrencia que se hizo presente a los actos de inauguración.

José Azcona Hoyo hizo un reto a todas las comunidades del país para que no solamente se dediquen a pedir, ya "que también ustedes deben de aportar un granito de arena para emprender una obra, ya sea acarreando material como piedra y arena, y si esto se cumple me comprometo para que la luz llegue a esta comunidad". aseguró.

Estoy seguro, dijo, que ustedes y todas las comunidades de Honduras nos uniremos y pensaremos en Honduras, no como el país subdesarrollado. Que no se siga diciendo que somos el país más pobre, como les gusta decir a algunos que escriben en periódicos y que jamás han trabajado por Honduras y a muchos de ellos todavía no se les ha visto, están casi terminando su vida útil y jamás se les ha visto una obra en beneficio de este pueblo, expresó el Presidente.

No obstante, señaló que muchos dicen que existen este u otro problema, como si en Honduras no hubieran habido siempre problemas. Y lo seguirán habiendo sino hay un esfuerzo colectivo para destruir ese subdesarrollo, y al pueblo hondureño le decimos que hay que trabajar para progresar, y que hay que esforzarse para salir de la situación en que nos encontramos.

El gobierno de Azcona, dijo, está haciendo todos los esfuerzos para ayudar a que iniciemos ese ascenso a estados superiores de bienestar colectivo para este pueblo que lo merece todo, como lo merecen todos los pueblos del mundo, afirmó.

Cuando tomé posesión de mi cargo como presidente de la República, expresé que nuestro programa de trabajo sería dirigido a la educación, la salud, el desarrollo urbano, el empleo, la reforma agraria, y estos acueductos rurales están dentro del desarrollo de la salud y si no hay agua, no puede haber salud, y si no hay salud no puede haber desarrollo en un pueblo, concluyó.

Posteriormente el mandatario hondureño, se dirigió a la fábrica cementera de Piedras Azules, donde sería agasajado por la Cámara de la Industria de la Construcción y funcionarios de esa institución con una suculenta barbacoa.

José Azcona Hoyo corta la cinta dando por inaugurado el proyecto rural. (Foto Jorge Méndez Carpio).

El mandatario hondureño hace entrega al presidente de la comunidad la personería jurídica que los acredita como tal. (Foto Jorge Méndez Carpio). Tiempo/14 de septiembre de 1987.

Mientras Azcona se reúne con Sergio Ramírez
ORDENAN A EMBAJADORES NO CONFRATERNIZAR CON NICAS

Tegucigalpa, D.C., 31 de agosto de 1987. A todas nuestras embajadas acreditadas en el exterior:

Con instrucciones señor ministro, hónrame comunicar que deberá abstenerse de participar en celebración conjunta Día de Independencia, en caso que esta se prepare con participación de embajada nicaragüense.

Motivo de lo anterior es que, si bien Honduras mantiene una política de entendimiento para resolver la crisis centroamericana, no es del caso participar a nivel diplomático con la representación nicaragüense, cuando dicho país mantiene una demanda contra Honduras en la Corte Internacional de Justicia. Lo anterior demuestra, además, una irregularidad en el manejo de la política de Nicaragua hacia Centroamérica, debido al uso de dos mecanismos simultáneos para resolver una misma situación.

Alta consideración.

Embajador Flores Bermúdez.

*Tiempo/*14 de septiembre de 1987

AZCONA INAUGURA 18 ACUEDUCTOS RURALES

El presidente de la República José Azcona Hoyo, inauguró el fin de semana en la aldea de Potrerillos, jurisdicción de Siguatepeque, Comayagua, 18 sistemas de agua potable que van a favorecer a una población de más de 13 mil habitantes en igual número de comunidades rurales del país.

El mandatario al momento de develizar la placa conmemorativa al acto. (Foto Efraín Salgado).

El costo de estos 18 proyectos de agua potable asciende a más de un millón de lempiras, cantidad de dinero que en su mayor parte es financiado por el Banco Interamericano de Desarrollo (BID).

Los proyectos inaugurados el sábado son parte de la construcción de 200 sistemas de agua que piensan estar terminados antes de que el mandatario Azcona Hoyo entregue la Presidencia de la República.

De acuerdo a información brindada por las autoridades del Servicio Autónomo Nacional de Acueductos y Alcantarillados (SANAA), los departamentos beneficiados son: Choluteca, Cortés, Olancho, El Paraíso, Yoro, Comayagua, Atlántida y Copán.

El ingeniero Azcona se hizo acompañar al acto con el gerente del SANAA, Luis Moncada Gross, su asesor presidencial, Carlos Falck y el jefe de la Quinta Región en Comayagua, Coronel Dole.

El Heraldo/14 de septiembre de 1987

A QUIÉN DIBUJA MEJOR, HIJOS DE LOS GUARDIAS DE AZCONA

Un concurso de dibujo para hijos de soldados de la Guardia de Honor Presidencial (GHP) se realizó en el Club de Oficiales de esa unidad militar.

En esta actividad participaron centenares de niños. Un jurado especial decidirá cuál es el mejor trabajo.

Posteriormente el mejor dibujo participará en el concurso que promueven las Fuerzas Armadas de Honduras.

Cada unidad militar enviará el trabajo de su representante.

Foto parcial de los niños hijos de los guardias de la Presidencia de la República, en el concurso de dibujo.

La Tribuna/14 de septiembre de 1987

<u>Al inaugurar acueductos:</u>
AZCONA DICE QUE CUMPLE CON PLANES PROMETIDOS

El presidente José Azcona Hoyo inauguró el sábado en Potrerillos, Comayagua, 18 acueductos rurales ejecutados con apoyo financiero del Banco Interamericano de Desarrollo (BID).

Las obras están ubicadas en aldeas de Choluteca, El Paraíso, Cortés, Atlántida, Colón, Olancho, Francisco Morazán y Comayagua.

El presidente manifestó que en su gobierno se han construido 227 acueductos rurales en favor de igual número de comunidades de las más apartadas y necesitadas zonas del país.

Azcona Hoyo indicó que no es casualidad que este tipo de obras se construyan pues en su programa de gobierno dio mayor importancia a los aspectos salud, educación, desarrollo urbano, empleo y reforma agraria: "Si no hay agua no puede haber salud, y si no hay salud no puede haber desarrollo en los pueblos", señaló el mandatario.

El presidente prometió que la electricidad llegará muy pronto a Potrerillos, si sus habitantes hacen un esfuerzo decidido por lograrlo.

"No importa la humildad de su aporte, si es producto de su afán por superarse", dijo.

"Desarrollando estas comunidades evitaremos que la gente que vive respirando aire puro tenga que emigrar a las ciudades aumentando los cordones de miseria", indicó.

El gerente del SANAA, Luis Moncada Gross, al hacer uso de la palabra expresó que su institución ha trabajado duramente en la construcción de acueductos rurales con saneamiento ambiental, utilizando para ello una tecnología muy avanzada.

Un vecino de Potrerillos, Comayagua, recibe del presidente José Azcona un diploma en reconocimiento a sus esfuerzos para hacer realidad el proyecto de acueducto de la localidad.

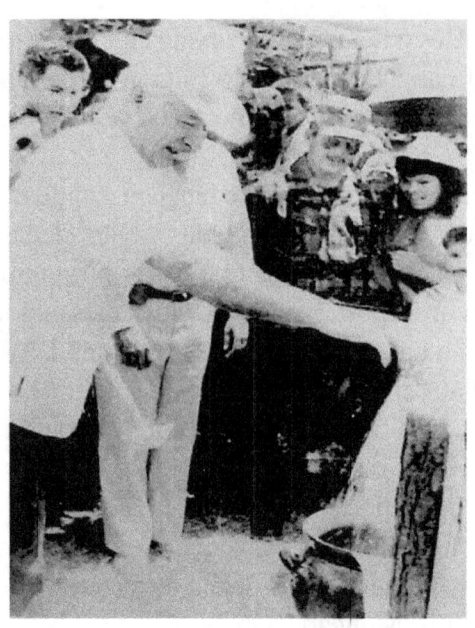

El presidente José Azcona hace correr el agua potable en Potrerillos, Comayagua, el sábado, cuando inauguró 18 proyectos de acueductos rurales diseminados en ocho departamentos.

La Tribuna/14 de septiembre de 1987

MAESTROS DAN UNA SEMANA DE PLAZO A AZCONA PARA QUE DECIDA AUMENTOS

TEGUCIGALPA. - Los dirigentes del Movimiento Nacional Magisterial Hondureño (MONAMAH) amenazan con ejecutar nuevos paros de labores si en el transcurso de esta semana el gobierno no mejora su propuesta salarial de 75 millones de lempiras para los aproximadamente 40 mil maestros.

Los directivos del MONAMAH alegan que el magisterio nacional rechaza la oferta salarial de 75 millones de lempiras que ha presentado el presidente José Azcona Hoyo, y como contrapropuesta, esa organización magisterial exige del gobierno un sueldo base de 700 lempiras para los maestros.

El MONAMAH, que se atribuye la representatividad del magisterio nacional, desconociendo a su oponente Frente de Unidad Magisterial Hondureño (FUMH), exigía en principio 136 millones de lempiras en aumento salarial, lo que sería incluido en el Estatuto del Docente.

El ministerio de Educación señala, a través de un comunicado, que con el aumento de 75 millones de lempiras que ofrece el presidente Azcona, los maestros recién graduados en el nivel primario devengarán el próximo año 790 lempiras mensuales en el departamento de Gracias a Dios, 716.50 lempiras en el departamento de Islas de la Bahía, y 595 lempiras en el resto del país.

Los maestros que ingresaron este año al servicio docente en el nivel primario, tendrán para el año próximo un incremento salarial de 88.75 lempiras mensuales, y que el aumento de 55 lempiras que otorgó el gobierno en el presente año, se generalizará para todos los docentes a partir del mes de febrero de 1988.

Asimismo, informa que el incremento mínimo que se registrará es de 33.75 lempiras mensuales, correspondiente a un maestro sin título, y que los directores de escuelas con 25 años de servicio, dependiendo de la categoría de escuela y zonaje, recibirán un salario que oscilará entre 1,115 y 1,517.45 lempiras mensuales. (TDG).

Tiempo/15 de septiembre de 1987

LÁGRIMAS

APARTE de lo cívico que tuvo esta elección interna de los liberales, hay cosas que sucedieron y que se han dicho que merecen quedar escritas. Después de todo la política divierte.

Vamos a enumerar algunos argumentos que constituyen el análisis incuestionable de esta elección:

1. Quienes no ganaron perdieron porque los pobres no tenían cómo financiar propaganda mientras el "rosuquismo" millonario financiaba otra de las corrientes. A puras cachas, con pequeñas contribuciones y sacrificios, apenas lograron, las corrientes de gobierno, poner unos anuncios en la televisión; y dando gracias.

2. No ganaron porque a lo que llaman azconismo se dividió en varios grupos. Así que ahora van a olvidarse de los montoyismos, willismos y maradiaguismos para unirlos bajo el "azconismo" y de repente hasta lanzan otra vez -sin su consentimiento- al pobre Azcona, como candidato a la presidencia de la República.

3. Unos ganaron por el "rosuquismo", mientras otros ganaron por el "alipismo". Se sabe que ninguno ganó por sus méritos propios, ni por su propio trabajo, ni por su propia dirección, ni por nada que se le parezca.

4. Todos los que se abstuvieron de votar no pertenecen a la corriente ganadora sino que a la perdedora. Cuando a las 4:00 de la tarde el día de la elección en una conferencia de prensa, se proclamó victorioso uno de los contendores, el montón de gente que estaba haciendo fila en las urnas y que pensaba votar por el presidente del Congreso, salió de huida pensando que ya no era necesario votar porque de todas formas habían ganado. Otros barajustaron para no perderse la comilona que tenían preparada los que desde temprano anunciaban victoria.

5. Los que ganaron en San Pedro Sula fue por su papá, (Q.E.P.D.), y por la mamá. Ganó por mérito de otros y de todos los demás, menos el suyo.

6. En algunos municipios las corrientes de oposición al oficialismo arrinconaron a los pobres gobiernistas. Se armaron con hondas y pistolas, mientras los otros, como mansas palomas se dejaban amedrentar.

7. Los que perdieron fue porque sus simpatizantes no querían que les marcaran la cédula de identidad, mientras los ganadores andaban desesperados y ganosos que les abrieran semejante hoyo en la tarjeta.

8. Según el presidente de la República, una vez conocidos los resultados, no hay ningún líder todavía, ya que nadie ganó por mayoría absoluta. En las elecciones anteriores sin embargo, sí hubo

líder: él; aun cuando su victoria también fue relativa y el candidato del Partido Nacional le ganó individualmente las votaciones.

9. Los nacionalistas no es cierto que estén preocupados, con el resultado de las elecciones liberales. El que los colorados hayan sacado en su consulta interna cerca de 600,000 votos y que ellos, los azules, en la última elección interna no sacaron ni cerca de esos resultados, no es ningún motivo de intranquilidad.

10. Ninguno de los que perdieron se retira porque hoy están más convencidos que nunca que ganaron y que será avalancha de seguidores que se desprenderán de las otras corrientes para sumarse a ellos.

11. El que perdió dice que fue por los dirigentes departamentales y los departamentales le echan la culpa al jefe a nivel nacional.

12. Todavía se maneja la especie que pronto, de allá de las Europas, vendrá un candidato de unidad, y que todos los dirigentes de las otras corrientes van a salir corriendo tirando todo su trabajo a la basura, para apoyarlo unánimemente.

13. En esta elección nadie ganó, todos perdieron. Pero si se considera que los que perdieron dicen que ganaron, pues entonces así ha de ser. Quedamos entonces pues...todos ganaron.

19. Quienes representan la reserva moral andan viendo cómo, anulando urnas, le apean un delegado al Central a otra corriente, porque eso es lo justo, lo digno, lo correcto y lo moral.

Así que, si en estas elecciones hubo lágrimas, unas no son precisamente de dolor, sino de risa.

La Tribuna/14 de septiembre de 1987

José Azcona del Hoyo:
NO VAMOS A DESARROLLAR EL PAÍS CON CRÍTICAS Y LAMENTACIONES

El presidente de la República Ing. José Azcona junto al gerente del SANAA Ing. Luis Moncada Gross, funcionarios del BID, diputados y autoridades del Depto. de Comayagua, inauguró el pasado sábado 18 acueductos del programa (SANAA-BID), en la comunidad de Potrerillos, municipio de Siguatepeque, como parte de un plan que su tercera etapa dotará de iguales beneficios a 200 poblaciones.

El Ing. Azcona enfatizó que durante su gestión administrativa ya se han inaugurado 227 acueductos rurales, y está siendo consecuente con su plan de gobierno a desarrollar los factores más importantes de su plan de trabajo como la salud, la educación, el desarrollo urbano, el empleo y la reforma agraria.

No es con críticas, ni con lamentaciones, que vamos a desarrollar el país, sólo sacaremos adelante con esfuerzo, trabajo, honestidad, rectitud y dedicación a nuestras labores. Y estamos dispuestos a dar colaboraciones y ayudas a todo pueblo que nos la solicite, pero sí que se vea una acción de parte de ellos, no importa lo humilde que sea la aportación porque sólo de esta forma Honduras llegará al ascenso de estadios superiores y saldrá del subdesarrollo.

El presidente se entusiasmó mucho y felicitó al Ing. Luis Moncada Gross gerente del SANAA al instalar ya en la zona rural los servicios sanitarios de lozas higiénicas de lujo que son compradas y sin que nadie se lo solicitase al ver la forma como le recibieron en Potrerillos, Comayagua, ordenó la instalación del servicio eléctrico a la mayor brevedad posible.

Imprevistamente, el Ing. Azcona y su comitiva encabezada por el coronel German Dole y el diputado Ramón de Jesús Sabillón se dirigieron a la planta cementera de Piedras Azules al área social de la colonia INCEHSA donde departió durante el resto del día con visita que hacían a la cementera la Cámara de Comercio de la Construcción, y el Colegio de Ingenieros de Honduras, encontrándose presente el ministro de Economía Reginaldo Panting presidente de la junta directiva de 1NCEHSA, junto al gerente general Ing. Valentín Suárez.

En este almuerzo el Ing. Azcona volvió a tomar la palabra en manera informal y dijo buscar a sus compañeros a quien estima mucho, porque dentro de dos años que culmine la gestión con que le honró el pueblo hondureño volverá al ejercicio de su profesión de ingeniero civil.

El ing. José Azcona inaugurando el pasado sábado en Potrerillos, Comayagua un total de 18 acueductos rurales de 9 Deptos. de Honduras como parte de la tercera etapa del programa SANAA BID a su lado el gerente general del SANAA Ing. Luis Moncada Gross. (Foto Juan Bosco Campos).

La Prensa/14 de septiembre de 1987

CONTRACORRIENTE

Juan Ramón Martínez

AZCONA TAMBIÉN PERDIÓ

Aunque no se diga en forma pública, el triunfo de Carlos Flores es de alguna manera, una derrota política para el presidente Azcona. Y no por el riesgo que para su presidencia tiene un eventual Consejo Central Ejecutivo que le niegue el apoyo que necesita para gobernar, sino porque fundamentalmente, los electores han dicho que no están conformes con su administración.

Y no es que el electorado liberal haya desarrollado el concepto del voto castigo. No es eso. Los liberales siguen siendo viscerales al momento de ejercer el sufragio. Lo que ocurrió es que Azcona -después del triunfo electoral frente a Suazo Córdova- se alejó de las fuerzas que le dieron el triunfo, permitiéndole a sus correligionarios desarrollar la idea que todo había terminado. Fue así entonces que Azcona perdió su fuerza como líder. A nadie pudo imponerle sus orientaciones. Y así como no ha podido asegurar el respaldo de todos los liberales a su gestión administrativa, tampoco pudo influir en el electorado.

Al haber permitido que la indisciplina partidaria hiciese pedazos a su movimiento político, perdió en forma inevitable su condición de líder indiscutible del azconismo. Montoya -que sí entiende cuando quiere los problemas de la actividad política- así lo ha comprendido. De ahí que en su primera conferencia de prensa haya hablado del "azconismo" y el suazo-cordovismo como dos fuerzas antagónicas en el interior del Partido Liberal. Él ha entendido muy bien que levantando nuevamente la bandera del azconismo -una vez que ha probado que la suya propia es insuficiente- para oponerle al florismo tiene alguna posibilidad para reverdecer sus marchitos laureles.

Ahora bien, el análisis de Montoya no significa necesariamente que Azcona garantizará, en una lucha frontal con el "florismo" triunfante, un espacio político más favorable para su administración. Más bien puede concluirse que una confrontación con las fuerzas que le derrotaron en las elecciones del domingo, favorezca mucho más a sus adversarios que a sus propósitos de mantener en alto la bandera nacional.

Conociendo el temperamento de Azcona, es fácil predecir que el presidente de la república continuará con su conducta conciliadora y que evitará reconocer que las elecciones del domingo fueron un revés para sus propósitos de gobernante. Seguirá haciéndose la ilusión que está por encima de los conflictos partidarios y hará lo posible por establecer unas relaciones "cordiales" con Carlos Flores. Además, Azcona sabe que el Consejo Central Ejecutivo -aunque lo llegase a controlar mayoritariamente el "florismo"- no tiene peso específico suficiente para crearle intranquilidades adicionales a las que ya le han dado sus correligionarios "azconistas".

Y es posible que esa sea la conducta más razonable, por lo menos para asegurarle al Presidente de la República la finalización más o menos tranquila de su mandato. Pero posiblemente no lo será tanto para el Partido Liberal. Cierto nivel de controversia -que le dé distancia a Flores para diferenciarse ante el electorado por los errores de una administración que no tiene imagen de enérgica- es bueno para que el Partido Liberal asegure la pelea con los nacionalistas. Un candidato liberal que cargue sobre sus espaldas todos los errores de Azcona, puede ser una víctima fácil en manos de Callejas y su gente.

Pero de cualquier manera como Azcona se comporte con sus "correligionarios liberales", hay un hecho indubitable: el domingo lo derrotaron en forma contundente los mismos a quien él obligó a que dejaran la Presidencia con la colá entre las piernas.

Es el eterno cuento de la revancha, en que los vencidos de ayer le turban el sueño a los triunfadores.

La Tribuna/15 de septiembre de 1987

El presidente de la República, José Azcona, saluda al pueblo hondureño al conmemorarse hoy el **166 ANIVERSARIO DE NUESTRA INDEPENDENCIA PATRIA.**

En fecha tan memorable el mandatario reitera al pueblo hondureño que su gobierno hará siempre los mayores esfuerzos para generar mejores condiciones de bienestar social para todos.

La mística de trabajo que se ha impuesto este gobierno tendrá mayor efectividad con el concurso de todos y bajo el clima de tranquilidad, paz y democracia que afortunadamente vivimos en el país.

Con mucho orgullo manifestamos que efectivamente hemos mantenido un comportamiento político que permite celebrar la independencia en un ambiente de concordia, armonía y hermandad.

¡¡El legado que nos heredaron nuestros próceres debe ser motivo de inspiración para realizar las tareas cotidianas con optimismo y fe inquebrantable en un futuro mejor para todos!!

¡SALUD PUEBLO HONDUREÑO!

SECRETARIA DE PRENSA DE LA PRESIDENCIA DE LA REPÚBLICA

Tiempo/15 de septiembre de 1987

AZCONA: ACUERDO DE GUATEMALA DEMUESTRA LA AUTONOMÍA DE NUESTRO PENSAMIENTO POLÍTICO

El acuerdo de paz suscrito recientemente por los cinco mandatarios centroamericanos es un indicio racional y categórico de la autonomía de nuestro pensamiento político, dijo anoche en cadena nacional el presidente José Azcona Hoyo.

El mandatario resaltó la coincidencia del aniversario de la Independencia Patria con los esfuerzos, trabajos y propósitos de paz que los países centroamericanos adelantan mancomunadamente.

El texto íntegro del mensaje presidencial es el siguiente:

COMPATRIOTAS:

Se cumple hoy el 166 aniversario de Independencia de Centroamérica y esta fecha marca el momento histórico más importante en la vida republicana de los cinco países que originalmente formaron una sola Patria, unida por la geografía, por el orden común y por los ideales inmarcesibles de libertad y de justicia, que proclamaron nuestros grandes próceres.

En este año, coincide este singular acontecimiento con los esfuerzos, los trabajos y los propósitos de paz que los países centroamericanos estamos adelantando mancomunadamente para crear un entorno de armonía social y de convivencia pacífica, que nos permita desarrollar nuestras potencialidades sin confrontaciones estériles y sin falsas expectativas, que generen confusión y desaliento entre nuestros pueblos, predestinados por diversas circunstancias a obtener objetivos comunes y fundamentales en su devenir histórico.

El acuerdo de paz suscrito recientemente por los cinco mandatarios centroamericanos, es un indicio racional y categórico de la autonomía de nuestro pensamiento político y de nuestra voluntad para la cooperación y para el desarrollo común, en un plano de democracia participativa y pluralista, que haga posible la intervención de todas las iniciativas en las áreas políticas, económicas, financieras, culturales y sociales de los individuos, sin menoscabo de las libertades y de todos aquellos principios que integran la dignidad de los pueblos.

Un orden político de represión y de angustia, no puede ser un marco adecuado para darle consistencia y empuje al proceso de bienestar social, a que aspiran y tienen derecho todos los pueblos del mundo, ni puede un orden totalitario suplir la naturaleza de los individuos que fueron creados para ser libres y para buscar con vehemencia y alegría la felicidad individual y colectiva.

Por eso, considero esta fecha muy oportuna para reafirmar a los hondureños mi creencia en que debemos actuar unidos en la tarea de fortalecer nuestras instituciones democráticas, nuestros principios republicanos y nuestras convicciones filosóficas, que se fundan en que el hombre es el fin supremo del Estado y no un instrumento de explotación y de esclavitud.

Estos años de haber transitado por el camino de la independencia política, nos han demostrado que la soberanía, la integridad y la libertad, no son dádivas ni son objetos dados a los pueblos por la casualidad o el azar; en estos años de republicanismo, hemos aprendido que esos atributos de los países civilizados son conquistas que los ciudadanos han obtenido a base de trabajo, de esfuerzo y muchas veces de sacrificio, sacrificio que si bien ha ensombrecido las páginas de la historia, por el heroísmo impreso en ellas, ha demostrado que el hombre movido por elevados ideales es capaz hasta de ofrendar su propia vida.

Hemos aprendido también, que la independencia no es una figura política inmóvil, sino un proceso de desarrollo económico y social que depende, en primera instancia, del trabajo tesonero y de la cooperación que los individuos de una nación cualquiera aportan al bien común.

En este contexto, los hondureños estamos enfrascados en una lucha tenaz contra los obstáculos que tradicionalmente han entorpecido o han retardado nuestros deseos de mejoramiento y de superación.

Mejorar y superar para el bien de todos, en un marco de plenas libertades, es un propósito sincero del presente gobierno, que lo ha llevado adelante a pesar de las limitaciones con que accedimos al poder como expresión libre de la voluntad popular; pero tenemos conciencia que las tareas del desarrollo para el bienestar y el progreso deben ser competencia de todos, esfuerzo de todos, voluntad de todos y no como se ha creído hasta ahora, un quehacer que corresponde únicamente al gobierno de la República.

Esta conmemoración de nuestra independencia es oportunidad propicia entonces, para invocar el espíritu de lucha de los hondureños todos y dirigirlo hacia la conquista de los objetivos básicos de la nación, que consisten en procurar el mayor bien posible al mayor número de personas, sin distingos de ninguna naturaleza y pensando sólo con un profundo sentido de hondureñidad.

HONDUREÑOS:

El engrandecimiento de la Patria como quehacer de todos y para el beneficio de todos sus hijos, nos parece una buena consigna para ser esgrimida en estos momentos difíciles por las confrontaciones ideológicas y por el estancamiento económico que vivimos en Centroamérica.

Centroamérica, como área en vías de desarrollo y como punto estratégico para la defensa democrática del continente, demanda el mayor interés de sus conciudadanos para el fortalecimiento y para la promoción de sus valores más auténticos.

La ocasión es también apropiada para reafirmarle al pueblo hondureño nuestra firme voluntad de trabajar por el bien de todos, nuestra decisión de dar nuestros mejores aportes a la pacificación y democratización del área y nuestra fe inquebrantable en nuestra Patria como ejemplo de libertad, de justicia, de paz y de concordia.

El Heraldo/16 de septiembre de 1987

CONCIERTO EN HONOR DEL PRESIDENTE AZCONA

El presidente José Azcona saluda a los integrantes de la Marimba de Bellas Artes de Guatemala que le ofrecieron un concierto en Casa Presidencial. La Marimba de Bellas Artes formó parte de la misión artística que deleitó al público hondureño en estas fiestas de independencia. En el concierto de la casa de gobierno, los músicos fueron presentados al presidente Azcona por la de ese país Eunice Lima. La doctora Lima en ejemplar muestra de hermandad, gestionó la llegada de dicha misión cultural.

Tiempo/17 de septiembre de 1987

223